U0910146

为政镜鉴

国家图书馆 编

國家圖書館出版社

图书在版编目(CIP)数据

为政镜鉴／国家图书馆编．—北京：国家图书馆出版社，2012.12
ISBN 978－7－5013－4784－1

Ⅰ．①为…　Ⅱ．①国…　Ⅲ．①领导学－中国－干部教育－学习参考资料
Ⅳ．①C933

中国版本图书馆 CIP 数据核字(2012)第 071182 号

书名　为政镜鉴
著者　国家图书馆　编

出版　国家图书馆出版社　(100034　北京市西城区文津街 7 号)
(原北京图书馆出版社)
发行　010－66114536　66126153　66151313　66175620
66121706(传真)　66126156(门市部)
E-mail　btsfxb@nlc.gov.cn(邮购)
Website　www.nlcpress.com → 投稿中心
经销　新华书店
印刷　河北三河弘翰印务有限公司

开本　850×1168 毫米　1/16
印张　18.5
版次　2012 年 12 月第 1 版　2012 年 12 月第 1 次印刷

书号　ISBN 978－7－5013－4784－1
定价　80.00 元

编委会

前　言

中华民族五千年文明，绵延不绝、生生不息，是当代中国文化进步发展的深厚沃土。中国的历史是中华民族坚持不懈的创业史和发展史，蕴涵着十分丰富的治国理政经验和博大精深的思想，涉及国家、社会、民族及个人的成与败、兴与衰、安与危、正与邪、荣与辱、义与利、廉与贪等诸多方面的经验与教训。学习中国历史，可以了解中华民族优秀的传统文化和高尚的精神追求，继承中华民族在漫长历史进程中形成的优良传统，借鉴历史上治理国家和管理社会的各种有益经验，并从中汲取思想精华，与新的实践结合而不断发扬光大。

有鉴于此，国家图书馆依托宏富的馆藏文献资源，从中华文化典籍中精选历代名贤的经典论述五百廿四条和典型事例三百一十六条，分别编辑为《为政箴言》《为政镜鉴》二书。“箴言”汇集了先人智慧、善举与生活常识的格言、警句及谚语。“镜鉴”的本意是指照镜子，后引申为借鉴，主要收录历史故事、寓言及神话。《魏郑公谏录》记载唐太宗名言：“以铜为镜，可以正衣冠；以古为镜，可以知兴替；以人为镜，可以明得失。”希冀这些名言与典故能对领导同志起到“鉴古知今”、“彰往而察来”的作用，为治国理政提供重要借鉴，为广大读者日常学习提供方便。这是我们编辑《为政箴言》和《为政镜鉴》姊妹篇的初衷与期待。

《为政箴言》《为政镜鉴》所选内容吸收了我国先秦至清代各个历史时期的思想精髓，类为民族精神、治国理政、为官之道、道德修养和哲理规律五大部分。全书以条系目。引录之文一遵原貌，只对其中某些生僻字增加了音注；通假字、异俗体字注明其正字。注释为编者所加，旨在方便阅读。译文大多采用世所公认的权威译本，编者不作改动，只在必要之处增加了背景介绍，并在每篇译文之后注明出处。有些条目编者作了自译。古文辞简义深，有时不得不加些词句以求贯通。

《为政箴言》《为政镜鉴》初稿形成之后，先发部分参加“部级领导干部历史文化讲座”的领导同志和专家学者征求意见，在此基础上又聘请相关研究领域资深编辑、教授及专事语文教学工作的老教师对注释、译文进行了认真审改，对选文取舍和类归作了适当调整，终成定稿。

在此书付梓之际，对所有译文作者和译本出版单位表示感谢。国家图书馆先后有数十位同志参与了本书的编纂工作，从选题立意的讨论、搜辑资料编排录入，到审读修改、编辑出版，付出了辛勤劳动；国家古籍整理出版规划小组办公室原主任、中华书局编审许逸民，中华书局古代史编辑室原主任、编审张忱石，全国古籍保护工作专家委员会主任、国家图书馆研究馆员李致忠，北京大学历史系教授韩巍和资深中学语文特级教师胡杭生等多位先生对二书内容认真审改，提出了中肯意见，在此一并深表谢意。

《为政箴言》和《为政镜鉴》二书，虽经专家、学者及相关编辑人员倾心努力，但因所选文献历史跨度长、内容涵盖面广，不精准之处在所难免，诚恳欢迎大家批评指正。

周和平

2012年12月

目 录

民族精神

治国理政

为官之道

道德修养

哲理规律

民族精神

1. 盘古开天辟地

天地浑沌如鸡子，盘古生其中。万八千岁，天地开辟，阳清为天，阴浊为地。盘古在其中，一日九变，神于天，圣于地。天日高一丈，地日厚一丈，盘古日长一丈。如此万八千岁，天数极高，地数极深，盘古极长。后乃有三皇。

数起于一，立于三，成于五，盛于七，处于九，故天去地九万里。

——（唐）欧阳询《艺文类聚》[①]卷一引《三五历纪》[②]

注释：

①《艺文类聚》：唐高祖命欧阳询等辑。一百卷，采集古籍一千四百余种，分门别类，摘录汇编，分岁时、治政、产业等四十八部。欧阳询（557—641）：唐代书法家。字信本，潭州临湘（今湖南长沙）人。官至太子率更令、弘文馆学士。②《三五历纪》：三国吴徐整著。原书已佚。记盘古及三皇五帝事，又杂以日月星辰等构想。其中盘古开天辟地之说，是最早见于载籍的盘古神话。徐整：生卒年不详，字文操，豫章郡（今江西南昌）人。官至太常卿，吴亡仕晋。

译文：

上古时候，天和地混混沌沌成一团，像个大鸡蛋，盘古就生长在这当中。经过一万八千年，天地分剖，属于“阳”的清而轻的物事上升成为天，属于“阴”的重而浊的物事下降成为地。盘古在天和地当中，一天变化多次，智慧超过天，能力超过地。天每天增高一丈，地每天加厚一丈，盘古的身子也每天伸长一丈。这样又经过一万八千年，天的高度是极高了，地的深度是极深了，盘古的身量也是极长了。然后才有三皇出现在世间。

数字开始于一，建立于三，成就于五，壮盛于七，终止于九，所以天和地的距离是九万里；推想盘古的身量也应当是九万里。（《神话选译百题》，袁珂选译，上海古籍出版社1980年版，1—3页）

2. 女娲补天

往古之时，四极废，九州裂；天不兼覆，地不周载。火爁（lǎn）焱而不灭，水浩洋而不息；猛兽食颛（zhuān）民，鸷鸟攫老弱。

于是女娲炼五色石以补苍天，断鳌足以立四极，杀黑龙以济冀州，积芦灰以止淫水。

苍天补，四极正；淫水涸，冀州平；狡虫死，颛民生。背方州，抱圆天。

——（西汉）刘安等《淮南子·览冥》①

注释：

①《淮南子》：亦称《淮南鸿烈》，西汉淮南王刘安及其门客撰。《汉书·艺文志》著录内二十一篇，外三十三篇。现只流传内二十一篇。以道家思想为主，糅合了儒、法、阴阳五行等家思想。刘安（前179—前122）：西汉思想家、文学家。沛郡丰（今江苏丰县）人。汉高祖之孙，袭父封为淮南王。

译文：

上古时候，不知道由于什么原因，天穹的四边忽然毁坏了，九州大地也忽然裂开了；使得天不能遍盖万物，地也不能普载万物。这时熊熊的大火燃烧不灭，浩浩的洪水奔流不息；猛兽从山林里奔跑出来，吞噬善良的人民；鸷鸟翱翔在天空中，攫食老者和弱者。

于是女娲熔炼了五色石子去补苍天；斩断大龟的四只足来代替天柱，树立在大地的四方，将天空撑持起来；又杀死兴波作浪的黑龙，以拯救中原的人民；然后把芦苇烧成灰，堆积起来，用以堙塞洪水。

苍天补好了，天的四极端正稳固了，洪水干涸了，中原一带的灾祸平息了，恶禽猛兽被诛灭了，善良的人民渐渐从灾难中获得了苏生。他们背负着方方的大地，怀抱着圆圆的青天，无忧无虑，怡然自得。（《神话选译百题》，

袁珂选译，上海古籍出版社 1980 年版，13 页）

3. 精卫填海

发鸠之山，其上多柘木。有鸟焉，其状如乌，文首，白喙，赤足，名曰精卫，其鸣自詨（xiào）；是炎帝之少女名曰女娃。女娃游于东海，溺而不返，故为精卫，常衔西山之木石以堙（yīn）于东海。

——《山海经·北山经》[①]

注释：

①《山海经》：十八卷，包括《山经》五卷和《海经》十三卷。作者不详，各卷著作时代亦无定论，显然不是出于一人之手，其中十四卷是战国时期作品，四卷为西汉初年作品。内容主要是民间传说中的地理知识，包括山川、道里、民族、物产、药物、祭祀、巫医等，保存了不少远古的神话传说。

译文：

北方的发鸠山上，生长有许多柘桑树。那里出产一种鸟，形状像乌鸦，花脑袋，白嘴壳，红足爪，名叫精卫，它鸣叫的声音就和它自己的名字一样。那是炎帝的少女名叫女娃的所变。相传女娃到东海去游玩，不幸淹死在东海里，永不回来了。她的冤恨不解，所以变化做了精卫这种鸟，常常去西山衔了小树枝小石子来投在东海里面，要想把大海填平——这种小鸟至今一直还在做着这种工作。（《神话选译百题》，袁珂选译，上海古籍出版社 1980 年版，72 页）

4. 愚公移山

北山愚公者，年且九十，面山而居。惩山北之塞，出入之迂也，聚室而谋曰："吾与汝毕力平险，指通豫南，达于汉阴，可乎？”杂然相许。

……

河曲智叟笑而止之，曰：“甚矣，汝之不惠！以残年余力，曾不能毁山之一毛，其如土石何？”

北山愚公长息曰：“汝心之固，固不可彻，曾不若孀妻弱子。虽我之死，有子存焉，子又生孙，孙又生子，子又有子，子又有孙，子子孙孙，无穷匮也，而山不加增，何苦而不平？”河曲智叟亡以应。

——《列子·汤问》[①]

注释：

①《列子》：相传战国列御寇撰。《汉书·艺文志》著录《列子》八篇，早佚。今本《列子》八篇，从思想内容和语言使用上来看，可能是晋人作品。内容多为民间故事、语言和神话传说。列御寇：亦称“圄寇”、“圉寇”，即列子，相传战国时郑人。

译文：

有个叫北山愚公的人，年纪快九十岁了，他家正面对着两座大山居住。苦于大山阻挡住了他家的通路，进出都要绕道而行，很不方便，于是集合全家人在一起商议道：“我和你们尽最大努力去挖平这两座大山，让我们一直通到豫州的南部，到达汉水以南去，你们说好吗？”大家一致表示赞成。

……

他的老朋友河曲智叟闻知此事，忙跑来笑着劝阻他说：“唉，你可真是老糊涂啊！像你这样风烛残年、剩点力气也不多的人，连山的一根毫毛你都动它不了，还说要搬动这么多的泥块和石头——怎么成呢？”

北山愚公听了，不禁长长地叹息说：“我不料你的心竟是这么顽固，顽固到了不能通情达理的程度，我认为你还比不上寡妇孤儿的见识高呢。让我来仔细讲给你听吧：虽然我死了，还有我的儿子在呀；儿子又会有孙子，孙子又会生儿子，儿子又会生儿子，儿子又会有孙子，子子孙孙，无穷无尽，可那山却并不增高，你说为什么把它平不了呢？”河曲智叟竟被问得无话可

答。（《神话选译百题》，袁珂选译，上海古籍出版社 1980 年版，80—81 页）

5. 大禹治水

禹乃遂与益、后稷奉帝命，命诸侯百姓兴人徒以傅土，行山表木，定高山大川。禹伤先人父鲧功之不成受诛，乃劳身焦思，居外十三年，过家门不敢入。

——（西汉）司马迁《史记·夏本纪》①

注释：

①《史记》：原名《太史公书》。西汉司马迁撰。一百三十篇，是中国第一部纪传体通史。记事起于传说的黄帝，迄于汉武帝，首尾共三千年左右，尤详于战国、秦、汉。司马迁（约前 145 或前 135—?）：西汉史学家、文学家、思想家。字子长，夏阳（今陕西韩城南）人。

译文：

禹于是和益、后稷等人按照帝舜的命令，带领诸侯百官发动人力破土动工，他们首先在山中立上木桩作为标记，来测量高山大川的位置。禹因为自己的父亲鲧治水无功而被处死，所以对待这项工作忧心劳苦，在外面治水的十三年间，连路过家门都不敢进去。（刘鹏校译）

6. 伯夷、叔齐不食周粟

武王已平殷乱，天下宗周，而伯夷、叔齐耻之，义不食周粟，隐于首阳山，采薇而食之。及饿且死，作歌。其辞曰：“登彼西山兮，采其薇矣。以暴易暴兮，不知其非矣。神农、虞、夏忽焉没兮，我安适归矣？于嗟徂（cú，殂）兮，命之衰矣！”遂饿死于首阳山。

——（西汉）司马迁《史记·伯夷列传》

译文：

周武王已平定了殷民的反抗，天下尊奉周朝政令，伯夷、叔齐却认为这是耻辱，便坚持大义不肯吃周朝的粟米，隐居在首阳山上，采摘山上的蕨菜来吃。饿到快死了的时候，他们作了一首歌。歌辞是："登上那西山山坡啊，采摘那山坡上的蕨菜吃呀。以暴君代替一个暴君啊，没有人认识到那是不对呀。神农、舜、禹那盛世飞快地消逝了啊，我们又到哪里去寻归宿呀？唉哟哟，我们即将死去了啊，这是我们的命运不济呀！"（于是，饿死在首阳山上。）（《名家精译古文观止》，中华书局编辑部编，中华书局2007年版，167页）

7. 弦高犒师救国

秦穆公使孟盟举兵袭郑，过周以东。郑之贾人弦高、蹇他相与谋曰："师行数千里，数绝诸侯之地，其势必袭郑。凡袭国者，以为无备也。今示以知其情，必不敢进。"乃矫郑伯之命，以十二牛劳之。三率相与谋曰："凡袭人者，以为弗知。今已知之矣，守备必固，进必无功。"乃还师而反。

——（西汉）刘安等《淮南子·人间》

译文：

秦穆公派孟盟率大军偷袭郑国，队伍经过周朝，一路向东。郑国的商人弦高和蹇他见到秦军，便在一起商议："秦兵行军数千里，穿越诸侯国境，肯定是要偷袭我们郑国。大凡要偷袭别国，一定是认为对方没有防备。如果设法让秦军知道我国已有准备，他们必不敢进犯。"于是二人冒充郑国使者，假传郑穆公之命，用十二头牛犒赏秦军。秦军的三位主将见状大惊，便商量说："凡是偷袭别国，一定不能让对方知晓。现在看来郑国已明我军意图，守备必然牢固，若再进军，难免徒劳无功。"于是班师回国。（赵前、刘鹏校译）

8. 晏子使楚

晏子使楚。以晏子短，楚人为小门于大门之侧而延晏子。晏子不入，曰："使狗国者，从狗门入。今臣使楚，不当从此门入。"傧者更道，从大门入。

见楚王，王曰："齐无人耶？"

晏子对曰："临淄三百闾，张袂成阴，挥汗成雨，比肩继踵而在，何为无人？"

王曰："然则子何为使乎？"

晏子对曰："齐命使，各有所主，其贤者使使贤王，不肖者使使不肖王。婴最不肖，故直使楚矣。"

——《晏子春秋·内篇·杂下》①

注释：

①《晏子春秋》：旧题春秋齐国人晏婴撰。实系后人采缀晏子言行而作。有内外篇共八卷。晏婴（？—前500）：亦称"晏子"。春秋时齐国大夫。字平仲，夷维（今山东高密）人。

译文：

晏子出使楚国。因为晏子身材矮小，楚国人就在大门的旁边开了一个小门请晏子进去。晏子拒绝从小门进去，说："出使狗国的人，从狗门进去。现在我出使楚国，不应该从这个门进入。"迎接宾客的人改道引晏子从大门进入。

晏子见到楚王，楚王说："齐国没有人才吗？"

晏子回答说："齐国都城临淄有三百闾人家，展开衣袖可以遮住太阳，挥洒汗珠就会成为大雨，人多得肩并肩、脚尖接脚跟，怎么能说没有人才呢？"

楚王说："既然这样，为什么要您做使臣呢？"

晏子回答说："齐国派遣使臣，各有各的出使对象，那些贤德的人，就派遣他们出使贤德的国君，不贤德的人，就派遣他们出使不贤德的国君，我是最不贤德的人，所以只好出使楚国了。”（《晏子春秋译注》，卢守助撰，上海古籍出版社2006年版，206页）

9. 申包胥哭乞秦师

及昭王在随，申包胥如秦乞师，曰：“吴为封豕、长蛇，以荐食上国，虐始于楚。寡君失守社稷，越在草莽，使下臣告急，曰：‘夷德无厌，若邻于君，疆场之患也。逮吴之未定，君其取分焉。若楚之遂亡，君之土也。若以君灵抚之，世以事君。’”秦伯使辞焉，曰：“寡人闻命矣。子姑就馆，将图而告。”对曰：“寡君越在草莽，未获所伏，下臣何敢即安？”立，依于庭墙而哭，日夜不绝声，勺饮不入口七日。秦哀公为之赋《无衣》，九顿首而坐。秦师乃出。

——《左传·定公四年》[①]

注释：

①《左传》：亦称《春秋左氏传》或《左氏春秋》。旧传春秋时左丘明所撰。清代经今文学家认为系刘歆改编。近代人认为是战国初年人据各国史料编成。多用事实解释《春秋》，同《公羊传》、《穀梁传》用义理解释有异。左丘明：春秋时史学家。双目失明，曾任鲁国太史。

译文：

等到楚昭王在随国，申包胥去到秦国请求出兵，说：“吴国就是大猪、长蛇，一再吞食上国，为害从楚国开始。寡君失守国家，远在杂草丛林之中，使下臣报告急难，说：‘夷人的本性从来不能满足，如果作为君王的邻国，这是边境的祸患。乘着吴国没有安定下来，君王可以平分楚国。如果楚国就此灭亡，那就是君王的土地了。如果以君王的福佑镇抚楚国，楚国将世世代代事奉君王。’”秦伯派人辞谢申包胥，说：“寡人听到您的命令了，您姑且到宾馆安歇，我们要商量一下再告诉您。”申包胥回答说：“寡君远在杂草丛林之中，还没有得到安身之处，下臣哪敢到安逸的地方去？”靠着院墙站着号哭，日夜哭声不断，七天不喝一勺水。秦哀公为他赋了《无衣》这首诗。申包胥叩头九次然后坐下。秦军于是出动。（《左传译文》，沈玉成译，中华书局 1981 年版，526—527 页）

10. 卧薪尝胆

吴既赦越，越王勾践反国，乃苦身焦思，置胆于坐，坐卧即仰胆，饮食亦尝胆也。曰：“女（汝）忘会稽之耻邪？”身自耕作，夫人自织，食不加肉，衣不重采，折节下贤人，厚遇宾客，振（赈）贫吊死，与百姓同其劳。

——（西汉）司马迁《史记·越王勾践世家》

译文：

吴王已经赦免了越王，让他返回越国。于是，越王勾践每天让自己的身体劳累，让自己头脑焦虑，他还把一个苦胆挂在座位上，每当坐下休息、躺下睡觉之前都要仰起头尝尝苦胆的滋味，吃饭喝水前也要先尝苦胆。他告诫自己说：“你难道已经忘记了在会稽所受的耻辱了么？”他亲自耕作，他的夫人亲自织布，饭菜之中不加荤腥，不穿颜色鲜艳的衣服，他礼贤下士，给予宾客优厚的待遇，他接济穷人，哀悼死者，与百姓共同劳作。（刘鹏校译）

11. 墨子救宋

公输般为楚设机，将以攻宋。墨子闻之，百舍重茧，往见公输般，谓之曰：“吾自宋闻子，吾欲藉子杀王。”

公输般曰：“吾义固不杀王！”

墨子曰：“闻公为云梯，将以攻宋。宋何罪之有？义不杀王而攻国，是不杀少而杀众。敢问攻宋何义也？”

公输般服焉，请见之王。

墨子见楚王曰："今有人于此，舍其文轩，邻有弊舆，而欲窃之；舍其锦绣，邻有裋（shù）褐，而欲窃之；舍其粱肉，邻有糟糠，而欲窃之。此为何若人也？"

王曰："必为有窃疾矣！"

墨子曰："荆之地方五千里，宋之地方五百里，此犹文轩之与弊舆也。荆有云梦，犀兕（sì）麋鹿盈之，江、汉鱼鳖鼋鼍（yuán tuó）为天下饶，宋所谓无雉兔鲋鱼者也，此犹粱肉与糟糠也。荆有长松、文梓、楩（pián）、楠、豫章，宋无长木，此犹锦绣之与裋褐也。臣以王吏之攻宋，为与此同类也。"

王曰："善哉！请无攻宋。"

——《战国策·宋策》[①]

注释：

①《战国策》：战国时期游说之士的策谋和言论的汇编。西汉末刘向编订为三十三篇。刘向（约前77—前6）：西汉经学家、目录学家、文学家。字子政，沛（今江苏沛县）人。著有《新序》、《说苑》、《列女传》等。

译文：

公输般为楚国制造军用器械，将要去攻打宋国。墨子听到了，走了几千里路，脚底跑起了老茧，赶去见公输般，对他说道："我在宋国就听到你的大名，很想仰仗大力把宋王杀掉。"

公输般说："我是讲道义的，决不杀国君！"

墨子说道："听说你在制造云梯，将要去攻打宋国。宋国有什么罪呀？你讲道义，不杀国君，却去攻人之国，这是不杀少而杀多呀！请问你攻打宋国是什么道理？"

公输般被说服了，于是邀请他跟楚王相见。

墨子见了楚王，说道："现在有这么一个人，不坐自己的华丽马车，而想偷邻居的破烂车子；不穿自己的锦绣衣裳，而想偷邻居的粗陋布衣；不吃自己的精美膳食，而想偷邻居的糠饼。这是个什么样的人呢？”

楚王说：“那准是犯偷窃病的。”

墨子道：“楚国方圆五千里，宋国只有五百里，就像华丽的车子同破车一样。楚国有云梦这样的好地方，犀、兕、麋、鹿之类珍贵动物，到处都是，长江、汉水的鱼、鳖、鼋、鼍一类水产，天下最多；宋国连雉、兔、鲫鱼都不产，这就像精致的饭菜同糠饼一样。楚国森林面积广大，有长松、文梓、楩、楠、豫章等名贵木材，宋国不产任何一种较好的木材，这就像锦绣衣裳同粗陋布衣一样。我以为大王的臣下要攻打宋国，跟那些犯‘偷窃病’的人正是一类啊。”

楚王说：“说得好！我不打宋国了。”（《战国策故事选译》，刘德林选译，上海古籍出版社1982年版，182—183页）

12．屈原忧君赋《离骚》

王怒而疏屈平。屈平疾王听之不聪也，谗谄之蔽明也，邪曲之害公也，方正之不容也，故忧愁幽思而作《离骚》……《国风》好色而不淫，《小雅》怨诽而不乱。若《离骚》者，可谓兼之矣。上称帝喾（kù），下道齐桓，中述汤、武，以刺世事。明道德之广崇，治乱之条贯，靡不毕见（现）。其文约，其辞微，其志洁，其行廉，其称文小而其指极大，举类迩而见义远。其志洁，故其称物芳。其行廉，故死而不容。自疏濯淖（nào）污泥之中，蝉蜕于浊秽，以浮游尘埃之外，不获世之滋垢，皭（jiào）然泥（niè，涅）而不滓（zǐ）者也。推此志也，虽与日月争光可也。

——（西汉）司马迁《史记·屈原贾生列传》

译文：

楚怀王因谗言而生气，从此疏远了屈原（又名屈平）。屈原愤疾楚怀王的耳朵被堵塞住了，谗谄面谀之言把他的眼睛蒙蔽了，邪恶歪曲危害了公道，端方正直之士不被容纳，所以他怀着极深远的忧伤愁苦著了一篇《离骚》……《诗经·国风》写了男女之情但不过分，《诗经·小雅》写了士大夫怨愤诽议其君王却不主张犯上作乱。像《离骚》这种作品，可以说兼有《国风》、《小雅》的长处。它远古称道帝喾，近世称道齐桓公，中间述说汤、武革命，用这些历史事件来讽刺世事现实，阐明王道仁德的广大崇高，世事治乱的原则条件，无不明白赅括。它的文句省约，它的辞语隐微，它的志趣高洁，它的行为廉正，它所称引的事物微小而它的指归意义却极伟大，列举的事物近在眼前而寓意却很深远。他的志趣高洁，所以称引的物件是芳香的。他的行为廉正，所以到死也不容许自己疏荡。自己远离污泥浊水，像蝉那样脱一层皮以去掉污秽，而浮游于尘埃之外，不染上人世间的肮脏，是那么洁白干净出污秽而不染。推论屈原的这种志趣胸衿，虽然说他和日月同样光辉高远也是可以的。（《名家精译古文观止》，中华书局编辑部编，中华书局2007年版，177页）

13. 蔺相如完璧归赵

赵王得楚和氏璧，秦昭王欲之，请易以十五城。赵王欲勿与，畏秦强；欲与之，恐见欺。以问蔺相如，对曰："秦以城求璧而王不许，曲在我矣。我与之璧而秦不与我城，则曲在秦。均之二策，宁许以负秦。臣愿奉璧而往；使秦城不入，臣请完璧而归之！"赵王遣之。相如至秦，秦王无意偿赵城。相如乃以诈绐（dài）秦王，复取璧，遣从者怀之，间行归赵，而以身待命于秦。秦王以为贤而弗诛，礼而归之。赵王以相如为上大夫。

——（北宋）司马光《资治通鉴·周纪四》[①]

注释：

①《资治通鉴》：北宋司马光撰。二百九十四卷，又考异、目录各三十卷。编年体通史。全书上起周威烈王二十三年（前403），下讫后周世宗显

德六年（959）。内容以政治、军事为主，略于经济、文化。司马光（1019—1086）：北宋大臣、史学家。字君实，陕州夏县（今属山西）涑水乡人，世称涑水先生。

译文：

赵王得到楚国宝玉和氏璧，秦昭王想要，提出用十五座城来交换。赵王想不给他，又畏惧秦国的强大；给他，又怕被秦王欺骗。便征求蔺相如的意见。蔺相如回答说："秦国用城来换宝玉而大王不允许，是我们理屈。而我们给他宝玉，他不给我们城，是秦国理屈。衡量两种办法，我看宁可让秦国在道义上有负于我们。我愿护持宝玉前去，假如秦国不交出城来，我一定能完璧归赵。"赵王便派他前往。蔺相如到了秦国，看出秦王并无真意用城来换赵国的宝玉，就哄骗秦王，取回和氏璧，派随从藏在怀中，从小道潜回赵国，而他自己留下来听任秦王的处置。无奈之际，秦王只好称赞蔺相如的贤能，不但不杀他，反而以礼相待，送他回国。蔺相如回到赵国，赵王封他为上大夫。（文白对照《资治通鉴》，［北宋］司马光编撰，沈志华、张宏儒主编，中华书局2009年版，125页）

14. 先国家之急而后私雠

会于渑池。王与赵王饮，酒酣，秦王请赵王鼓瑟，赵王鼓之。蔺相如复请秦王击缶，秦王不肯。相如曰："五步之内，臣请得以颈血溅大王矣！"左右欲刃相如，相如张目叱之，左右皆靡。王不怿（yì），为一击缶。罢酒，秦终不能有加于赵；赵人亦盛为之备，秦不敢动。赵王归国，以蔺相如为上卿，位在廉颇之右。

廉颇曰："我为赵将，有攻城野战之功。蔺相如素贱人，徒以口舌而位居我上，吾羞，不忍为之下！"宣言曰："我见相如，必辱之！"相如闻之，不肯与会；每朝，常称病，不欲争列。出而望见，辄引车避匿。其舍人皆以为耻。相如曰："子视廉将军孰与秦王？"曰："不若。"相如曰：

“夫以秦王之威而相如廷叱之，辱其群臣；相如虽驽，独畏廉将军哉！顾吾念之，强秦所以不敢加兵于赵者，徒以吾两人在也。今两虎共斗，其势不俱生。吾所以为此者，先国家之急而后私雠也！”廉颇闻之，肉袒负荆至门谢罪，遂为刎颈之交。

——（北宋）司马光《资治通鉴·周纪四》

译文：

渑池相会，秦王与赵王饮酒。酒酣之时，秦王请赵王表演鼓瑟，赵王便演奏了。蔺相如也请秦王表演敲击瓦盆的音乐，秦王却不肯。蔺相如厉色说道：“在五步之内，我就可以血溅大王！”秦王左右卫士想上前杀死蔺相如，蔺相如怒目呵斥，左右人都畏缩不敢行动。秦王只好非常不情愿地敲了一下瓦盆。直到酒宴结束，秦国始终不能对赵国加以非分之求。再加上赵国人也早有军队戒备，秦国到底没敢轻举妄动。赵王回国，加封蔺相如为上卿之职，地位在大将廉颇之上。

廉颇不满地说：“我作为赵国大将，有攻城野战之功，蔺相如原不过是出身微贱之人，只以能说善辩而位居我之上，我实在感到羞耻，忍不下这口气！”便宣称：“我遇到蔺相如，一定要羞辱他一番！”蔺相如听说后，不愿意和他遇见。每逢上朝，常常称病，不和廉颇去争排列顺序。出门在外，远远望见廉颇的车驾，便令自己的车回避。蔺相如的门客下属都感到十分羞耻。蔺相如对他们说：“你们看廉将军的威严比得上秦王吗？”都回答说：“比不上。”蔺相如说：“面对秦王那么大的威势，我都敢在他的朝廷上叱责他，羞辱他的群臣，我虽然无能，难道单单怕廉将军吗！我是考虑到：强暴的秦国之所以还不敢大举进犯赵国，就是因为我和廉将军在。我们两虎相争，必有一伤。我所以避让，是先考虑到国家的利益而后才去想个人的私怨啊！”廉颇听说了这番话十分惭愧，便赤裸着上身到蔺相如府上去负荆请罪，两人从此结为生死之交。（文白对照《资治通鉴》，［北宋］司马光编撰，沈志华、张宏儒主编，中华书局2009年版，129页）

15. 唐雎不辱使命

秦王使人谓安陵君曰："寡人欲以五百里之地易安陵，安陵君其许寡人?"安陵君曰："大王加惠，以大易小，甚善；虽然，受地于先王，愿终守之，弗敢易!"秦王不说（悦）。安陵君因使唐雎使于秦。

秦王谓唐雎曰："寡人以五百里之地易安陵，安陵君不听寡人，何也？且秦灭韩亡魏，而君以五十里之地存者，以君为长者，故不错（措）意也。今吾以十倍之地，请广于君，而君逆寡人者，轻寡人与?"

唐雎对曰："否！非若是也。安陵君受地于先王而守之，虽千里不敢易也，岂直五百里哉?"

秦王怫然怒，谓唐雎曰："公尝闻天子之怒乎?"

唐雎对曰："臣未尝闻也。"

秦王曰："天子之怒，伏尸百万，流血千里。"

唐雎曰："大王尝闻布衣之怒乎?"

秦王曰："布衣之怒，亦免冠徒跣（xiǎn），以头抢（qiāng）地耳。"

唐雎曰："此庸夫之怒也，非士之怒也。夫专诸之刺王僚也，彗星袭月；聂政之刺韩傀也，白虹贯日；要离之刺庆忌也，苍鹰击于殿上。此三子者，皆布衣之士也，怀怒未发，休祲（jìn）降于天，与臣而将四矣。若士必怒，伏尸二人，流血五步，天下缟素，今日是也。"挺剑而起。

秦王色挠，长跪而谢之曰："先生坐！何至于此！寡人喻矣，夫韩、魏灭亡，而安陵以五十里之地存者，徒以有先生也！”

——《战国策·魏策四》

译文：

秦王派人去告诉安陵君说，“我愿意用五百里的土地来换安陵，你能答应我么？”安陵君说：“承蒙大王照顾，用大的来换小的，真是好极了！不过，我们的土地是祖先传下来的，我愿意永远保住它，不敢调换。”秦王听了很不高兴。安陵君就派唐雎出使到秦国去。

秦王对唐雎说：“我用五百里的地方来换安陵，安陵君却不听从我，这是什么道理？况且秦国已经灭掉韩国、魏国，安陵君只有五十里地方偏偏能够存在，是因为他是个性情谨厚的人，所以没有把他放在心上。如今我用十倍的土地来扩大安陵君的地盘，他却违抗我，这不是轻视我么？”

唐雎回答说：“不，不是这样。安陵君从祖先那里继承的土地，要永远保住它，即使拿一千里也是不敢调换，何况只是五百里呢！”

秦王听了发起怒来，对唐雎说道：“你可曾听说过天子发怒么？”

唐雎回答说，“我没有听说过。”

秦王说：“天子一发怒，会使百万尸首横地，鲜血流淌千里！”

唐雎说：“大王可曾听说过布衣之士发怒么？”

秦王说：“布衣之士发起怒来，也不过是扔掉帽子，空手赤脚，用脑袋撞地罢了！”

唐雎说：“这是平常人的发怒，不是士人的发怒。从前，专诸替吴公子行刺吴王僚的时候，彗星冲击月亮；聂政为严仲子杀韩傀的时候，白虹穿过太阳；刺客要离刺杀吴王僚的儿子庆忌的时候，苍鹰在殿上扑击。这三位都是布衣之士，他们的满腔怒气还未迸发，上天就降示预兆。现在，加上我，将要变成四个人了。如果布衣之士非要发怒不可，倒在地上的尸体虽只两个，流血不过五步，可是天下的人都要穿上丧服。现在是时候了！”唐雎说完，拔出宝剑，跃起身来。

秦王吓得变了脸色，耸身长跪，向唐雎道歉，说：“先生请坐！怎么会弄到这个地步！我明白了：韩魏两国所以灭亡，而安陵只有五十里还能存在，就因为有先生您在啊！”（《战国策故事选译》，刘德林选译，上海古籍出版社1982年版，150—152页）

16. 荆轲刺秦王

荆轲至咸阳，因王宠臣蒙嘉卑辞以求见；王大喜，朝服，设九宾而见之。荆轲奉图而进于王，图穷而匕首见（现），因把王袖而揕（zhèn）之；未至身，王惊起，袖绝。荆轲逐王，王环柱而走。群臣皆愕，卒（猝）起不意，尽失其度。而秦法，群臣侍殿上者不得操尺寸之兵，左右以手共搏之，且曰："王负剑！负剑！"王遂拔以击荆轲，断其左股。荆轲废，乃引匕首擿（zhì）王，中铜柱。自知事不就，骂曰："事所以不成者，以欲生劫之，必得约契以报太子也！"遂体解荆轲以徇。

——（北宋）司马光《资治通鉴·秦纪二》

译文：

荆轲抵达秦国都城咸阳，通过秦王嬴政的宠臣蒙嘉，以谦卑的言词求见秦王，秦王嬴政大喜，穿上君臣朝会时的礼服，安排朝会大典迎见荆轲。荆轲手捧地图进献给秦王，图卷全部展开，匕首出现，荆轲乘势抓住秦王的袍袖，举起匕首刺向他的胸膛。但是未等荆轲近身，秦王嬴政已惊恐地一跃而起，挣断了袍袖。荆轲随即追逐秦王，秦王绕着柱子奔跑。这时，殿上的群臣都吓呆了，事发仓猝，大出意料，群臣全都失去了常态。秦国法律规定，在殿上侍从的群臣不得携带任何武器。因此大家只好徒手上前与荆轲搏斗，并喊道："大王把剑推到背上去！推到背上去！"秦王嬴政将剑推到背上，使剑套倾斜，剑柄向前，即拔出剑来回击荆轲，砍断了他的左大腿。荆轲肢体残废无法再追，便把匕首向秦王投掷过去，但却击中了铜柱。荆轲知道行刺之事已无法完成，就大骂道："此事所以不能成功，只是想活捉你，强迫你订立契约，归还所兼并的土地，以此回报燕太子啊！"于是，荆轲被分尸示众。（文白对照《资治通鉴》，［北宋］司马光编撰，沈志华、张宏儒主编，中华书局2009年版，233页）

17. 张骞出使西域

初，匈奴降者言："月氏（ròu zhī）故居敦煌、祁连间，为强国，匈奴冒顿攻破之。老上单于杀月氏王，以其头为饮器。余众遁逃远去，怨匈奴，无与共击之。"上募能通使月氏者，汉中张骞以郎应募，出陇西，径匈奴中。单于得之，留骞十余岁。骞得间亡，向月氏西走，数十日，至大宛。大宛闻汉之饶财，欲通不得，见骞，喜，为发导译抵康居，传致大月氏。大月氏太子为王，既击大夏，分其地而居之，地肥饶，少寇，殊无报胡之心。骞留岁余，竟不能得月氏要领，乃还；并南山，欲从羌中归，复为匈奴所得，留岁余。会伊稚斜逐於单，匈奴国内乱，骞乃与堂邑氏奴甘父逃归。上拜骞为太中大夫，甘父为奉使君。骞初行时百余人，去十三岁，唯二人得还。

——（北宋）司马光《资治通鉴·汉纪十》

译文：

起初，匈奴归降朝廷的人说："月氏原来居住在敦煌和祁连山之间，是一个强国，匈奴冒顿单于攻破了它。老上单于杀了月氏国王，把他的头骨做成了饮酒的器皿。其余的月氏部众逃走到远方，怨恨匈奴，最好的办法莫过于联合月氏共同进攻匈奴。"武帝就招募能出使月氏国的人。汉中人张骞以郎官的身份应募，从陇西郡出发，直接进入匈奴的腹地；匈奴单于捉住了张骞，把他拘留了十多年。张骞得到机会逃脱，向着月氏国所在的西方走去，过了数十日，到达大宛国。大宛国早就听说汉国富有，想通使结好，却没有实现，见到张骞，十分高兴，替他安排了向导和翻译，直达康居国，再转送到大月氏国。大月氏原来的太子做了国王，进攻大夏国之后，分割了大夏国的土地而安居下来，当地土地肥沃富饶，很少有外敌入侵，早就没有一丝一毫向匈奴复仇的打算了。张骞滞留了一年多，终究不知道月氏人打的什么主意，就启程返回；张骞沿着南山走，想通过羌人的居住地返归，又被匈奴人捉住了，拘留了一年多。正逢伊稚斜驱逐於单，匈奴国内混乱，张骞就和堂邑氏的奴隶甘父逃脱归来。武帝任命张骞为太中大夫，甘父为奉使君。张骞当初出发时有一百多人，往返历时十三年，只有他们二人得以回国。（文白对照《资治通鉴》，［北宋］司马光编撰，沈志华、张宏儒主编，中华书局2009年版，707、709页）

18. 卫青出击匈奴

元光六年，拜为车骑将军，击匈奴，出上谷；公孙贺为轻车将军，出云中；太中大夫公孙敖为骑将军，出代郡；卫尉李广为骁骑将军，出雁门：军各万骑。青至笼城，斩首虏数百。骑将军敖亡七千骑，卫尉广为虏所得，得脱归，皆当斩，赎为庶人。贺亦无功。唯青赐爵关内侯。是后匈奴仍侵犯边。语在《匈奴传》。

元朔元年春，卫夫人有男，立为皇后。其秋，青复将三万骑出雁门，李息出代郡。青斩首虏数千。明年，青复出云中，西至高阙，遂至于陇西，捕首虏数千，畜百余万，走白羊、楼烦王。遂取河南地为朔方郡。以三千八百户封青为长平侯。

——（东汉）班固《汉书·卫青传》[①]

注释：

①《汉书》：东汉班固撰。一百篇，分一百二十卷，中国第一部纪传体断代史。本书体例略同《史记》，唯改书为志，废世家入列传，并创《刑法》、《五行》、《地理》、《艺文》四志，成为后世纪传体史书的准绳。班固（32—92）：东汉史学家、文学家。字孟坚，扶风安陵（今陕西咸阳东北）人。

译文：

元光六年（前129），汉武帝拜卫青为车骑将军，率军从上谷郡出发；拜公孙贺为轻车将军，率军从云中郡出发；拜太中大夫公孙敖为骑将军，率军从代郡出发；拜卫尉李广为骁骑将军，率军从雁门郡出发。每将各率骑兵一万，分四路出击匈奴。卫青军到笼城，杀敌数百。公孙敖部损失七千骑兵，卫尉李广则被敌军所俘，后逃脱回国。按军法，二将都应斩首，后来以钱赎罪，贬为平民。公孙贺军也徒劳无功，只有卫青因功赐爵关内侯。此战之后，匈奴仍不断侵犯边境。这次战役的详情，记载在《汉书·匈奴传》中。

元朔元年（前128）春天，卫夫人（卫青的姐姐）生子，被立为皇后。同年秋，卫青又率三万骑兵从雁门郡出发，李息率军从代郡出发，出击匈奴。此役卫青斩敌首数千。次年，卫青兵出云中郡，向西依次深入到高阙、陇西，俘虏敌军数千，获牲畜百余万头，驱逐匈奴白羊王、楼烦王，夺得黄河以南大片地区，汉朝在此地设朔方郡。汉武帝封卫青为长平侯，食邑三千八百户。（赵前、刘鹏校译）

19. 卜式愿输家财助边

初，河南人卜式，数请输财县官以助边，天子使使问式：“欲官乎？”式曰：“臣少田牧，不习仕宦，不愿也。”使者问曰：“家岂有冤，欲言事乎？”式曰：“臣生与人无分争，邑人贫者贷之，不善者教之，所居人皆从式，式何故见冤于人！无所欲言也。”使者曰：“苟如此，子何欲而然？”式曰：“天子诛匈奴，愚以为贤者宜死节于边，有财者宜输委，如此而匈奴可灭也。”上由是贤之，欲尊显以风百姓，乃召拜式为中郎，爵左庶长，赐田十顷，布告天下，使明知之。未几，又擢式为齐太傅。

——（北宋）司马光《资治通鉴·汉纪十一》

译文：

当初，河南人卜式几次请求捐赠家产给朝廷，作为边塞军粮。汉武帝派使臣问卜式：“你想做官吗？”卜式回答说：“我从小种田牧羊，不懂做官的规矩，不愿当官。”使臣又问他：“是不是你家有冤情，想要申诉？”卜式说：“我平生与人没有过纠纷，对同乡中贫穷的人总是借钱给他们，对为非作歹的人则耐心开导他，所以周围的邻居都很尊重我，我怎么会被人冤枉呢！没什么想申诉的。”使臣说：“既然如此，你为什么要那样做呢？”卜式说：“天子征讨匈奴，我认为有力的人应战死边塞以全臣节，有财的人应拿出钱财支援国家。只有这样，才能将匈奴彻底消灭。”汉武帝因此认为卜式贤能，打算尊崇并宣扬他的行动，以激励百姓，便将卜式召到京师，任命为中郎，赐左庶长爵位，赏给十顷土地，并宣告天下使人人得知。不久，又提升卜式为齐国太傅。（文白对照《资治通鉴》，［北宋］司马光编撰，沈志华、张宏儒主编，中华书局2009年版，743页）

20．匈奴不灭，无以家为

票骑将军为人，少言不泄，有气敢往。天子尝欲教之孙、吴兵法，对曰：“顾方略何如耳，不至学古兵法。”天子为治第，令票骑视之，对曰：“匈奴未灭，无以家为也！”由此上益重爱之。

——（北宋）司马光《资治通鉴·汉纪十一》

译文：

霍去病为人沉稳寡言，敢于任事。汉武帝曾想教他学习孙武、吴起兵法，他说：“依我看作战只在谋略如何，不应拘泥于古代兵法。”汉武帝为霍去病修建府第，让他前往观看，他说：“匈奴还没有消灭，不需要家！”因此，汉武帝更加爱重于他了。（文白对照《资治通鉴》，［北宋］司马光编撰，沈志华、张宏儒主编，中华书局2009年版，749页）

21. 飞将军李广

广居右北平，匈奴闻之，号曰“汉之飞将军”，避之数岁，不敢入右北平……元朔六年，广复为后将军，从大将军军出定襄，击匈奴……后二岁，广以郎中令将四千骑出右北平，博望侯张骞将万骑与广俱，异道。行可数百里，匈奴左贤王将四万骑围广，广军士皆恐，广乃使其子敢往驰之。敢独与数十骑驰，直贯胡骑，出其左右而还，告广曰：“胡虏易与耳!”军士乃安。广为圜陈（阵）外向，胡急击之，矢下如雨。汉兵死者过半，汉矢且尽。广乃令士持满毋发，而广身自以大黄射其裨将，杀数人，胡虏益解。会日暮，吏士皆无人色，而广意气自如，益治军。军中自是服其勇也。明日，复力战，而博望侯军亦至，匈奴军乃解去。

——（西汉）司马迁《史记·李将军列传》

译文：

李广镇守右北平，匈奴听说他的名字后，称他为“汉朝的飞将军”，躲避了他数年，不敢进犯右北平……元朔六年（前123）李广再次被拜为后将军，跟随大将军卫青出兵定襄，进击匈奴……又过了两年，李广作为郎中令带领四千名骑兵从右北平出发，博望侯张骞带领一万骑兵一同出征，他们各行一道。走了大约几百里，匈奴左贤王带领四万骑兵包围了李广的军队，李广部下军士都感到很恐慌，李广派他的儿子李敢向敌人驰去。李敢独自带领数十名骑兵向前冲去，直接冲击匈奴骑兵的包围圈，从敌人的左右两翼掠过后杀回，向李广报告说：“敌人容易对付啊!”这样军心才安定下来。接着李广布成圆形阵势，所有的人都面向外，匈奴猛烈攻击，箭如雨下，汉军死亡过半，他们的箭将要用尽。李广就命令士兵拉满弓不发箭，他亲自用大黄强弩射敌人的裨将，射死了几人，敌人攻势逐渐减弱。等到了日暮时分，官兵都面无人色，而李广依然神态自若，更加注意治军。军中从此更佩服他的

勇气了。第二天，李广率军继续奋战，而这时博望侯的军队也赶到了，匈奴人这才解围而去。（刘鹏校译）

22. 苏武牧羊

律知武终不可胁，白单于，单于愈益欲降之，乃幽武置大窖中，绝不饮食。天雨（yù）雪，武卧，啮雪与旃（毡）毛并咽之，数日不死。匈奴以为神，乃徙武北海上无人处，使牧羝（dī），曰："羝乳乃得归。"别其官属常惠等，各置他所。

——（北宋）司马光《资治通鉴·汉纪十三》

译文：

（单于命卫律去胁迫苏武投降，苏武宁死不屈。）卫律明白苏武终究不会受他的胁迫，只得禀报单于。单于见苏武如此忠心，越发想争取他归顺，便将苏武囚禁于一个大地窖中，断绝苏武的饮食，企图逼其就范。当时正下大雪，苏武躺在地上，靠吞食雪片和衣服上的毡毛维持生命，几天下来，竟然未死。匈奴人以为有神灵庇护，便将苏武放逐到北海荒无人烟之处，让他放牧一群公羊，并对苏武说："等到公羊能产出羊奶，你就可以回国了。"常惠等不肯投降的属官，也被分别扣留在其他地方。（文白对照《资治通鉴》，［北宋］司马光编撰，沈志华、张宏儒主编，中华书局2009年版，825、827页）

23. 司马迁忍辱发愤作《史记》

太史公遭李陵之祸，幽于缧绁（léi xiè）。乃喟然而叹曰："是余之罪也夫！是余之罪也夫！身毁不用矣。"退而深惟曰："夫《诗》、《书》隐约者，欲遂其志之思也。昔西伯拘羑（yǒu）里，演《周易》；孔子厄陈、蔡，作《春秋》；屈原放逐，著《离骚》；左丘失明，厥有《国语》；孙子膑脚，而论兵法；不韦迁蜀，世传《吕览》；韩非囚秦，《说难》、《孤愤》；《诗》三百篇，大抵贤圣发愤之所为作也。此人皆意有所郁结，不得通其道也，故述往事，思来者。”于是卒述陶唐以来，至于麟止，自黄帝始。

——（西汉）司马迁《史记·太史公自序》

译文：

太史公因替李陵辩解而遭受灾祸，被幽禁在监狱之中。于是喟然长叹道：“这是我的罪过啊！这是我的罪过啊！身体残废没有什么用了！”事后仔细思量说：“《诗》、《书》的文义所以含蓄隐约，是作者出于要实现自己的意志这样一种考虑。当初西伯被拘禁在羑里，却推演出《周易》；孔子在陈、蔡遭到困厄，回到鲁国便作《春秋》；屈原被放逐，却著作了《离骚》；左丘明双目失明，这才写出《国语》；孙子被挖去膝盖骨，却论著了兵法；吕不韦因罪迁居西蜀，他的《吕览》得以传世；韩非在秦国被捕下狱，却写出了《说难》、《孤愤》；《诗》三百篇，大都是贤人、圣人抒发内心的愤懑而作出来的。这些人都是由于心意有所抑郁闷结，自己的理想不能实现，所以才追述过去的事情，期望未来的人对自己有所了解。”于是，我终于又着手记述从黄帝开始，经陶唐，直至武帝获麟为止的历史。（《名家精译古文观止》，中华书局编辑部编，中华书局2007年版，195—196页）

24. 昭君出塞

春，正月，匈奴呼韩邪单于来朝，自言愿婿汉氏以自亲。帝以后宫良家子王嫱字昭君赐单于。单于欢喜，上书：“愿保塞上谷以西至敦煌，传之无穷。请罢边备塞吏卒，以休天子人民。”天子下有司议，议者皆以为便。

——（北宋）司马光《资治通鉴·汉纪二十一》

译文：

汉元帝竟宁元年（前33）春季，正月，匈奴呼韩邪单于入朝，请求准许他当汉家女婿，使他有缘亲近汉朝。元帝把皇宫良家女子王嫱，别名王昭君，赏赐给呼韩邪单于。呼韩邪单于非常喜欢，上书汉元帝："愿保护东起上谷，西至敦煌的汉朝边塞，永远相传。请撤销边塞防务，战士复员，使天子的小民获得休息。"元帝把呼韩邪单于的意愿交给官吏去讨论，参与讨论的官吏都认为可以接受。（文白对照《资治通鉴》，［北宋］司马光编撰，沈志华、张宏儒主编，中华书局2009年版，1123页）

25. 马革裹尸

马援曰："方今匈奴、乌桓尚扰北边，欲自请击之。男儿要当死于边野，以马革裹尸还葬耳，何能卧床上在儿女子手中耶？"故人孟冀曰："谅为烈士，当如此矣！"

——（东汉）班固、刘珍等《东观汉记·马援传》[①]

注释：

①《东观汉记》：东汉官修本朝纪传体史书。参加撰述者先后有班固、刘珍、李尤、伏无忌、边韶、崔寔、延笃、马日磾、蔡邕等。东观为洛阳宫中殿名，即当时修史之处。魏晋时此书很流行，唐代中叶以后流传渐少。今本二十四卷，系清代辑本。今人吴树平有重辑本，较为完备。

译文：

东汉伏波将军马援曾说："如今匈奴、乌桓仍在侵扰北部疆域，我要请征讨伐。男儿应当战死沙场，用战马的皮革包裹尸首归葬，怎能躺在床上，在儿女照料下安然老死呢？"朋友孟冀赞道："英雄壮士，就应当如此啊！"（刘冰雪校译）

26. 班超出使西域

固使假司马班超与从事郭恂俱使西域。超行到鄯善，鄯善王广奉超礼敬甚备，后忽更疏懈。超谓其官属曰：“宁觉广礼意薄乎?”官属曰：“胡人不能常久，无他故也。”超曰：“此必有北虏使来，狐疑未知所从故也。明者睹未萌，况已著邪!”乃召侍胡，诈之曰：“匈奴使来数日，今安在乎?”侍胡惶恐曰：“到已三日，去此三十里。”超乃闭侍胡，悉会其吏士三十六人，与共饮，酒酣，因激怒之曰：“卿曹与我俱在绝域，今虏使到裁数日，而王广礼敬即废。如令鄯善收吾属送匈奴，骸骨长为豺狼食矣，为之奈何?”官属皆曰：“今在危亡之地，死生从司马!”超曰：“不入虎穴，不得虎子。当今之计，独有因夜以火攻虏，使彼不知我多少，必大震怖，可殄尽也。灭此虏，则鄯善破胆，功成事立矣。”众曰：“当与从事议之。”超怒曰：“吉凶决于今日；从事文俗吏，闻此必恐而谋泄，死无所名，非壮士也。”众曰：“善!”

初夜，超遂将吏士往奔虏营。会天大风，超令十人持鼓藏虏舍后，约曰：“见火然，皆当鸣鼓大呼。”余人悉持兵弩，夹门而伏。超乃顺风纵火，前后鼓噪，虏众惊乱，超手格杀三人，吏兵斩其使及从士三十余级，余众百许人悉烧死。

明日乃还，告郭恂，恂大惊；既而色动，超知其意，举手曰：“掾虽不行，班超何心独擅之乎!”恂乃悦。超于是召鄯善王广，以虏使首示之，一国震怖。超告以汉威德：“自今以后，勿复与北虏通。”广叩头：“愿属汉，无二心。”遂纳子为质。

——（北宋）司马光《资治通鉴·汉纪三十七》

译文：

汉明帝永平十六年（73），奉车都尉窦固派副司马班超和从事郭恂一同出使西域。班超到达鄯善国时，鄯善王广用十分尊敬周到的礼节接待他，但后来忽然变得疏远懈怠了。班超对他的部下说："你们可曾觉出广的态度冷淡了吗？"部下说："胡人行事无常性，并没有别的原因。"班超说："这一定是因为有北匈奴的使者前来，而鄯善王心里犹豫、不知所从的缘故。明眼人能够在事情未发生前看出端倪，何况事情已显著暴露！"于是他召来胡人侍者，假装已知实情，说："匈奴使者来了几天，如今在什么地方？"胡人侍者慌忙答道："已经来了三天，离此地三十里。"于是班超就把胡人侍者关起来，召集全体属员，共三十六人，和他们一同饮酒。饮到酣畅之时，班超借酒激怒众人说："你们和我同在绝远荒域，如今北匈奴使者才来了几天，而鄯善王就已不讲礼节了，若是使者命令鄯善把我们抓起来送给匈奴，那么我们的骨头就要永远喂给豺狼了。我们应该怎么办？"部下一致回答："如今处在危亡之地，我们跟随司马同生共死！"班超说："不入虎穴，不得虎子。如今可行的办法，只有乘夜用火进攻匈奴人，使对方不知我们到底有多少人马，必定大为震恐，这样便可将他们一网打尽。除掉了北匈奴使者，那么鄯善人就会胆战心惊，我们便成功了。"众人说："应当和从事商议此事。"班超生气地说："命运的吉凶就在今天决定，而从事不过是平庸的文吏，听到我们的打算定要害怕，计谋便会泄露，到那时候，我们死得没有名堂，就不是英雄了。"众人说："好！"

一入夜，班超便带领部下奔向北匈奴使者的营地。当时正刮着大风，班超命令十人拿着鼓，躲到匈奴人的帐房后面，相约道："看见火起，就一齐擂鼓呐喊。"其余的人全都手持刀剑弓弩，埋伏在帐门两侧。于是班超顺风放火，大火一起，帐房前后鼓声齐鸣，杀声震耳。匈奴人惊慌失措，一时大乱。班超亲手格杀三人，下属官兵斩杀北匈奴使者及其随从共三十余人，其余约一百人全部被火烧死。

班超等人次日返回，将事情的经过告诉了郭恂，郭恂大为震惊，接着又神色一变。班超明白他的意思，举手声明："从事虽然没有前去参与行动，可班超怎有心一人居功！"郭恂这才大喜。于是班超叫来鄯善王广，给他看匈奴使者的首级，鄯善全国震恐。班超将汉朝的国威和恩德告诉鄯善王，并说："从今以后，不要再同北匈奴来往。"广叩头声称："我愿臣属汉朝，没有二心。”于是将王子送到汉朝充当人质。（文白对照《资治通鉴》，［北宋］司马光编撰，沈志华、张宏儒主编，中华书局2009年版，1773页）

27. 诸葛亮七擒孟获

汉诸葛亮至南中，所在战捷，亮由越嶲（xī）入，斩雍闿及高定。使庲（lái）降督益州李恢由益州入，门下督巴西马忠由牂（zāng）柯入，击破诸县，复与亮合。孟获收闿余众以拒亮。获素为夷、汉所服，亮募生致之，既得，使观于营陈之间，问曰：“此军何如?”获曰：“向者不知虚实，故败。今蒙赐观营陈，若只如此，即定易胜耳。”亮笑，纵使更战。七纵七禽（擒）而亮犹遣获，获止不去，曰：“公，天威也，南人不复反矣！”

——（北宋）司马光《资治通鉴·魏纪二》

译文：

蜀汉丞相诸葛亮到达南中，征讨叛乱，所到必胜。诸葛亮从越嶲进兵，斩杀雍闿和高定。派庲降督益州人李恢从益州进兵，门下督巴西人马忠从牂柯进兵，击溃南中各县的叛军，再度和诸葛亮会合，孟获收拾雍闿的残部抗拒诸葛亮。孟获深得当地汉人和夷族的信赖，诸葛亮要生擒孟获，以后果然将孟获俘获，让他参观了蜀军的军营战阵，问他说：“这样的军队如何?”孟获说：“以前不知道你们的虚实，所以遭到失败。如今蒙您允许我参观你们的军营战阵，如果贵军只是这样的军队，我一定能轻易取胜。”诸葛亮笑了笑，将孟获释放，要他再战。前后把孟获放回七次，又生擒七次，最后诸葛亮仍将孟获释放，孟获却不再走了，对诸葛亮说：“您有天威！南部的人不会再反叛了！”（文白对照《资治通鉴》，［北宋］司马光编撰，沈志华、张宏儒主编，中华书局2009年版，2809页）

28. 当共戮力王室，克复神州

周顗（yǐ）奔琅邪王睿，睿以顗为军谘祭酒。前骑都尉谯国桓彝亦避乱过江，见睿微弱，谓顗曰："我以中州多故，来此求全，而单弱如此，将何以济！"既而见王导，共论世事，退，谓顗曰："向见管夷吾，无复忧矣！"

诸名士相与登新亭游宴，周顗中坐叹曰："风景不殊，举目有江河之异！"因相视流涕。王导愀（qiǎo）然变色曰："当共戮力王室，克复神州，何至作楚囚对泣邪！"众皆收泪谢之。

——（北宋）司马光《资治通鉴·晋纪九》

译文：

（渡江之后）周顗投奔琅邪王司马睿，司马睿任用周顗为军谘祭酒。前骑都尉谯国人桓彝也避乱渡过长江，见司马睿势力微弱，对周顗说："我因为中州地区多变故，来到这儿求安，结果这里如此势单力薄，将靠什么来成就大业？"不久又见到王导，与王导一起议论天下大事，退出去后，又对周顗说："刚才如同见到了管仲，不再有忧虑了。"

名士们一起登上新亭游玩宴乐，周顗坐在中间感叹说："风景没有大差别，只是举目望去有长江、黄河的区别。"大家听了相对流泪。王导脸色立刻变了，说："应当齐心协力报效朝廷，收复神州沦陷的土地，怎么能像只知悲痛而不思进取的楚囚那样相对流泪呢？"于是大家都擦泪向王导道歉。（文白对照《资治通鉴》，［北宋］司马光编撰，沈志华、张宏儒主编，中华书局2009年版，3509页）

29. 祖逖中流击楫

及渡江，左丞相睿以为军谘祭酒。逖居京口，纠合骁健，言于睿曰："晋室之乱，非上无道而下怨叛也，由宗室争权，自相鱼肉，遂使戎狄乘隙，毒流中土。今遗民既遭残贼，人思自奋，大王诚能命将出师，使如逖者统之以复中原，郡国豪杰，必有望风响应者矣！"睿素无北伐之志，以逖为奋威将军、豫州刺史，给千人廪，布三千匹，不给铠仗，使自召募。逖将其部曲百余家渡江，中流，击楫而誓曰："祖逖不能清中原而复济者，有如大江！"遂屯淮阴，起冶铸兵，募得二千余人而后进。

——（北宋）司马光《资治通鉴·晋纪十》

译文：

渡江以后，左丞相司马睿让祖逖担任军谘祭酒。祖逖住在京口，聚集起骁勇强健的壮士，对司马睿说："晋朝的变乱，不是因为君主无道而使臣下怨恨叛乱，而是皇亲宗室之间争夺权力，自相残杀，这样就使戎狄之人钻了空子，祸害遍及中原。现在晋朝的遗民遭到摧残伤害后，大家都想着自强奋发，大王您确实能够派遣将领率兵出师，使像我一样的人统领军队来光复中原，各地的英雄豪杰，一定会有闻风响应的人！"司马睿一直没有北伐的志向，他听了祖逖的话以后，就任命祖逖为奋威将军、豫州刺史，仅仅拨给他千人的口粮，三千匹布，不供给兵器，让祖逖自己想办法募集。祖逖带领自己私家的军队共一百多户人家渡过长江，在江中敲打着船桨发誓说："祖逖如果不能使中原清明而光复成功，就像大江一样有去无回！"于是到淮阴驻扎，建造熔炉冶炼浇铸兵器，又招募了两千多人然后继续前进。（文白对照《资治通鉴》，［北宋］司马光编撰，沈志华、张宏儒主编，中华书局 2009 年版，3545、3547 页）

30. 晋祚存亡，决于此行

二月，大司马温来朝。辛巳，诏吏部尚书谢安、侍中王坦之迎于新亭。是时，都下人情恟恟，或云欲诛王、谢，因移晋室。坦之甚惧，安神色不变，曰：“晋祚存亡，决于此行。”温既至，百官拜于道侧。温大陈兵卫，延见朝士，有位望者皆战慑失色。坦之流汗沾衣，倒执手版。安从容就席，坐定，谓温曰：“安闻诸侯有道，守在四邻，明公何须壁后置人邪！”温笑曰：“正自不能不尔。”遂命左右撤之，与安笑语移日。郗超常为温谋主，安与坦之见温，温使超卧帐中听其言。风动帐开，安笑曰：“郗生可谓入幕之宾矣。”时天子幼弱，外有强臣，安与坦之尽忠辅卫，卒安晋室。

——（北宋）司马光《资治通鉴·晋纪二十五》

译文：

东晋孝武帝宁康元年（373）二月，大司马桓温来晋见孝武帝。辛巳（二十四日），孝武帝诏令吏部尚书谢安、侍中王坦之到新亭迎接。这时，都城里人心浮动，有人说桓温要杀掉王坦之、谢安，接着晋王室的天下就要转落他人之手。王坦之非常害怕，谢安则神色不变，说：“晋朝国统的存亡，取决于此行。”桓温抵达朝廷以后，百官夹道叩拜。桓温部署重兵守卫，接待会见朝廷百官，有地位名望的人全都惊慌失色。王坦之汗流浃背，连手版都拿倒了。谢安从容就座，坐定以后，对桓温说：“谢安听说诸侯有道，守卫的人在四方邻国，明公哪里用得着在墙壁后面安置人呀！”桓温笑着说：“正是由于不能不这样做。”于是就命令左右的人让他们撤走，与谢安笑谈良久。郗超经常是桓温的谋主，谢安和王坦之去见桓温，桓温让郗超藏在帐子中听他们谈话。风吹开了帐子，谢安笑着说：“郗超可谓入帐之宾。”当时天子年幼力弱，外边又有强臣，谢安与王坦之竭尽忠诚辅佐护卫，最终使晋王室得以安稳。（文白对照《资治通鉴》，［北宋］司马光编撰，沈志华、张宏儒主编，中华书局2009年版，4167页）

31．谯国夫人

番禺夷王仲宣反，岭南首领多应之，引兵围广州。韦洸中流矢卒，诏以其副慕容三藏检校广州道行军事。又诏给事郎裴矩巡抚岭南，矩至南康，得兵数千人。仲宣遣别将周师举围东衡州，矩与大将军鹿愿击斩之，进至南海。

高凉冼（xiǎn）夫人遣其孙冯暄将兵救广州，暄与贼将陈佛智素善，逗留不进；夫人知之，大怒，遣使执暄，系州狱，更遣孙盎出讨佛智，斩之。进会鹿愿于南海，与慕容三藏合击仲宣，仲宣众溃，广州获全。冼氏亲被甲，乘介马，张锦伞，引彀（gòu）骑卫，从裴矩巡抚二十余州。苍梧首领陈坦等皆来谒见，矩承制署为刺史、县令，使还统其部落，岭表遂定。

矩复命，上谓高颎、杨素曰：“韦洸将二万兵不能早度岭，朕每患其兵少。裴矩以三千弊卒径至南海，有臣若此，朕亦何忧！”以矩为民部侍郎。拜冯盎高州刺史，追赠冯宝广州总管、谯国公。册冼氏为谯国夫人，开谯国夫人幕府，置长史以下官属，官给印章，听发部落六州兵马，若有机急，便宜行事。仍敕以夫人诚效之故，特赦暄逗留之罪，拜罗州刺史。皇后赐夫人首饰及宴服一袭，夫人并盛于金箧，并梁、陈赐物，各藏一库，每岁时大会，陈之于庭，以示子孙，曰：“我事三代主，惟用一忠顺之心。今赐物具存，此其报也；汝曹皆念之，尽赤心于天子！”

——（北宋）司马光《资治通鉴·隋纪一》

译文：

隋文帝开皇十年（590），番禺夷族人王仲宣起兵造反，岭南地区各族首领多起兵响应他，于是王仲宣率军包围了广州。总管韦洸中流矢而死，隋文帝下诏令他的副手慕容三藏检校广州道行军事。文帝又下诏令给事郎裴矩前去巡抚岭南地区，裴矩进至南康，得到军队数千人。王仲宣派遣部下别将周师举率军围攻东衡州，裴矩和大将军鹿愿率军打败了周师举并杀死了他，随后率军进至南海。

岭南蛮族首领高凉洗夫人派她的孙子冯暄率军救援广州，冯暄一向与叛军将领陈佛智友善，于是故意逗留不进。洗夫人得知后十分愤怒，就派人到军中逮捕了冯暄，关押在州城监狱；又派遣孙子冯盎率军讨伐陈佛智，将他斩首。冯盎率军进至南海，与大将军鹿愿的部队会合，然后与广州守将慕容三藏合兵攻打王仲宣，王仲宣的部队溃败，因此广州得以保全。洗夫人亲自身着甲胄，乘坐披甲的马，张开用锦缎做的伞盖，率领军队张弓搭箭，禁卫保护，陪同裴矩巡抚岭南地区二十余州。苍梧首领陈坦等都来拜见裴矩。裴矩根据朝廷的旨意任命他们为刺史、县令，让他们回去统率各自的部落，于是岭南地区被平定。

裴矩回朝复命，隋文帝对尚书左仆射高颎与内史令杨素说："当年韦洸率军两万人不能尽早到达岭南，朕总是担心他带兵太少。如今裴矩率领三千弱兵却能径至南海，有了这样的臣子，我还有什么可担忧的呢！"于是任命裴矩为民部侍郎。又任命冯盎为高州刺史，追赠洗夫人的丈夫冯宝为广州总管、谯国公。册封洗夫人为谯国夫人，设立谯国夫人幕府，配备长史以下的官吏，朝廷授给洗夫人印章，允许她调发本部落所属六州兵马，如果出现紧急情况，可相机行事。还下敕令由于洗夫人忠心朝廷，特赦免冯暄逗留不进之罪，任命他为罗州刺史。独孤皇后也赏赐给洗夫人一些金银首饰和宴会礼服一套。洗夫人把这些东西都放在一个黄金小箱子里，和南梁、南陈朝廷赏赐的物品分别藏在库中，每年举行部落大会时，拿出来陈列在大厅里，让子孙们看，并对他们说："我历事南梁、南陈、隋朝三代君主，用的只是一颗忠诚的心，现在朝廷赏赐的物品俱在，这就是我得到的酬报，你们应该牢记我的话，对天子赤胆忠心。"（文白对照《资治通鉴》，［北宋］司马光编撰，沈志华、张宏儒主编，中华书局2009年版，7369、7371页）

32. 和亲之策

贞观十六年，太宗谓侍臣曰："北狄世为寇乱，今延陀倔强，须早为之所。朕熟思之，惟有二策：选徒十万，击而虏之，涤除凶丑，百年无患，此一策也。若遂其来请，与之为婚媾，朕为苍生父母，苟可利之，岂惜一女！北狄风俗，多由内政，亦既生子，则我外孙，不侵中国，断可知矣。以此而言，边境足得三十年无事。举此二策，何者为先?”司空房玄龄对曰：“遭隋室大乱之后，户口太半未复。兵凶战危，圣人所慎，和亲之策，实天下幸甚。”

——（唐）吴兢《贞观政要·征伐》[1]

注释：

①《贞观政要》：唐代吴兢撰。十卷，四十篇，约成书于玄宗开元年间。分类编辑唐太宗与魏徵、房玄龄、杜如晦等大臣的问答、大臣诤议和劝谏的奏疏，以及政治上的举措。吴兢（669或670—749）：唐代史学家。汴州浚仪（今属河南）人。武周时入史馆，编修国史。玄宗时，任卫尉少卿，兼修文馆学士，累迁至太子左庶子。

译文：

贞观十六年（642），唐太宗对侍臣说：“北方狄人世代入侵扰乱，现在薛延陀部强盛不顺从，必须及早作出处置。朕仔细考虑这个问题，只有两条对策：选调十万大兵，去攻击并俘获他们，扫除凶顽恶人，可以保证一百年内没有祸患，这是第一条计策。如果答应他们的请求，与他们结成姻亲，朕作为天下苍生之父母，假如可以对百姓有好处，我怎么会怜惜一个女儿！北方狄人的风俗，大多由妻室主政，一旦生下儿子，那就是我的外孙，不再侵扰中原，那是绝对可以推知的。从这一点来说，边境完全可以获得三十年来不发生战事。提出的这两条计策，哪一条较好?”司空房玄龄回答说：“自从发生隋末大战乱以来，中原户口大半没有恢复。兵器凶险，战争危殆，圣人对此非常慎重，通婚和亲的计策，实在是天下百姓的幸事。”（《贞观政要译注》，裴汝诚等译注，上海古籍出版社2007年版，258—259页）

33. 玄奘西游

僧玄奘，姓陈氏，洛州偃师人。大业末出家，博涉经论。尝谓翻译者多有讹谬，故就西域，广求异本以参验之。贞观初，随商人往游西域。玄奘既辩博出群，所在必为讲释论难，蕃人远近咸尊伏之。在西域十七年，经百余国，悉解其国之语，仍采其山川谣俗，土地所有，撰《西域记》十二卷。

贞观十九年，归至京师。太宗见之，大悦，与之谈论。于是诏将梵本六百五十七部于弘福寺翻译，仍敕右仆射房玄龄、太子左庶子许敬宗，广召硕学沙门五十余人，相助整比。

——（后晋）刘昫等《旧唐书·玄奘传》[①]

注释：

①《旧唐书》：原名《唐书》，因与欧阳修等所撰《新唐书》区别，故称。后晋刘昫监修，作者为张昭远、贾纬等。修于天福五年至开运二年间（940—945），二百卷，纪传体唐代史。刘昫（887—947）：五代后晋文学家。字耀远，涿州归义（今河北容城）人。

译文：

僧人玄奘，俗名姓陈，洛州偃师人。隋大业末年出家，广泛涉猎各种经学论著。他曾认为翻译的经书大多都有谬误，于是立志前往西域，广泛搜集各种版本的经书用来参考校对。唐贞观初年，玄奘跟随商人一同前往西域游学。玄奘能言善辩、学识渊博，十分出众，所到之处都会为人们讲经释义辩驳疑难，远近的外国人都很尊敬、佩服他。玄奘在西域游历十七年，途经百余个国家，熟悉各国语言，搜集来自西域各国山野大川的民谣俗语、土地物产，撰写成《西域记》十二卷。

唐贞观十九年（645），玄奘回到大唐京师。唐太宗召见他，感到十分高兴，与他交谈探讨。之后下诏将六百五十七部梵文经书在弘福寺进行翻译，并命右仆射房玄龄、太子左庶子许敬宗，广泛召集五十余位学识渊博的僧人，帮助玄奘一同整理编次。（郑晓雯校译）

34. 松赞干布和文成公主

丙辰，吐蕃（bō）赞普遣其相禄东赞献金五千两及珍玩数百，以请婚。上许以文成公主妻之。

……

丁丑，命礼部尚书江夏王道宗持节送文成公主于吐蕃。赞普大喜，见道宗，尽子婿礼，慕中国衣服、仪卫之美，为公主别筑城郭宫室而处之，自服纨绮以见公主。其国人皆以赭（zhě）涂面，公主恶之，赞普下令禁之，亦渐革其猜暴之性，遣子弟入国学，受《诗》、《书》。

——（北宋）司马光《资治通鉴·唐纪十一至十二》

译文：

唐贞观十四年（640），十月丙辰（二十三日），吐蕃首领赞普派他的丞相禄东赞向唐朝进献五千两黄金以及几百种珍玩器皿，请求通婚。太宗答应将文成公主许配给他。

……

贞观十五年，正月丁丑（十五日），唐太宗令礼部尚书、江夏王李道宗持旌节护送文成公主到吐蕃。吐蕃赞普非常高兴，见到李道宗，完全按婿礼行事，羡慕唐朝的服装和仪仗之美，将公主安置在特意营筑的城郭宫室之内，自己穿着精美的丝绸服装与公主见面。吐蕃人的脸上都涂着红褐色，公主感到厌恶，赞普便下令禁止涂面；并且逐渐改变其猜忌粗暴的本性，派遣本族子弟到长安国子学，学习《诗经》、《尚书》等典籍。（文白对照《资治通鉴》，[北宋] 司马光编撰，沈志华、张宏儒主编，中华书局2009年版，8132—8133、8141页）

35. 郭子仪单骑见回纥

子仪将出，左右谏："戎狄野心不可信。"子仪曰："虏众数十倍，今力不敌，吾将示以至诚。”左右请以骑五百从，又不听。即传呼曰：“令公来！”虏皆持满待。子仪以数十骑出，免胄见其大酋曰：“诸君同艰难久矣，何忽亡（忘）忠谊而至是邪？”回纥（hé）舍兵下马拜曰：“果吾父也。”子仪即召与饮，遗锦彩结欢，誓好如初。

——（北宋）欧阳修等《新唐书·郭子仪传》①

注释：

①《新唐书》：北宋欧阳修等撰。二百二十五卷，纪传体唐代史，编撰时间约始于宋仁宗庆历四年（1044），嘉祐五年（1060）成书。欧阳修（1007—1072）：北宋文学家、史学家。字永叔，号醉翁、六一居士，吉州吉水（今属江西）人。

译文：

（唐代宗时，回纥叛乱。代宗命郭子仪前去平叛，回纥不信郭子仪尚在。于是，郭子仪决定只身前去见回纥首领。）郭子仪将要出去，在旁边伺候的人劝道：“戎狄心性放纵，不可信任。”子仪说：“敌人兵力比我们多数十倍，如今靠实力是敌不过他们的，我将向他们表示最大的和解诚意。”左右随从请求派五百骑兵跟随，又不接受。立即传令呼叫道：“令公来了！”贼寇都拉满弓等待着。子仪带领几十个骑兵出营，摘掉头盔会见他们的大首领说：“各位与我们患难的时间很长，为什么突然忘掉忠诚的情谊而弄成现在这样呢？”回纥人扔掉兵器下马叩拜说：“果真是我的老爹啊！”子仪随即请他们一起饮酒，送给彩色丝织品与他们交好，双方立誓和好如初。（《二十五史精选精译》，吴树平主编，中华书局1995年版，2537页）

36. 抗金名臣李纲

未几，复决意南狩，纲趋朝，则禁卫擐（huàn）甲，乘舆已驾矣。纲急呼禁卫曰：“尔等愿守宗社乎，愿从幸乎？”皆曰：“愿死守。”纲入见曰：“陛下已许臣留，复戒行何也？今六军父母妻子皆在都城，愿以死守，万一中道散归，陛下孰与为卫？敌兵已逼，知乘舆未远，以健马疾追，何以御之？”上感悟，遂命辍行。纲传旨语左右曰：“敢复有言去者斩！”禁卫皆拜伏呼万岁，六军闻之，无不感泣流涕。

命纲为亲征行营使，以便宜从事。纲治守战之具，不数日而毕。敌兵攻城，纲身督战，募壮士缒城而下，斩酋长十余人，杀其众数千人。金人知有备，又闻上已内禅，乃退。

——（元）脱脱等《宋史·李纲传》[①]

注释：

①《宋史》：元脱脱等撰。四百九十六卷，修于元顺帝至正三年到五年(1343—1345)。纪传体宋代史。本书卷帙浩繁，成书仓促，北宋详南宋略，理宗、度宗以来尤多缺漏。脱脱（1314—1355）：元大臣。蔑里乞氏，字大用。

译文：

没过多久，宋钦宗又决定南逃，李纲赶到皇宫，禁卫军已整装待发，皇帝乘的车驾也已套好马匹。李纲急忙高声对禁卫军士说：“你们愿意坚守宗庙社稷，还是愿意随皇帝出走呢？”军士们都说：“愿以死坚守宗庙社稷。”李纲入宫晋见皇帝说：“陛下已经答应我留下不走，为什么又准备出行呢？现在六军将士的父母妻子都在都城里，他们都愿意以死守城。万一半路他们跑散回来，由谁来保护陛下呢？敌军现在离我们已经很近，知道皇帝的车驾没有走远，轻骑疾追的话，我们又怎么防御呢？”钦宗终于明白了，于是下令停止出行的准备。李纲向大家传达皇帝圣旨说：“胆敢再说南逃的人斩！”禁卫军士们都跪拜于地高呼万岁，守城将士听说后，没有不感动得哭泣流涕的。

李纲被钦宗任命为亲征行营使，可以见机行事。他下令准备守城作战的武器，没多久就制备完毕。敌军攻城，李纲亲自督战，他还选募壮士用绳子吊放到城下攻击敌人，斩杀敌军首领十多人，杀死敌军数千人。金国人知道

宋军有防备，又听说皇上已经禅让，于是就退兵了。（李凡校译）

37. 宗泽临终连呼“过河”

泽前后请上还京二十余奏，每为潜善等所抑，忧愤成疾，疽发于背。诸将入问疾，泽矍然曰：“吾以二帝蒙尘，积愤至此。汝等能歼敌，则我死无恨。”众皆流涕曰：“敢不尽力！”诸将出，泽叹曰：“出师未捷身先死，长使英雄泪满襟。”翌日，风雨昼晦。泽无一语及家事，但连呼“过河”者三而薨。都人号恸。遗表犹赞上还京。

——（元）脱脱等《宋史·宗泽传》

译文：

宗泽先后请求宋高宗返回东京的奏疏有二十多道，每每被黄潜善等人压下，忧虑愤怒而引发疾病，背上生了痈疽。各位将领入内问候他的病情，宗泽振奋精神说：“我因为两位皇帝遭难，忧愤郁积才得了这个病。你们能歼灭敌人，那么我死也没有遗恨了。”众人都流着眼泪说：“我们怎么敢不尽力！”将领们出去后，宗泽叹息说：“出师未捷身先死，长使英雄泪满襟。”第二天，风雨交加天昏地暗。宗泽没有一句话说到家事，只是连喊三声“过河”就去世了。京城的人们听到宗泽死讯之后放声痛哭。他留下的遗表仍然坚请高宗还京。（《二十五史精选精译》，吴树平主编，中华书局1995年版，3005页）

38. 文臣不爱钱，武臣不惜死

飞至孝，母留河北，遣人求访，迎归。母有痼疾，药饵必亲。母卒，水浆不入口者三日。家无姬侍。吴玠素服飞，愿与交驩（欢），饰名姝遗（wèi）之。飞曰：“主上宵旰，岂大将安乐时？”却不受，玠益敬服。少豪饮，帝戒之曰：

"卿异时到河朔，乃可饮。"遂绝不饮。帝初为飞营第，飞辞曰："敌未灭，何以家为？"或问天下何时太平，飞曰："文臣不爱钱，武臣不惜死，天下太平矣。"

——（元）脱脱等《宋史·岳飞传》

译文：

岳飞非常孝顺，母亲留在河北时，岳飞派人寻求探访，迎接母亲南归。岳飞的母亲长期生病，药物补品等事岳飞都必定亲手调理。母亲故世，岳飞三天滴水不入口。家中没有姬妾侍奉。吴玠一直佩服岳飞，愿意和岳飞结为好友，打扮了一名姿色出众的美女送给岳飞。岳飞说："皇上天不亮就起身，很晚才吃饭，现在哪是大将享乐的时候？"推却不接受，吴玠更加尊敬佩服。岳飞年轻的时候很能喝酒，宋高宗告诫他说："你将来打到河朔地区，就可以畅饮。"岳飞于是不再喝酒。高宗当初为岳飞营造府第，岳飞推辞说："敌人没有消灭，怎么可以为家庭？"有人曾问岳飞天下什么时候太平？岳飞说："文官不爱钱，武将不惜死，天下就天平了。"（《二十五史精选精译》，吴树平主编，中华书局1995年版，3048页）

39. 辛弃疾以忠义归宋

绍兴三十二年，京令弃疾奉表归宋，高宗劳师建康，召见，嘉纳之，授承务郎、天平节度掌书记，并以节使印告召京。会张安国、邵进已杀京降金，弃疾还至海州，与众谋曰："我缘主帅来归朝，不期事变，何以复命？"乃约统制王世隆及忠义人马全福等径趋金营，安国方与金将酣饮，即众中缚之以归，金将追之不及。献俘行在，斩安国于市，仍授前官，改差江阴佥判。弃疾时年二十三。

——（元）脱脱等《宋史·辛弃疾传》

译文：

宋高宗绍兴三十二年（1162），耿京命令辛弃疾带着表章去归顺宋朝，高宗正在建康慰劳军队，召见辛弃疾，嘉奖并接纳了他们，授予辛弃疾承务郎、天平军节度掌书记的官职，并且让辛弃疾带着节度使的官印和告身去召唤耿京。这时张安国、邵进已经杀死耿京投降了金朝，辛弃疾回到海州，与大家商议说："我是根据主帅的命令去联系归顺朝廷的，没有料到事情发生了变化，怎么去回复朝廷的命令呢？"于是约定统制王世隆和抗金忠义人士马全福等人直接闯入金营，张安国正在和金军将领开怀畅饮，辛弃疾就在众人中间抓住张安国捆绑在马上而回，金军将领追赶不上他们。辛弃疾把张安国等人带到行在临安献给高宗，高宗下令将张安国在闹市斩首示众。仍旧授给辛弃疾原先所授的官职，改任为江阴佥判。这年辛弃疾二十三岁。（《二十五史精选精译》，吴树平主编，中华书局1995年版，3098—3099页）

40. 人生自古谁无死，留取丹心照汗青

天祥至潮阳，见弘范，左右命之拜，不拜，弘范遂以客礼见之，与俱入厓山，使为书招张世杰。天祥曰："吾不能扞（hàn）父母，乃教人叛父母，可乎？"索之固，乃书所过零丁洋诗与之。其末有云："人生自古谁无死，留取丹心照汗青。"

——（元）脱脱等《宋史·文天祥传》

译文：

文天祥被押送到潮阳，见到张弘范，张弘范左右的人叫他下拜，文天祥不拜，张弘范于是就用见客人的礼节见他，带着他一同到了崖山，让他写信招降张世杰。文天祥说："我不能护卫父母，却教别人背叛他们的父母，行吗？"张弘范坚持要他写信，文天祥就写下他经过零丁洋所作的《过零丁洋诗》交给张弘范，诗的末句说："人生自古谁无死，留取丹心照汗青。"（《二十五史精选精译》，吴树平主编，中华书局1995年版，3112页）

41. 赛典赤安抚西南部族

萝槃甸叛，往征之，有忧色，从者问故，赛典赤曰："吾非忧出征也，忧汝曹冒锋镝，不幸以无辜而死；又忧汝曹劫虏平民，使不聊生，及民叛，则又从而征之耳。"师次萝槃城，三日不降，诸将请攻之，赛典赤不可，遣使以理谕之。萝槃主曰："谨奉命。"越三日又不降，诸将奋勇请进兵，赛典赤又不可。俄而将卒有乘城进攻者，赛典赤大怒，遽鸣金止之，召万户叱责之曰："天子命我安抚云南，未尝命以杀戮也。无主将命而擅攻，于军法当诛。"命左右缚之，诸将叩首，请俟城下之日从事。萝槃主闻之曰："平章宽仁如此，吾拒命不祥。"乃举国出降，将卒亦释不诛。由是西南诸夷翕（xī）然款附。

——（明）宋濂等《元史·赛典赤瞻思丁传》[①]

注释：

①《元史》：明宋濂等撰。二百十卷，纪传体元代史。修于洪武二年至三年间（1369—1370）。宋濂（1310—1381）：字景濂，号潜溪，浦江（今属浙江）人。元末荐授翰林编修，不受。至正二十年（1360），与刘基、章溢、叶琛同受朱元璋礼聘，尊为先生。

译文：

元世祖至元年间（1264—1294），云南萝槃甸叛乱，赛典赤率军前往征讨，路上赛典赤神色忧虑，随从问他缘故，赛典赤说："我并非担心出征，而是担心你们冒着敌人的刀箭作战，不幸死于无辜；又担心你们劫掠百姓，使百姓民不聊生，逼得他们起来造反，那就会再次出征。"军队停驻萝槃城下，叛军坚守三天也不投降，诸将请求进攻，赛典赤不同意，派使者前去劝降。萝槃主说："一定遵命。"过了三天又不投降，诸将被激怒，跃跃欲试，要求攻打萝槃，赛典赤还是不同意。不久，有一些将卒登城进攻，赛典赤大怒，急忙鸣金制止，招来万户叱责说："天子命令我安抚云南，没有命令我前来杀戮！没有主将的命令就擅自攻城，按军法应该杀头。"于是命左右把他们绑下去，诸将都叩头求饶，请求等攻下城以后再行刑。萝槃主听说此事后说："赛典赤竟然如此宽厚仁爱，我再拒绝投降恐怕不好。"于是率众出降。那些擅自攻城的将士也被释放。由此西南各少数民族都诚心归服。（吴春丽校译）

42. 郑和七下西洋

郑和，云南人，世所谓三保太监者也。初事燕王于藩邸，从起兵有功，累擢太监。

成祖疑惠帝亡海外，欲踪迹之，且欲耀兵异域，示中国富强。永乐三年六月命和及其侪（chái）王景弘等通使西洋。将士卒二万七千八百余人，多赍（jī）金币。造大舶，修四十四丈、广十八丈者六十二。自苏州刘家河泛海至福建，复自福建五虎门扬帆，首达占城，以次遍历诸番国，宣天子诏，因给赐其君长，不服则以武慑之。五年九月，和等还，诸国使者随和朝见。和献所俘旧港酋长。帝大悦，爵赏有差。旧港者，故三佛齐国也，其酋陈祖义，剽掠商旅。和使使招谕，祖义诈降，而潜谋邀劫。和大败其众，擒祖义，献俘，戮于都市。

……

和经事三朝，先后七奉使，所历占城、爪哇、真腊、旧港、暹罗、古里、满剌加、渤泥、苏门答剌、阿鲁、柯枝、大葛兰、小葛兰、西洋琐里、琐里、加异勒、阿拨把丹、南巫里、甘把里、锡兰山、喃渤利、彭亨、急兰丹、忽鲁谟斯、比剌、溜山、孙剌、木骨都束、麻林、剌撒、祖法儿、沙里湾泥、竹步、榜葛剌、天方、黎伐、那孤儿，凡三十余国。所取无名宝物，不可胜计，而中国耗废亦不赀。自宣德以还，远方时有至者，要不如永乐时，而和亦老且死。自和后，凡将命海表者，莫不盛称和以夸外番，故俗传三保太监下西洋，为明初盛事云。

——（清）张廷玉等《明史·郑和传》[①]

注释：

①《明史》：清张廷玉等撰。三百三十二卷，纪传体明代史。张廷玉（1672—1755）：字衡臣，号研斋，桐城（今属安徽）人。

译文：

郑和，云南人，他就是世人所称的三保太监。起初，他在燕王府侍奉燕王朱棣，跟随燕王起兵靖难，立有战功，提拔为太监。

明成祖怀疑建文帝逃亡到海外，想找到他的下落，而且想向外国显示中国的富强。永乐三年（1405）六月，成祖命郑和与他的同事王景弘等人出使西洋。率领士卒二万七千八百多人，携带大量金币。修造六十二条大船，长四十四丈，宽十八丈。自苏州刘家河出航，从海道至福建，再从福建五虎门启航，首先到达占城国，后来以次遍历各国，宣布天子的诏令，并对其君主进行赏赐，有不归服的，便用武力威胁。永乐五年九月，郑和等人回朝，各国使臣随郑和来朝见皇帝。郑和献上他俘获的旧港酋长。皇帝非常满意，分别给予封爵和奖赏。所谓旧港，即原来的三佛齐国，它的酋长陈祖义，劫掠商人和旅客，郑和派使者去招抚，陈祖义伪降，而阴谋劫掠郑和一行。郑和大败敌人，俘虏了陈祖义，举行献俘仪式后，将陈祖义斩首。

……

郑和经历了三朝（明成祖、仁宗、宣宗），先后七次出使，他到过占城、爪哇、真腊、旧港、暹罗、古里、满剌加、渤泥、苏门答剌、阿鲁、柯枝、大葛兰、小葛兰、西洋琐里、琐里、加异勒、阿拨把丹、南巫里、甘把里、锡兰山、喃渤利、彭亨、急兰丹、忽鲁谟斯、比剌、溜山、孙剌、木骨都束、麻林、剌撒、祖法儿、沙里湾泥、竹步、榜葛剌、天方、黎伐、那孤儿，共三十多国。获得不知名的宝物不可胜计，但中国的耗费也为数可观。

自宣德以后，远方的外国也经常有来归服的，但不如永乐时那样多，同时郑和也年老去世了。从郑和以后，凡是奉命出使海外的人，没有不盛称郑和之举向外国夸耀的，因此世上传说三保太监下西洋，是明初的盛事。（《二十五史精选精译》，吴树平主编，中华书局 1995 年版，4074—4076 页）

43. 以社稷安危为己任

郕王方摄朝，廷臣请族诛王振。而振党马顺者，辄叱言官。于是给事中王竑廷击顺，众随之。朝班大乱，卫卒声汹汹。王惧欲起，谦排众直前掖王止，且启王宣谕曰："顺等罪当死，勿论。"众乃定。谦袍袖为之尽裂。退出左掖门，吏部尚书王直执谦手叹曰："国家正赖公耳。今日虽百王直何能为！"当是时，上下皆倚重谦，谦亦毅然以社稷安危为己任。

——（清）张廷玉等《明史·于谦传》

译文：

（土木之变，明英宗被瓦剌俘虏，皇弟郕王朱祁钰监国。）郕王刚刚主持朝政，朝廷大臣请求诛灭王振的家族。王振的党羽马顺，动不动就责骂言官。于是给事中王竑在朝廷揪打马顺，众官员也随之动手。朝廷的秩序大乱，卫兵高声制止。郕王感到害怕，想起身离去，于谦排开众人直接上前扶住郕王，并且让郕王当众宣告："马顺等人罪该处死，动手的不予追究。"这时众人才安定下来。于谦的袍袖也被扯破了。众官员退出左掖门，吏部尚书王直拉住于谦的手感叹地说："国家的命运真是依靠大人您呀。今天的事，即使有一百个王直，又能起什么作用！"在当时，上上下下都依靠于谦，于谦也坚定地以国家的安危为己任。（《二十五史精选精译》，吴树平主编，中华书局 1995 年版，3960 页）

44. 戚家军名闻天下

继光至浙时，见卫所军不习战，而金华、义乌俗称慓悍，请召募三千人，教以击刺法，长短兵迭用，由是继光一军特精。又以南方多薮泽，不利驰逐，乃因地形制阵法，审步伐便利，一切战舰、火器、兵械精求而更置之。“戚家军”名闻天下。

四十年，倭大掠桃渚、圻头。继光急趋宁海，扼桃渚，败之龙山，追至雁门岭。贼遁去，乘虚袭台州。继光手歼其魁，蹙余贼瓜陵江尽死。而圻头倭复趋台州，继光邀击之仙居，道无脱者。先后九战皆捷，俘馘（guó）一千有奇，焚溺死者无算。总兵官卢镗、参将牛天锡又破贼宁波、温州。浙东平，继光进秩三级等。

——（清）张廷玉等《明史·戚继光传》

译文：

戚继光到浙江时，发现卫所的军士不惯战斗，但金华、义乌的百姓以慓悍著称，他请求召募三千人，教给他们刺杀法，长兵器和短兵器交互使用，因此戚继光所率领的那支军队特别精锐。他鉴于南方水泽很多，不利于骑兵奔驰，于是因地制宜创造出新的阵法，为了便于步兵作战，一切武器如战船、火器、兵器，挑选精良装备，配置给军队。因此“戚家军”著名于天下。

明嘉靖四十年（1561），倭寇大肆抢掠桃渚、圻头。戚继光率兵急奔宁海，扼守桃渚，在龙山击败倭寇，追至雁门岭。倭寇逃走，乘机袭击台州。戚继光亲手杀死倭寇头领，把其余贼寇逼进瓜陵江，全部淹死。但圻头的倭寇又奔向台州，戚继光在仙居进行截击，贼寇一个人也没逃脱。先后九战九胜，俘斩倭寇一千多人，烧死淹死的不计其数。总兵官卢镗、参将牛天锡又在宁波、温州击败贼寇。浙东平定了，戚继光连升三级。（《二十五史精选精译》，吴树平主编，中华书局1995年版，3994页）

45. 袁崇焕宁远大捷

六年正月举大军西渡辽河。二十三日抵宁远。崇焕闻，即偕大将桂，副将左辅、朱梅，参将大寿，守备何可刚等集将士誓死守。崇焕更刺血为书，激以忠义，为之下拜，将士咸请效死。乃尽焚城外民居，携守具入城，清野以待。令同知程维楧诘奸，通判启倧具守卒食，辟道上行人。檄前屯守将赵率教、山海守将杨麒，将士逃至者悉斩，人心始定。明日，大军进攻，戴楯穴城，矢石不能退。崇焕令闽卒罗立，发西洋巨炮，伤城外军。明日，再攻，复被却，围遂解，而启倧亦以然炮死。

——（清）张廷玉等《明史·袁崇焕传》

译文：

明天启六年（1626）正月，清军西渡辽河。二十三日攻至宁远。袁崇焕得知这一消息，立即和大将满桂，副将左辅、朱梅，参将祖大寿，守备何可刚等人，召集将士，誓死守城。袁崇焕刺破手指写下血书，以忠义激励将士，并向将士下拜，诸将士都请求效死守城。于是把城外的民舍全部烧毁，把防御设备撤进城中，坚壁清野，准备敌人来攻。袁崇焕派同知程维楧清查奸细，通判金启倧准备军粮，清除路上的行人。传令前屯卫守将赵率教、山海关守将杨麒，官军将士逃到他们那里的，一律斩首，这样人心才安定下来。第二天，清军进攻，头戴盾牌凿城，城上用弓箭和石块不能击退敌人。袁崇焕令福建兵罗立点发西洋大炮，击伤城外的敌军。第二天，敌人再来进攻，又被打退，才解除了对宁远城的包围，但金启倧在放炮时牺牲了。（《二十五史精选精译》，吴树平主编，中华书局1995年版，4046页）

46. 史可法慷慨就义

顺治二年乙酉四月，江都围急，督相史忠烈公知势不可为，集诸将而语之曰：“吾誓与城为殉，然仓皇中不可落于敌人之手以死，谁为我临期成此大节者？”副将军史德威慨然任之。忠烈喜曰："吾尚未有子，汝当以同姓为吾后。吾上书太夫人，谱汝诸孙中。"二十五日，城陷。忠烈拔刀自裁，诸将果争前抱持之，忠烈大呼德威，德威流涕不能执刃，遂为诸将所拥而行。至小东门，大兵如林而至。马副使鸣騄，任太守民育及诸将刘都督肇基等皆死。忠烈乃瞠目曰："我史阁部也。"被执至南门，和硕豫亲王以先生呼之，劝之降，忠烈大骂而死。

——（清）全祖望《鲒埼亭集·外编·梅花岭记》[①]

注释：

①《鲒埼亭集》：清全祖望著。九十八卷，凡《文集》三十八卷，《经史问答》十卷，《外编》五十卷。全祖望（1705—1755）：清代史学家、文学家。字绍衣，自署鲒埼亭长，学者称谢山先生，鄞县（今浙江宁波）人。

译文：

清顺治二年（1645），岁次乙酉，四月，扬州城被南下的清兵围困，形势危急。在扬州督战的南明兵部尚书史可法心知大势已无可挽回，召集麾下诸位将领，对他们说："我誓与扬州城共存亡，但城破之日绝不能落于敌人之手而死，诸君谁能在那时，助我成就以身殉国的大节？"副将军史德威为其忠义所感，愿意承担这一重任。史可法高兴地说："我还没有儿子，你与我同姓，可为我的后代。我将写信告诉母亲，列你于族谱的孙辈之中。"二十五日，扬州沦陷。史可法拔刀自杀，部将抢着上前夺刀救护，史公大声呼喊史德威，可是德威悲痛流泪，不能举刀。于是史可法就被将领们簇拥着向城外撤退。行至小东门，清兵如林而至。副使马鸣騄、太守任民育、都督刘肇基等将领力战而死。史可法怒目大呼："我就是史阁部！"于是被押送到南门，清军统帅和硕豫亲王多铎以"先生"尊称他，劝他投降。史可法怒骂敌人，不屈而死。（赵前、刘鹏校译）

47. 郑成功收复台湾

成功自江南败还，知进取不易；桂王入缅甸，声援绝，势日蹙，乃规取台湾。台湾，福建海中岛，荷兰红毛人居之。芝龙与颜思齐为盗时，尝屯于此。荷兰筑城二：曰赤嵌、曰王城，其海口曰鹿耳门。荷兰人恃鹿耳门水浅不可渡，不为备。成功师至，水骤长丈余，舟大小衔尾径进，红毛人弃赤嵌走保王城。成功使谓之曰："土地我故有，当还我；珍宝恣尔载归。"围七阅月，红毛存者仅百数十，城下，皆遣归国。

——赵尔巽等《清史稿·郑成功传》①

注释：

①《清史稿》：近人赵尔巽主编。五百三十六卷。修于1914—1927年间，取材清代国史馆的底本和《实录》、《圣训》、《东华录》、《宣统政纪》等，尚称完备。赵尔巽（1844—1927）：清末和民国官员。字公镶，号次珊，又号无补，汉军正蓝旗人。

译文：

明朝末年，郑成功在江南战败后，退兵厦门，自知进取不易；此时，南明永历帝（即桂王）朱由榔又逃入缅甸，郑军孤立无援，形势日渐严峻，于是计划收复台湾作为根据地。台湾，是福建外海中的岛屿，已为荷兰人侵占。郑成功的父亲郑芝龙与同伴颜思齐当海盗时，曾经在台湾屯驻，所以熟悉岛上情形。荷兰人在台湾筑了两座城：一座叫赤嵌，一座叫王城，港口叫做鹿耳门。他们倚仗鹿耳门的水浅，大型战船无法驶入，故并不防备。而郑成功率大军逼近鹿耳门时，海水骤然猛涨一丈有余，大小战船首尾相接，长驱直入。荷兰人见势不妙，放弃赤嵌城，退保王城。郑成功命使者晓谕荷兰人："台湾的土地，本为我中华所有，你们必须归还；在台湾所得珍宝，则可任凭你们拿走。"郑军围困王城七个多月，荷军仅存百余人。城破之后，均被遣送回国。（赵前、刘鹏校译）

48. 林则徐虎门销烟

十八年，鸿胪寺卿黄爵滋请禁鸦片烟，下中外大臣议。

则徐请用重典，言："此祸不除，十年之后，不惟无可筹之饷，且无可用之兵。"宣宗深韪之，命入觐，召对十九次。授钦差大臣，赴广东查办。十九年春，至。总督邓廷桢已严申禁令，捕拿烟犯，洋商查顿先避回国。则徐知水师提督关天培忠勇可用，令整兵严备。檄谕英国领事义律查缴烟土，驱逐趸船，呈出烟土二万余箱，亲莅虎门验收，焚于海滨，四十余日始尽。请定洋商夹带鸦片罪名，依化外有犯之例，人即正法，货物入官，责具甘结。

——赵尔巽等《清史稿·林则徐传》

译文：

清道光十八年（1838），鸿胪寺卿黄爵滋奏请禁止鸦片烟，发下中外大臣核议。林则徐奏请用重法，他说："此害不除，十年以后，不仅没有可以筹集的饷银，而且没有可以使用的兵。"宣宗深以为然，命林则徐觐见，共召对十九次。授他为钦差大臣，前往广东查办，十九年春，来到广东。总督邓廷桢已经严申禁令，捕拿烟犯，洋商查顿事先已逃回本国。林则徐知水师提督关天培忠勇可用，令其整顿兵丁严加防备。行文晓谕英国领事义律查缴烟土，驱逐货船，交出烟土二万余箱，林则徐亲至虎门验收，在海滨焚烧，四十余日才烧尽。请制定洋商夹带鸦片罪名的条例，依外国人犯法之例，人立即处决，货物没收入官，责令呈具保证书。（《二十五史精选精译》，吴树平主编，中华书局1995年版，4349页）

49. 关天培临死投印

公既自度众寡不敌而援绝，乃决自为计，住靖远台，昼夜督战。已而夷大艅（zōng）奄至，公率游击麦廷章奋勇登台，大呼督厉士卒，士卒呼声撼山，海水沸扬，杳冥昼晦，自卯至未，所杀伤过当，而身亦受数十创，血淋漓衣甲尽湿，事急，呼其仆孙长庆使去，长庆哭曰："奴随主数十年矣，今有急，义不使主死而已独全。"手持公衣不可开。公怒，拔刀筑之曰："吾上负皇上，下负老母，死犹晚，汝不去，今斩汝矣。"投之印，长庆号而走，比及山半回顾，公陨绝于地。

——（清）鲁一同《通甫类稿·关忠节公家传》[①]

注释：

①《通甫类稿》：清鲁一同著。四卷，清代文集。其文多涉及时事。鲁一同（1805—1863）：清代古文家、诗人。字兰岑，山阳（今江苏淮安）人。

译文：

（鸦片战争中，英军大举进攻虎门。）广东水师提督关天培揣度己方守军寡不敌众且援兵断绝，决心孤军作战，他坐镇靖远炮台，日夜督战。不久大批英舰驶来，关天培率领水师右营游击麦廷章奋勇登上炮台，大声呼喊，督促和鼓励士兵作战，士兵的呐喊声震动了山谷，海水翻腾，浪涛高涌，天日无光，从上午六七点钟激战到下午两三点钟，杀伤的敌人超过了自己部下的伤亡数，而关天培身上也受了几十处伤，鲜血淋漓，湿透战袍，情况紧急，他叫来仆人孙长庆，要他逃生出去。长庆哭着说："我跟随您几十年，现在情况紧急，我决不能不顾您死活而自己逃生。"他双手抓着关天培的衣服紧紧不放。关天培发怒，拔出刀来打长庆说："我上辜负了皇帝的期望，下对不起老母的养育之恩，现在死不足惜，你不走，现在就杀了你。"说完，丢给他官印，长庆大哭离去，等走到半山腰回头看，关天培已战死在阵地上了。（吴春丽校译）

50．葛云飞定海殉职

公青布帕首，麻袍，著铁齿靴，日偕士卒往来霪潦中，士心殊奋。夷屡进且却，杀伤甚众，持数日不能下。戊戌，天大雾，夷始全队逼土城，公倚睥睨间，闻风驱（帆）海水声，微辨贼舻将近城，炮击焚之，夷遁。分道攻晓峰、竹山，晓峰无炮，贼众夺间道，下攻竹山门，背薄土城。公手然四千斤炮回击之，贼殊死进，公率所部二百卒持刀械步斗，夷酋安突得执大绿旗麾兵进，遇公，骂曰："逆贼终污吾刀。"斩之。刀折，复拔所佩刀二，冲贼队中，至竹山门，方仰登，贼刀劈公面，去其半，血淋漓，径登城。贼大骇，群奔。一贼以炮击公，洞胸穴如碗。前后枪铳雨集，中伤数十……徐保者，定海义勇，夜迹公尸，走竹山门，雨霁月微明，见公半面，宛然立崖石上，两手握刀不释，左一目，犹睒（shǎn）睒如生。

——（清）王拯《龙壁山房文集》[①]

注释：

①《龙壁山房文集》：清王拯撰。八卷，近代散文集。集中有关于鸦片战争等史事的篇目。王拯（1815—1874）：清代文学家。字定甫，号少鹤，马平（今广西柳江）人。

译文：

鸦片战争中，英军进攻定海。镇海总兵葛云飞身穿麻布袍，青布包头，脚穿有铁齿的靴子，天天与士兵一起奔忙在久雨造成的积水之中，士气异常振作。英军屡次进攻都被击退，而且死伤很多，相持几天不能破城。十七日，浓雾弥漫，敌军全线进逼土城，葛云飞靠着城墙，听到风吹帆声和海水拍击声，察觉出敌舰将要靠近，开炮射击，敌舰中弹起火，敌人逃跑了。敌军又分兵进攻晓峰、竹山，晓峰守军没有炮，敌军夺取小路，俯攻竹山门，从背后逼近土城。葛云飞点燃四千斤的大炮回击，英军拼死进攻，葛云飞率领两百多名士兵持刀枪、器械与敌人进行肉搏。英军头目安突得举着大绿旗指挥士兵冲锋，与葛云飞相遇，葛云飞骂道："逆贼到底弄脏了我的刀。"说罢，砍死了安突得。刀砍断了，又拔出两把佩刀，冲进敌军当中拼杀，到了竹山门，正要攀登上去，敌军刀劈葛云飞面部，削去其半边脸，鲜血淋漓，葛云飞还是直冲了上去。城上的敌军非常惊惧，四散奔逃。这时有敌军开炮击中了葛云飞，他的胸部被打出一个碗口大的洞。敌军的子弹又从前面、后面像雨点一样密集射来，他身中数十弹……有一个叫徐保的定海义勇，乘夜到竹山门寻找葛云飞的尸体，雨已停，月微明，他看到葛云飞只有半边脸，宛如生人站立在崖石上面，两手紧握战刀不放，左眼睁开，闪闪发亮。（吴春丽校译）

51. 冯子材奋身抗法

法起谅山之众，扑镇南关。子材誓众曰：“法再入关，吾有何面目见粤人，必死拒之！”士气皆奋。法攻长墙急，炮极猛烈，子材使诸统将屹立，遇退后者，皆刃之；自开壁，率两子直犯敌军。诸军以子材年七十，奋身陷敌，皆感奋殊死战……毙法兵极众。鏖战两日，法军大败，溃遁。

——（清）罗惇曧《中法兵事本末》①

注释：

①《中法兵事本末》：清罗惇曧撰。记述中法战争始末。罗惇曧（1885—1924）：近代诗人、戏曲学家。字掞东，号瘿公，顺德（今属广东）人。

译文：

清光绪十一年（1885）三月，法军调动了谅山的驻军，向镇南关进犯。守卫镇南关的广西关外军务帮办冯子材向部众表决心说：“法军再攻入关，我们还有什么脸面回去见广东父老，一定要死战抗击法军！”部下士气顿时振奋起来。法军加紧攻打镇南关上的长墙，炮火十分猛烈。冯子材命令各位将领坚守不动，遇到有后退的就杀死他，自己冲出壁垒，率领两个儿子杀向敌军。各路将士看到冯子材已七十高龄还奋身冲入敌军，都很感动，与敌军殊死作战……这一仗，击毙很多法军。激战了两天，法军大败，四散逃跑了。（吴春丽校译）

52. 邓世昌壮烈殉国

世昌乘致远，最猛鸷，与日舰吉野浪速相当，吉野，日舰之中坚也。战既酣，致远弹将罄，世昌誓死敌。将士知大势败，阵稍乱，世昌大呼曰：“今日有死而已！然虽死而海军声威弗替，是即所以报国也！”众乃定。世昌遂鼓轮怒驶，欲猛触吉野与同尽，中其鱼雷，锅船裂沉。世昌身环气圈不没，汝昌及他将见之，令驰救。拒弗上，缩臂出圈，死之。

——赵尔巽等《清史稿·邓世昌传》

译文：

甲午海战中，清末著名海军将领邓世昌所乘致远舰，战斗力极强，航速则与日舰吉野号不相上下，而吉野舰是日军的主力舰。双方激战正酣之际，致远舰的炮弹却快打光了，邓世昌依然率众拼死而战。正当将士们看出败局已定，阵势逐渐混乱之时，邓世昌大声疾呼道：“今日不过一死而已！然而就算战死，也不能坏我海军声威！我辈唯有以死报国！”大家于是镇定下来。邓世昌开足马力疾驶，想要猛撞吉野，与之同归于尽。但不幸被吉野舰所发鱼雷击中，致远舰爆裂，随即沉入大海。邓世昌身上套着救生圈，还并未沉没。水师提督丁汝昌与其他将领发现，下令派船立即救援。邓世昌却执意不肯上船，并缩臂脱去救生圈，以死殉国。（赵前、刘鹏校译）

53. 刘永福守台湾

二十年，中日衅起，命守台湾，增募兵，仍号黑旗。景崧署巡抚，徙其军驻台南。及台北陷，景崧走，台民以总统印绶上永福，永福不受，仍称帮办。日舰驶入安平口，击沉之。攻新竹，相持月余，兵疲粮绝，永福使使如厦门告急，并电缘海督抚乞助饷，无应者。而台南土寇为内间，引日军深入，破新化，陷云林，掇苗栗，轰嘉义，孤城危棘，永福犹死守。日台湾总督桦山资纪贻书永福劝其去，峻拒之。日军乃大攻城，城陷，永福亡匿德国商轮，日军大搜不获。

——赵尔巽等《清史稿·刘永福传》

译文：

清光绪二十年（1894），中日战事爆发，清廷命令刘永福帮办台湾军务，招募士兵，仍称黑旗军。唐景崧代理巡抚之职时，调刘永福的部队驻守台南。台北失陷后，唐景崧逃走，台湾民众把总统印绶献给刘永福，刘永福谢绝，仍称“帮办”，他指挥击沉驶入安平口的日舰。日军进攻新竹，相持一个多月，士兵疲惫，粮食断绝，刘永福派人去厦门告急，并电告沿海总督、巡抚请求资助兵饷，却无人响应。而此时台南的盗寇充当内奸，引日军长驱直入，攻新化，陷云林，取苗栗，炮轰嘉义，新竹孤城危急，但刘永福仍死守不退。日军新命的台湾总督桦山资纪写信给刘永福，劝他撤离，被严词拒绝。日军于是大举攻城，城陷，刘永福躲避于德国商轮上，日军大肆搜捕也没有捉到他。（赵前、刘鹏校译）

54. 徐骧为国捐躯

方彰化之陷，徐骧走台南，永福慰之，命入卑南募兵。得七百人，皆矫健有力者，趣（促）赴前敌，驻斗六溪底。十五日，日军大队猛攻树仔脚，诸军开壁出，互杀伤。徐骧复从间道夹击，乃退据北斗，以是不能越溪而南……十三日，日军大举，以击三发之营。徐骧、精华援之，相战数日，弹丸尽，退于他里雾。日军复迫之，徐骧方食，趣诸军出。回顾曰：“今得弹丸千，犹足以持一日夜，顾安所得者。”奋刃而前，左右数十人从之，欲伏险以击，中弹踣（bó），跃起而呼曰：“丈夫为国死，可无憾。”诸皆受伤莫能兴。

——连横《台湾通史·独立纪》[①]

注释：

①《台湾通史》：连横著。记叙台湾历史，起自隋大业元年（605），终于清光绪二十一年（1895）年台湾被日本占领。连横（1878—1936）：中国历史学家、诗人。字武公，号雅堂，台湾台南人。

译文：

清光绪二十一年（1895），彰化被日本军队攻陷，台湾抗日义军首领徐骧来到台南，刘永福安慰鼓励他，要他到卑南招募新兵。他召集到七百人，都是强壮矫健的，迅速奔赴前线，驻扎在斗六溪。七月十五日这天，日军猛攻树仔脚，各军出营迎战，敌我双方都有伤亡。徐骧又从小路配合出击，使日军退守北斗村，不能经过斗六溪往台南窜犯……八月十三日，日军发动大规模进犯，攻打清将肖三发驻守的营寨，徐骧和简精华率部来援，战斗相持数日直到弹尽粮绝，只得撤退到他里雾。日本军队再次进攻，徐骧正在进餐，赶忙带领各军出击。他对部属说：“今天如果能有一千颗子弹，还足够坚持一天一夜，只是到哪里去找呢！”说着，他挥舞着刀带头前冲，周围几十个人跟他一起向前，当他正要埋伏在险要的地带以便打击敌人时，不幸中弹跌倒，他挺起身子跳起来叫道：“大丈夫为国牺牲，死而无憾！”其余的人也都负伤不能起来了。（吴春丽校译）

治国理政

1. 尧慎重选才

尧曰："嗟！四岳，朕在位七十载，汝能庸命，践朕位？"岳应曰："鄙德忝帝位。"尧曰："悉举贵戚及疏远隐匿者。"众皆言于尧曰："有矜（鳏）在民间，曰虞舜。"尧曰："然，朕闻之。其何如？"岳曰："盲者子。父顽，母嚚（yín），弟傲，能和以孝，烝烝治，不至奸。"尧曰："吾其试哉！"于是尧妻之二女，观其德于二女。舜饬下二女于妫汭，如妇礼。尧善之，乃使舜慎和五典，五典能从。乃遍入百官，百官时序。宾于四门，四门穆穆，诸侯远方宾客皆敬。尧使舜入山林川泽，暴风雷雨，舜行不迷。尧以为圣，召舜曰："女（汝）谋事至而言可绩，三年矣。女登帝位。"舜让于德不怿。正月上日，舜受终于文祖。

——（西汉）司马迁《史记·五帝本纪》

译文：

尧说："唉！四方诸侯之长们，我在帝位已经七十年了，你们中哪位能够顺应天命，接替我行天子之事？"四岳应答说："我们德行鄙陋，怕有辱帝位之尊。"尧说："那就请各位从所有我的同姓亲族和疏远、隐居的人中，推举这样的人吧。"于是众人都对尧说："有个尚未娶妻的人隐在民间，名叫虞舜。"尧说："对，我也听说过此人。他为人究竟怎么样？"四岳说："舜是盲人的儿子。他的父亲愚顽，母亲刻薄，弟弟傲慢，舜都能用孝悌之心，与他们和睦相处，并以高尚的德行感化他们，使他们不至于变成坏人。"尧说："既然如此，那我就考察考察他吧。"于是把自己的两个女儿娥皇、女英嫁给舜，通过她们来观察他的德行。舜让两位妻子放下尊贵的地位，迁居到妫汭他的家中，对家人遵行妇人之礼。尧很赞赏舜的做法，就命他慎重地调和父义、母慈、兄友、弟恭、子孝这五种伦理道德，人民都遵从不违。又命舜广泛参与百官之事，各项事务因此有条不紊。尧还命舜在明堂的四门接待四方宾客，舜端庄恭敬，诸侯和远来的宾客也都顿生恭敬之心。尧派舜进入山、林、川、泽，即使遇到暴风雷雨，舜也从不迷失方向。尧因此认为舜有圣贤之德，便召见他说："朕考察你，已经三年了。你谋事周密，言出必行，够资格继承帝位了。"舜认为自己的德行还不足以让世人心悦诚服，因此推辞不就。最终，他于正月初一日，在尧帝的先祖（文祖）庙中，接受了尧的禅让。（刘鹏校译）

2. 舜治国教化为上

当舜之时，有苗氏不服。其所以不服者，大山在其南，殿山在其北，左洞庭之波，右彭蠡之川，因此险也，所以不服。禹欲伐之，舜不许，曰："谕教犹未竭也。"究谕教焉，而有苗氏请服。

——（西汉）刘向《说苑·君道》[1]

注释：

①《说苑》：西汉刘向撰。原书二十卷，后仅存五卷，经宋代曾巩搜辑，复为二十卷。内分君道、臣术、建本、立节等二十门，分类纂辑先秦至汉代史事和传说，杂以议论，借以阐明儒家的政治思想和伦理观念。

译文：

在虞舜的时候，有苗氏不顺服。他们不顺服的原因，是太山在它的北边，衡山在它的南边，左边是洞庭湖，右边是鄱阳湖，凭借这样的险要地势，所以不顺服。大禹要讨伐有苗氏，虞舜没有允许，虞舜说："教化还没有尽到力量。"于是，长久地施行教化，有苗氏终于请求归顺。（《白话说苑》，钱宗武译，岳麓书社1994年版，3页）

3. 商汤网开三面

汤出，见野张网四面，祝曰："自天下四方皆入吾网。"

汤曰："嘻，尽之矣！"乃去其三面，祝曰："欲左，左。欲右，右。不用命，乃入吾网。"诸侯闻之，曰："汤德至矣，及禽兽。"

——（西汉）司马迁《史记·殷本纪》

译文：

成汤出行，看见野外有人四面张起了捕猎的罗网，并祈祷道："希望天地四方来的禽兽都进入我的罗网。"成汤说："唉！这样的话，就一网打尽了啊！"于是命张网的人撤去三面的罗网，并教他祈祷说："想往左的，就往左跑。想往右的，就往右逃。不愿听从的，就进入我的罗网吧。"诸侯们闻知此事，都感叹说："成汤的仁德真是到达极点了啊，连禽兽也获得了他的恩惠。"（刘鹏校译）

4. 敬慎恭己，德治天下

虞人与芮人质其成于文王。入文王之境，则见其人民之让为士大夫；入其国，则见其士大夫让为公卿。二国者相谓曰："其人民让为士大夫，其士大夫让为公卿，然则此其君亦让以天下而不居矣。"二国者，未见文王之身，而让其所争，以为闲田，而反。孔子曰："大哉文王之道乎！其不可加矣！不动而变，无为而成，敬慎恭己而虞、芮自平。故《书》曰：'惟文王之敬忌。'此之谓也。"

——（西汉）刘向《说苑·君道》

译文：

虞人和芮人（因疆界争端），准备到文王面前去评理，刚走入文王的境内，就看见文王的百姓谦让为士大夫；再走进他的国都，又看见士大夫谦让为公卿。于是虞国和芮国的人互相说："文王的百姓谦让为士大夫，士大夫又谦让为公卿，那么，这样子他们的君王也会把天下谦让给别人，自己不做君王。”虞、芮两国的人感到惭愧，没有去见文王就把所争的土地让出来作为闲田，然后各自回去。

孔子说：“文王治国的方法真伟大呀！再没有比这更伟大了！不要有举动，百姓却随着他变，不要有作为，却自会有成就，文王敬慎克己，使虞人和芮人的争端自然平息。所以《尚书》上说：‘考虑文王的敬德忌恶。’就是说的这个意思。”（《白话说苑》，钱宗武译，岳麓书社1994年版，4—5页）

5. 周武王善待殷民

武王克殷，召太公而问曰：“将奈其士众何？”太公对曰：“臣闻爱其人者，兼屋上之乌；憎其人者，恶其余胥。咸刘厥敌，靡使有余，何如？”王曰：“不可。”太公出，邵公入，王曰：“为之奈何？”邵公对曰：“有罪者杀之，无罪者活之，何如？”王曰：“不可。”邵公出，周公入，王曰：“为之奈何？”周公曰：“使各居其宅，田其田，无变旧新，惟仁是亲，百姓有过，在予一人。”武王曰：“广大乎平天下矣。”凡所以贵士君子者，以其仁而有德也。

——（西汉）刘向《说苑·贵德》

译文：

周武王战胜了殷，召见太公，问他说：“对于殷朝的士众应该如何处理？”太公回答说：“我听说爱护一个人，连他屋上的乌鸦也一同爱护；厌恶一个人，厌恶到他家的墙壁。把他们全部杀光，不留一个，怎么样？”武王说：“不可以。”太公出来，召公进去，武王问：“怎么办才好？”召公回答说：“有罪的人就杀掉，没罪的人就让他活着，怎么样？”武王说：“不可以。”召公出来，周公进去，武王问：“怎么办才好？”周公说：“使各人都安居在自己家里，耕种自己的田地，不要改变旧有的一切，只要是仁人都去亲近，老百姓如有过失，都归罪自己。”武王说：“有这样的气度，可以平定天下了。”大凡尊重士君子的人，就因为他们有仁德啊。（《白话说苑》，钱

宗武译，岳麓书社 1994 年版，58 页）

6. 德政不兴，夜不能寐

武王征九牧之君，登豳之阜，以望商邑。武王至于周，自夜不寐。周公旦即王所，曰："曷为不寐？"王曰："告女（汝）：维天不飨殷，自发未生于今六十年，麋鹿在牧，蜚鸿满野。天不享殷，乃今有成。维天建殷，其登名民三百六十夫，不显亦不宾（摈）灭，以至今。我未定天保，何暇寐！"

——（西汉）司马迁《史记·周本纪》

译文：

灭亡商朝之后，周武王召集九州的长官，一起登上豳地的高坡，遥望商都安阳。回到周都镐京之后，武王彻夜无眠。周公姬旦来到武王的住处探望，问道："大王为何还不休息？"武王说："告诉你吧：上天不享受殷商的祭祀，使它灭亡，从我姬发没出生起到现在，有六十年了。麋鹿散在郊外，飞虫蔽田满野。上天不受殷的祭祀而降下灾异，才有了今天周朝的建国。殷商建立以来，任用的贤者有三百六十人，但国家既未能昌盛，也并未灭亡，才维持到如今。而我们周朝新建，尚且没有得到上天的保佑，我又哪有闲暇去休息呢？"（刘鹏校译）

7. 治国之道在于爱民

武王问于太公曰："治国之道若何？"太公对曰："治国之道，爱民而已。"曰："爱民若何？"曰："利之而勿害，成之勿败，生之勿杀，与之勿夺，乐之勿苦，喜之勿怒，此治国之道，使民之义也，爱之而已矣。民失其所务，则害之也；农失其时，则败之也；有罪者重其罚，则杀之也；重赋敛者，则夺之也；多徭役以罢（疲）民力，则苦之也；劳而扰之，则怒之也。故善为国者，遇民如父母之爱子，兄之爱弟，闻其饥寒为之哀，见其劳苦为之悲。”

——（西汉）刘向《说苑·政理》

译文：

周武王问姜太公说：“治理国家的方法怎样？”太公回答说：“治理国家的方法，在于爱护百姓罢了。”又问：“怎样爱护百姓呢？”回答说：“政事对他们要有利不要有害，帮助他们成功不要让他们失败，让他们生存不要杀害他们，要多多给予他们不要抢夺他们，使他们快乐不要使他们受苦，让他们高兴不要让他们发怒，这是治理国家的方法，使用百姓的道理，归根到底就是爱护百姓罢了。百姓失去要做的事，就是伤害了他们；农夫失去农时，就是妨碍他们的农事；有罪的人加重了惩罚，就是杀害了他们；增加税赋，就是掠夺他们；多服劳役，疲乏民力，就是劳苦他们；劳苦他们又扰乱他们，就会使他们发怒。所以，会治理国家的人，对待广大百姓，好像父母爱护儿子、哥哥爱护弟弟一样，听到他饿了、冷了，就感到哀怜，见到他劳苦就替他伤心。”（《白话说苑》，钱宗武译，岳麓书社1994年版，88—89页）

8. 周公诫子敬贤

昔成王封周公，周公辞不受，乃封周公子伯禽于鲁。将辞去，周公戒之曰：“去矣，子其无以鲁国骄士矣！我，文王之子也，武王之弟也，今王之叔也，又相天子，吾于天下亦不轻矣。然尝一沐而三握发，一食而三吐哺，犹恐失天下之士。吾闻之曰：‘德行广大而守以恭者荣，土地博裕而守以俭者安，禄位尊盛而守以卑者贵，人众兵强而守以畏者胜，聪明睿智而守以愚者益，博闻多记而守以浅者广。’此六守者，皆谦德也。夫贵为天子，富有四海，不谦者，失天下，亡其身，桀、纣是也。可不慎乎？故《易》曰：有一道，大足以守天下，中足以守国家，小足以守其身，谦之谓也。夫天道毁满而益谦，地道变满而流谦，鬼神害满而福谦，人道恶满而好谦。是以衣成则缺衽，宫成则缺隅，屋成则加错，示不成者，天道然也。《易》曰：'谦，亨，君子有终，吉。'《诗》曰：'汤降不迟，圣敬日跻。'其戒之哉，子其无以鲁国骄士矣！"

——（西汉）刘向《说苑·敬慎》

译文：

从前，周成王封周公，周公辞让不受封，于是就封周公的儿子伯禽到鲁国去。伯禽将要辞行离开的时候，周公告诫他说："去吧，你可不要依仗鲁国对士人骄傲呀！我是文王的儿子，武王的弟弟，现在成王的叔父，又正在辅佐天子，在天下说来我的地位不低呀。然而我曾洗一次头三次握发，吃一顿饭三次吐出来，这样小心谨慎，还恐怕怠慢天下的士人。我听说：'品德高尚保持恭敬的人，能够获得光荣；土地广大富庶保持节俭的人，能够获得平安；地位尊贵保持谦卑的人，能够更加显贵；人口众多、兵力强大保持几分敬畏的人，能够打胜仗；聪明能干保持几分愚笨的人，能够得到更多好处；学问渊博的人，保持几分知识浅薄的样子，能够增加更多知识。'这六个保持是谦虚美德的表现。

"一个人贵为天子，富有天下，如果不谦虚，就会失去天下，自身遭到灭亡，夏桀、商纣就是例子。能不谨慎吗？所以《易经》上说：有一个大道理，从大的方面说，能够守住天下，次一等能够守住国家，最小能够守住自身，就是说的谦虚啊。天道对于太满的总是要毁损一点，对于谦让的总是要增益一点，地道从高处流向低处，鬼神降灾害给太满的、降幸福给谦让的，人们通常厌恶骄傲自满的、喜欢谦虚的。所以衣服做成了就少衣襟，宫殿建成了就缺方角，房子建成还要涂饰，表示没有完成的意思，天道就是这样。《易经》上说：'谦卦，万事亨通，君子将能够有好结果，大吉。'《诗经》上说：‘成汤谦卑不怠，圣明恭谨的美德与日俱进。’要用这警戒自己，你千万不要凭着鲁国向士人骄傲啊。”（《白话说苑》，钱宗武译，岳麓书社1994年版，138—139页）

9. 管仲相齐

管仲既任政相齐，以区区之齐在海滨，通货积财，富国强兵，与俗同好恶。故其称曰：“仓廪实而知礼节，衣食足而知荣辱，上服度则六亲固”；“四维不张，国乃灭亡”；“下令如流水之源，令顺民心。”故论卑而易行。俗之所欲，因而予之；俗之所否，因而去之。其为政也，善因祸而为福，转败而为功。贵轻重，慎权衡。桓公实怒少姬，南袭蔡，管仲因而伐楚，责包茅不入贡于周室。桓公实北征山戎，而管仲因而令燕修召公之政。于柯之会，桓公欲背曹沫之约，管仲因而信之，诸侯由是归齐。故曰：“知与之为取，政之宝也。”

——（西汉）司马迁《史记·管晏列传》

译文：

管仲既已经执政做了齐相，就凭着小小的在东海之滨的齐国，流通货物，积累财富，做到了国富兵强，办事能与老百姓同爱好，同憎恶。所以他在著作里面说：“粮仓粟囤充实了，老百姓才能懂得礼节，衣食丰足了，老百姓才能懂得什么是光荣什么是耻辱。君上能遵守法度，内外亲族才能团结无异心”；“礼、义、廉、耻四大纲维不能伸张，国家就要灭亡”；“颁布政令，要像流水的源头下通无阻，要让它顺应民心。”所以管仲的言论不唱高调也就容易推行。老百姓所需要的东西，就顺应他们的意愿给予他们，老百姓所不需要的东西，就顺应他们的意愿摒弃它们。管仲的处理政务啊，最善于把祸害改变为福庆，把失败转化为成功。他极重视控制物价的贵贱，极谨慎地掌握赋税的均平。桓公实际上是愤恨蔡国把他的少姬改嫁，出兵南下袭击蔡国，管仲却趁这个机会进讨楚国，去谴责楚国长期不向周王朝进贡菁茅的罪责。桓公实际上是北伐山戎去救燕国，管仲却趁这个机会，要求燕国恢复召康公的善政，照旧向周王朝进贡。在柯地的盟会上，桓公想要背弃和曹沫订下的归还所占鲁国土地的盟约，管仲却趁这个机会要桓公守信用而履行它，诸侯因此都归服齐国。所以管仲说："认识到给予就是索取。这是政治上的珍宝啊。"（《名家精译古文观止》，中华书局编辑部编，中华书局2007年版，171—172页）

10. 邾文公以利民定迁都

邾文公卜迁于绎。史曰："利于民而不利于君。"邾子曰："苟利于民，孤之利也。天生民而树之君，以利之也。民既利矣，孤必与（yù）焉。"左右曰："命可长也，君何弗为？"邾子曰："命在养民。死之短长，时也。民苟利矣，迁也，吉莫如之！"遂迁于绎。

五月，邾文公卒。君子曰："知命。"

——《左传·文公十三年》

译文：

邾国国君邾文公为了迁到绎地而占卜吉凶。史官说："对百姓有利而对国君不利。"邾子说："如果对百姓有利，也就是孤的利益。上天生育了百姓而为他们设置君主，就是用来给他们利益的。百姓得到利益，孤就必然也在其中了。"左右随从说："生命是可以延长的，君王为什么不去这样做？"邾子说："活着就是为了抚养百姓。而死的或早或晚，那是由于运命的缘故。百姓如果有利，迁居就是了，没有比它再吉利的了！"于是就迁到绎地。

五月，邾文公死。君子说："邾文公知道天命。"（《左传译文》，沈玉成译，中华书局1981年版，152页）

11. 温饱而知他人饥寒

景公之时，雨雪三日而不霁，公被（披）狐白之裘，坐堂侧陛。

晏子入见，立有间，公曰：“怪哉！雨雪三日而天不寒。”晏子对曰：“天不寒乎？”公笑。

晏子曰：“婴闻古之贤君，饱而知人之饥，温而知人之寒，逸而知人之劳，今君不知也。”

公曰：“善！寡人闻命矣。”乃令出裘发粟，与饥寒。

——《晏子春秋·内篇·谏上》

译文：

齐景公在位的时候，大雪下了三天还不停止，景公披着白色的狐皮裘衣，坐在殿堂侧边的台阶上。

晏子进宫拜见景公，站了一会儿，景公说：“怪啊！大雪下了三天而天气竟然不寒冷。”晏子回答说：“天气果真不寒冷吗？”景公笑了。

晏子说：“我听说古代贤明的君主，吃饱的时候能知道有人在挨饿，穿得暖暖的时候能知道有人在受冻，安逸的时候能知道有人在劳苦。现在君王不知道这些啊！”

景公说：“说得对！我受教了。”景公于是下令拿出裘衣和粮食，发放给饥寒交迫的人。（《晏子春秋译注》，卢守助撰，上海古籍出版社2006年版，35—36页）

12. 卫鞅立木为信行新法

令既具未布，恐民之不信，乃立三丈之木于国都市南门，募民有能徙置北门者予十金。民怪之，莫敢徙。复曰：“能徙者予五十金！”有一人徙之，辄予五十金。乃下令。

令行期（jī）年，秦民之国都言新令之不便者以千数。于是太子犯法。卫鞅曰："法之不行，自上犯之。"太子，君嗣也，不可施刑，刑其傅公子虔，黥其师公孙贾。明日，秦人皆趋令。行之十年，秦国道不拾遗，山无盗贼，民勇于公战，怯于私斗，乡邑大治。

——（北宋）司马光《资治通鉴·周纪二》

译文：

秦国的新法令已详细制订但尚未公布，卫鞅怕百姓难以确信，于是在国都的集市南门立下一根长三丈的木杆，下令说有人能把它搬到北门去就赏给十金。百姓们感到此事很古怪，没人动手去搬。卫鞅又说："能搬过去的赏五十金。"于是有一个人半信半疑地扛着木杆到了北门，立刻获得了五十金的重赏。这时，卫鞅才下令颁布变法法令。

变法令颁布一年后，秦国百姓前往国都控诉新法使民不便的数以千计。这时太子也触犯了法律，卫鞅说："新法不能顺利施行，就在于上层人士带头违犯。"太子是国君的继承人，不能施以刑罚，便将他的老师公子虔处刑，将另一个老师公孙贾脸上刺字，以示惩戒。第二天，秦国人听说此事，都小心翼翼地遵从法令。新法施行十年，秦国一片路不拾遗、山无盗贼的太平景象，百姓勇于为国作战，不敢再行私斗，乡野城镇都得到了治理。（文白对照《资治通鉴》，［北宋］司马光编撰，沈志华、张宏儒主编，中华书局2009年版，42页）

13. 赵武灵王胡服骑射

赵武灵王北略中山之地，至房子，遂至代，北至无穷，西至河，登黄华之上。与肥义谋胡服骑射以教百姓，曰："愚者所笑，贤者察焉。虽驱世以笑我，胡地、中山，吾必有之！"遂胡服。

国人皆不欲，公子成称疾不朝。王使人请之曰："家听于亲，国听于君。今寡人作教易服而公叔不服，吾恐天下议己也。制国有常，利民为本；从政有经，令行为上。明德先论于贱，而从政先信于贵，故愿慕公叔之义以成胡服之功也。”公子成再拜稽首曰：“臣闻中国者，圣贤之所教也，礼乐之所用也，远方之所观赴也，蛮夷之所则效也。今王舍此而袭远方之服，变古之道，逆人之心，臣愿王孰图之也！”使者以报，王自往请之，曰：“吾国东有齐、中山，北有燕、东胡，西有楼烦、秦、韩之边。今无骑射之备，则何以守之哉？先时中山负齐之强兵，侵暴吾地，系累吾民，引水围鄗；微社稷之神灵，则鄗几于不守也。先君丑之，故寡人变服骑射，欲以备四境之难，报中山之怨。而叔顺中国之俗，恶变服之名，以忘鄗事之丑，非寡人之所望也！”公子成听命，乃赐胡服；明日服而朝。于是始出胡服令，而招骑射焉。

——（北宋）司马光《资治通鉴·周纪三》

译文：

赵武灵王向北进攻中山国，大兵经房子城，抵达代地，再向北直至大漠中的无穷，向西攻到黄河，登上黄华山顶，与大臣肥义商议让百姓穿短衣胡服，学骑马与射箭。他说：“愚蠢的人会嘲笑我，但聪明的人是可以理解的。即使天下的人都嘲笑我，我也这样做，一定能把北方胡人的领地和中山国都夺过来！”于是带头改穿胡服。

国中的士人有不少反对，公子成假称有病，不来上朝。赵王派人前去说服他：“家事听从父母，国政服从国君，现在我向人民宣传改变服装，而叔父您不穿，我担心天下人会议论我徇私情。治理国家有一定章法，总以有利人民为根本；办理政事有一定常规，执行命令是最重要的。宣传道德要先针对卑贱的下层，而推行法令必须从贵族近臣做起。所以我希望能借助叔父您的榜样来完成改穿胡服的功业。”公子成拜谢道：“我听说，中原是在圣贤之人教化下，用礼乐仪制，使远方国家前来游观，让四方夷族学习效法的地方。现在君王您舍此不顾，去仿效远方外国的服装，是擅改古代习惯、违背人心的举动，我希望您慎重考虑。”使者回报赵王。赵王便亲自登门解释说：“我国东面有齐国、中山国；北面有燕国、东胡；西面是楼烦，与秦、韩两国接壤，如果没有骑马射箭的训练，怎么能守得住呢？先前中山国倚仗齐国的强兵，侵犯我们领土，掠夺人民，又引水围灌鄗城，如果不是老天保佑，鄗城几乎就失守了。此事先王深以为耻。所以我决心改变服装，学习骑射，想以此抵御四面的灾难，一报中山国之仇。而叔父您一味依循中原旧俗，厌恶改变服装，已经忘记了鄗城的奇耻大辱，我对您深感失望啊！”公子成幡然醒悟，欣然从命，赵王亲自赐给他胡服，第二天他便穿戴入朝。于是，赵王正式下达改穿胡服的法令，提倡学习骑马射箭。（文白对照《资治通鉴》，［北宋］司马光编撰，沈志华、张宏儒主编，中华书局2009年版，99页）

14. 燕昭王招贤才

燕易王时，国大乱，齐闵王兴师伐燕，屠燕国，载其宝器而归。易王死，及燕国复，太子立为燕王，是为燕昭王。昭王贤，即位，卑身厚币，以招贤者，谓郭隗曰：“齐因孤国之乱，而袭破燕。孤极知燕小力少，不足以报，然得贤士与共国，以雪先王之丑，孤之愿也。先生视可者得身事之。”隗曰：“臣闻古之人君，有以千金求千里马者，三年不能得，涓人言于君曰：‘请求之。’君遣之，三月得千里马，马已死，买其骨五百金，反以报君。君大怒曰：‘所求者生马，安用死马捐五百金！’涓人对曰：‘死马且市之五百金，况生马乎？天下必以王为能市马，马今至矣。’于是不期年，千里马至者二。今王诚欲必致士，请从隗始。隗且见事，况贤于隗者乎？岂远千里哉？”于是昭王为隗筑宫而师之。乐毅自魏往，邹衍自齐往，剧辛自赵往，士争走燕。

燕王吊死问孤，与百姓同甘苦二十八年，燕国殷富，士卒乐轶轻战。于是遂以乐毅为上将军，与秦楚三晋合谋以伐齐。乐毅之策，得贤之功也。

——（西汉）刘向《新序·杂事第三》[①]

注释：

①《新序》：西汉刘向撰。原本三十卷，至北宋初仅存十卷。后经曾巩搜辑整理，仍厘为十卷。采集舜、禹至汉代史事和传说，分类编纂。

译文：

燕易王时，燕国大乱，齐闵王发兵攻打燕国，夺地杀人，还抢了许多珍宝，捆载而去。易王死后，燕国恢复，太子立为燕王，这就是燕昭王。昭王贤德，即位之后，降尊纡贵礼贤下士，以丰厚的财物延揽人才。他对郭隗说："齐国趁着我国内乱，进行突然袭击，攻占我国，孤家很明白燕国弱小，力量不足，不能够报仇，如果能得到贤能之士，孤家和他们荣辱与共，来为先王雪耻，这是孤家的心愿。先生认为什么人能行，孤家要亲自侍奉他。"郭隗说："在下听说古代的君主，有以千金购求千里马的，三年还没买到，有一位中涓对这位君主说：'请让我去寻找吧。'国君就派他去办，过了三个月，果然得到了千里马，然而是匹死马，就用五百金买了它的骨头，回来向国君销差。国君勃然大怒，说：'要买的是活马，哪犯得上为匹死马花五百金！'中涓答道：'死马尚且肯用五百金买来，何况是活马呢？天下的人一定认为大王善于买马，千里马将要送上门来了。'于是不到一年，送千里马来求售的事就有两起。假如大王真的想要延揽贤能之士，就请从我郭隗开始，连我郭隗这样的人都能受到大王的推重，何况比我郭隗强的人呢！难道还有人会认为千里之路太遥远吗？"于是昭王给郭隗修建了府第，尊他为师。此后乐毅从魏国来，邹衍从齐国来，剧辛从赵国来，贤能之士争先恐后地涌到燕国。燕昭王哀悼死者，慰问孤苦的人，与老百姓同甘共苦二十八年，燕国富足起来，士兵生活安乐，不怕作战，于是就拜乐毅为上将军，与秦国、楚国、韩国、赵国、魏国联兵攻打齐国。这是乐毅的计策，是延揽贤能之士的效果啊。(《新序全译》，李华年译注，贵州人民出版社 1994 年版，83 页)

15. 秦始皇废分封设郡县

丞相绾言："燕、齐、荆地远，不为置王，无以镇之。请立诸子。"始皇下其议。廷尉斯曰："周文武所封子弟同姓甚众，然后属疏远，相攻击如仇雠，周天子弗能禁止。今海内赖陛下神灵一统，皆为郡、县，诸子功臣以公赋税重赏赐之，甚足易制，天下无异意，则安宁之术也。置诸侯不便。"始皇曰："天下共苦战斗不休，以有侯王。赖宗庙，天下初定，又复立国，是树兵也；而求其宁息，岂不难哉！廷尉议是。"

分天下为三十六郡，郡置守、尉、监。

——（北宋）司马光《资治通鉴·秦纪二》

译文：

（秦始皇统一六国后）丞相王绾建议说："燕、齐、楚三国的故地距都城咸阳过于遥远，不在那里设置侯王，便不能镇抚。因此请分封诸位皇子为侯王。"秦始皇将这一建议交给大臣评议。廷尉李斯说："周文王、周武王分封子弟族人非常多，他们的后代彼此疏远，相互攻击如同仇敌，周天子也无法加以制止。现在四海之内，仰仗陛下的神灵而获得统一，全国都划分为郡和县，对各位皇子及有功之臣，用国家征收的赋税重重给予赏赐，这样可以非常容易地进行控制，使天下人对朝廷不怀二心，才是安定国家的方略。分封诸侯则不适宜。"秦始皇说："天下人都吃尽了无休止的战争之苦，全是因为有诸侯王存在的缘故。今日依赖祖先的在天之灵，使天下初步平定，假若又重新封侯建国，便是自己招引兵事、培植战乱，似此而想求得宁静、养息，岂不是极困难的事情吗？廷尉的主张是对的。"

秦始皇于是下令把全国划分为三十六个郡，每个郡设置郡守、郡尉、监御史。（文白对照《资治通鉴》，［北宋］司马光编撰，沈志华、张宏儒主编，中华书局2009年版，243页）

16. 汉高祖用人

帝置酒洛阳南宫，上曰：“彻侯、诸将毋敢隐朕，皆言其情：吾所以有天下者何？项氏之所以失天下者何？”高起、王陵对曰：“陛下使人攻城略地，因以与之，与天下同其利；项羽不然，有功者害之，贤者疑之，此其所以失天下也。”上曰：“公知其一，未知其二。夫运筹帷幄之中，决胜千里之外，吾不如子房；填国家，抚百姓，给饷馈，不绝粮道，吾不如萧何；连百万之众，战必胜，攻必取，吾不如韩信。三者皆人杰，吾能用之，此吾所以取天下者也。项羽有一范增而不能用，此所以为我禽（擒）也。”群臣说（悦）服。

——（北宋）司马光《资治通鉴·汉纪三》

译文：

汉高帝刘邦在洛阳南宫举行酒宴，高帝说道：“各位列侯、各位将军，不要对朕隐瞒，都来说说这个道理：我之所以能取得天下的原因是什么？项羽之所以失掉天下的原因又是什么呀？”高起、王陵回答说：“陛下派人攻城掠地，攻取了城邑、土地就分封给他，与大家同享利益；项羽却不是这样，他对有功的人嫉恨，对贤能的人猜疑，这就是他失去天下的原因。”高帝说：“你们是只知其一，不知其二啊。谈到运筹帷幄之中，决胜千里之外，我不如张良；镇守国家，安抚百姓，供给粮饷，保持运粮道路畅通无阻，我不如萧何；统率百万大军，战必胜，攻必克，我不如韩信。这三位都是人中英杰，而我能够任用他们，这就是我所以能取得天下的原因。项羽虽然有一个范增，却不能信任使用他，这便是项羽所以被我打败的原因了。”群臣都心悦诚服。（文白对照《资治通鉴》，［北宋］司马光编撰，沈志华、张宏儒主编，中华书局2009年版，391页）

17. 汉文帝厉行节俭

帝即位二十三年，宫室、苑囿、车骑、服御，无所增益；有不便，辄弛以利民。尝欲作露台，召匠计之，直百金。上曰："百金，中人十家之产也。吾奉先帝宫室，尝恐羞之，何以台为！"身衣弋绨，所幸慎夫人衣不曳地；帷帐无文绣，以示敦朴，为天下先。治霸陵，皆瓦器，不得以金、银、铜、锡为饰，因其山，不起坟。

——（北宋）司马光《资治通鉴·汉纪七》

译文：

汉文帝即位以来，历时二十三年，宫室殿堂、园林建筑、车骑仪仗、服饰器具等，都没有增加；有对百姓不便的禁令条例，就立即废止以造福于民众。文帝曾想修建一个露台，召来工匠计算，需花费一百金。文帝说："一百金，相当于中等民户十家财产的总和，我居住着先帝的宫室，经常惧怕使它蒙受羞耻，还修建露台干什么呢！"文帝自己身穿黑色的粗丝衣服，他所宠爱的慎夫人，穿的衣服不曾长达地面；所用的帷帐都不刺绣花纹，以提倡朴素的作风，为天下人做出表率。修建霸陵，都使用陶制器物，不准装饰金、银、铜、锡等贵重金属，利用山体的自然隆起，不另兴建高大的坟堆。（文白对照《资治通鉴》，［北宋］司马光编撰，沈志华、张宏儒主编，中华书局 2009 年版，569 页）

18. 汉宣帝励精为治

帝兴于闾阎，知民事之艰难。霍光既薨，始亲政事，厉精为治，五日一听事。自丞相以下各奉职奏事，敷奏其言，考试功能。侍中、尚书功劳当迁及有异善，厚加赏赐，至于子孙，终不改易。枢机周密，品式备具，上下相安，莫有苟且之意。及拜刺史、守、相，辄亲见问，观其所由，退而考察所行以质其言，有名实不相应，必知其所以然。常称曰："庶民所以安其田里而亡叹息愁恨之心者，政平讼理也。与我共此者，其唯良二千石乎！"以为太守，吏民之本，数变易则下不安；民知其将久，不可欺罔，乃服从其教化。故二千石有治理效，辄以玺书勉厉，增秩、赐金，或爵至关内侯。公卿缺，则选诸所表，以次用之。是以汉世良吏，于是为盛，称中兴焉。

——（北宋）司马光《资治通鉴·汉纪十六》

译文：

汉宣帝在民间长大，了解下层人民的艰难困苦。霍光死后，汉宣帝开始亲自主持朝政，励精图治，每隔五天，就要召集群臣，听取他们对朝政事务的意见。自丞相以下群臣各就自己负责的事务分别奏报，再将他们陈述的意见分别下达有关部门试行，考察、检验其功效。凡任侍中、尚书的官员有功应当升迁，或有特殊才能，往往厚加赏赐，甚至及于他们的子孙，长久不予改变。对各项朝政大事的决策，周密详备，君臣上下，关系融洽，相安无事，没有人抱着苟且敷衍的态度办事。至于任命州刺史、郡太守、封国丞相等高级地方官吏，汉宣帝总是亲自召见，详加询问，了解他的抱负和打算，再考察他的行为，看是否与他当初说的一样，凡查出有言行不统一的，一定要追究其原因何在。汉宣帝常说："老百姓之所以能安居田亩，没有叹息、怨愁，主要就在于为政公平清明，处理诉讼之事合乎情理。能与我一起做到这一点的，不正是地方的优秀郡太守和封国丞相等二千石官员吗！"汉宣帝认为，郡太守是治理百姓的关键，如变换频繁则容易引起治下百姓的不安；只有让百姓知道他们的郡太守将长期留任，便不能存有欺罔蒙蔽的侥幸心理，才能使他们服从教化，各安本分。所以，凡地方二千石官员政绩斐然的，汉宣帝总是正式颁布诏书加以勉励，增加其官阶、俸禄，赏赐金钱，或赐以关内侯爵位。遇有公卿职位空缺，则按照他们平时所受奖励的先后、多少，依次挑选补任。因此，汉朝的好官，是以这一时期最多，号称中兴。

（文白对照《资治通鉴》，［北宋］司马光编撰，沈志华、张宏儒主编，中华书局2009年版，947页）

19. 汉光武帝为政勤约，广求民瘼

初，光武长于民间，颇达情伪，见稼穑艰难，百姓病害，至天下已定，务用安静，解王莽之繁密，还汉世之轻法。身衣大练，色无重彩，耳不听郑卫之音，手不持珠玉之玩，宫房无私爱，左右无偏恩。建武十三年，异国有献名马者，日行千里，又进宝剑，贾（价）兼百金，诏以马驾鼓车，剑赐骑士。损上林池籞（yù）之官，废骋望弋猎之事。其以手迹赐方国者，皆一札十行，细书成文。勤约之风，行于上下。数引公卿郎将，列于禁坐。广求民瘼（mò），观纳风谣。故能内外匪（非）懈，百姓宽息。

——（南朝宋）范晔《后汉书·循吏传序》①

注释：

①《后汉书》：南朝宋范晔撰。今本一百二十篇，分一百三十卷。纪传体东汉史。范晔（398—445）：南朝宋史学家。字蔚宗，顺阳（今河南淅川东南）人。

译文：

最初，汉光武帝生长于民间，十分通达世情百态，目睹了农耕艰难、百姓疾苦，所以平定天下之后，务求安静，废除王莽时期苛刻繁密之法，恢复西汉宽厚恤悯之法。光武帝身穿粗帛，衣无华彩，耳不听靡靡之音，手不玩珠玉之器，对后宫嫔妃雨露均沾，对左右臣子同等对待。建武十三年（37），外国献来名马，能日行千里，又献来宝剑，价值百金，光武帝却下诏用名马驾鼓车，将宝剑赐骑士。又精简了上林苑囿的官员，废除了游览打猎的享乐之事。皇帝亲自写给四方诸侯的文书，全是一札十行，小字密文。当时勤俭节约的风气，盛行于朝廷上下。皇帝曾多次让公卿郎将，列位御

前。广泛了解民间疾苦，采集民风民谣。因此朝廷内外无人懈怠，百姓得以休养生息。（刘冰雪校译）

20. 诚于纳谏，严于责己

壬寅晦，日有食之，既。诏群司勉修职事，极言无讳。于是在位者皆上封事，各言得失；帝览章，深自引咎，以所上班示百官，诏曰："群僚所言，皆朕之过。民冤不能理，吏黠不能禁，而轻用民力，缮修宫宇，出入无节，喜怒过差。永览前戒，竦然兢惧；徒恐薄德，久而致怠耳！"

——（北宋）司马光《资治通鉴·汉纪三十七》

译文：

汉明帝永平八年（65）十月壬寅（三十日）（天色昏暗），出现日全食。汉明帝下诏，勉励百官各尽职守，用最直率的态度批评朝政而无所忌讳。于是官员们全都呈上密封的奏章，各自议论朝政的得失；明帝观看奏章，深自责备，便将这些奏章向百官公布，并下诏说："群臣指摘之事，都是朕的过错。人民冤屈不能申雪，贪官污吏不能查禁，却轻率地使用民力，营建宫室，开支与征税无节制，而且喜怒无常。回顾古人的鉴戒，十分恐惧，只怕朕品德寡薄，日久生怠！"（文白对照《资治通鉴》，［北宋］司马光编撰，沈志华、张宏儒主编，中华书局2009年版，1757页）

21. 隆中对

时先主屯新野。徐庶见先主，先主器之，谓先主曰："诸葛孔明者，卧龙也，将军岂愿见之乎？"先主曰："君与俱来。"庶曰："此人可就见，不可屈致也。将军宜枉驾顾之。"由是先主遂诣亮，凡三往，乃见。因屏人曰："汉室倾颓，奸臣窃命，主上蒙尘。孤不度德量力，欲信（伸）

大义于天下，而智术短浅，遂用猖獗，至于今日。然志犹未已，君谓计将安出？”亮答曰：“自董卓已来，豪杰并起，跨州连郡者不可胜数。曹操比于袁绍，则名微而众寡，然操遂能克绍，以弱为强者，非惟天时，抑亦人谋也。今操已拥百万之众，挟天子而令诸侯，此诚不可与争锋。孙权据有江东，已历三世，国险而民附，贤能为之用，此可以为援而不可图也。荆州北据汉、沔，利尽南海，东连吴、会，西通巴、蜀，此用武之国，而其主不能守，此殆天所以资将军，将军岂有意乎？益州险塞，沃野千里，天府之土，高祖因之以成帝业。刘璋暗弱，张鲁在北，民殷国富而不知存恤，智能之士思得明君。将军既帝室之胄，信义著于四海，总揽英雄，思贤如渴，若跨有荆、益，保其岩阻，西和诸戎，南抚夷越，外结好孙权，内修政理；天下有变，则命一上将将荆州之军以向宛、洛，将军身率益州之众出于秦川，百姓孰敢不箪（dān）食壶浆以迎将军者乎？诚如是，则霸业可成，汉室可兴矣。”先主曰：“善！”于是与亮情好日密。关羽、张飞等不悦，先主解之曰：“孤之有孔明，犹鱼之有水也。愿诸君勿复言。”羽、飞乃止。

——（西晋）陈寿《三国志·蜀书·诸葛亮传》①

注释：

①《三国志》：西晋陈寿撰。六十五卷，分魏、蜀、吴三志。纪传体三国史。无表志。陈寿（233—297）：西晋史学家。字承祚，安汉（今四川南充北）人。

译文：

当时刘备屯兵驻扎在新野。徐庶来拜见刘备，刘备十分看重他的才干。徐庶对刘备说：“诸葛孔明，人皆称其卧龙，才能非凡，将军可愿见见他？”

刘备说："那就让他和您一起来吧。"徐庶说："此人只能拜谒得见，不能应召而来。将军应当屈驾前往拜见。"因此刘备便去南阳拜访诸葛亮，三顾茅庐终于得见。于是刘备屏退左右侍从，说："汉朝倾覆颓败，奸臣窃夺皇权，君主流亡在外。我并未估量自己的德行和能力，便打算为天下伸张大义，终因智谋短浅、能力不足而屡遭挫败，方才到今日地步。但我的志向从未放弃，先生可有什么计策？"诸葛亮答道："自董卓祸乱以来，各地群雄并起，割据州郡者数不胜数。曹操与袁绍相比，名望低微、兵力薄弱，终能胜于袁绍，转弱为强，其原因不仅仅是凭借了天时，也依靠了智谋的作用。如今曹操已经拥有百万兵众，挟持天子号令诸侯，确实不能与他争锋较量。孙权占据江东，已经三代，国家地势险要，民众依附拥戴，又能得贤能之士为他效力，因此应把他看作有力外援而不可企图吞并。荆州北面依傍汉水、沔水，南面可尽获南海之利，东面与吴郡、会稽相连，西面与巴、蜀地区相通，这是兵家必争的战略要地，而它的主人刘表却没有能力守住它，这大概是上天赋予将军的，将军可有此意？益州关塞险峻，沃土广袤，是天府之地，当年汉高祖凭借它成就帝业。如今刘璋昏庸懦弱，张鲁在北觊觎、威胁，人民众多、地方富庶而刘璋却不能存体恤爱护之心，智慧贤能之士都渴望辅佐明君贤主。如今将军既是汉室后裔、皇亲贵胄，信义之名四海远播，招纳英雄，思慕贤才，若能据有荆州、益州，守其险要，西面与戎族各部和睦相处，南面安抚夷越各部，外与孙权联盟，内修文治武功。只待天下局势有变，便可命一位上将率荆州军士向宛、洛进军，将军则亲率益州兵众东出秦川，百姓谁敢不拿出食物酒水来迎接将军呢？若果真如此，将军霸业可成，汉室亦可中兴。"刘备说："很好！"从此愈加看重诸葛亮，与之情谊也日益深厚。关羽、张飞等旧臣因此不快，刘备解释道："我得孔明，犹如鱼之得水。希望诸君不要再有怨言。"关羽、张飞这才作罢。（刘冰雪校译）

22. 孙权从谏罢酒

吴王于武昌临钓台饮酒，大醉，使人以水洒群臣曰："今日酣饮，惟醉堕台中，乃当止耳！"张昭正色不言，出外，车中坐。王遣人呼昭还入，谓曰："为共作乐耳，公何以为怒乎？”昭对曰：“昔纣为糟丘酒池，长夜之饮，当时亦以为乐，不以为恶也。”王默然惭，遂罢酒。

——（北宋）司马光《资治通鉴·魏纪一》

译文：

吴王孙权和臣下在武昌临钓台上饮酒，酩酊大醉，令人把水洒在大臣身上，使他们清醒，吴王说：“今日畅饮，不醉倒在临钓台上，我们不停杯！”张昭板着面孔、一言不发地出去，坐在车子里。吴王派人将张昭叫回来，对他说：“大家不过是共享欢乐，您为什么发怒？”张昭回答说：“以前商纣王作糟丘和酒池，通宵饮酒，当时也以为很快乐，没想过有什么不好。”吴王深感惭愧，一言不发，停止了酒宴。（文白对照《资治通鉴》，［北宋］司马光编撰，沈志华、张宏儒主编，中华书局2009年版，2773页）

23．守国在德不在险

魏主为人，壮健鸷勇，临城对阵，亲犯矢石，左右死伤相继，神色自若；由是将士畏服，咸尽死力。性俭率，服御饮膳，取给而已。群臣请增峻京城及修宫室曰：“《易》云：‘王公设险，以守其国。’又萧何云：‘天子以四海为家，不壮不丽，无以重威。’”帝曰：“古人有言：‘在德不在险。’屈丐蒸土筑城而朕灭之，岂在城也？今天下未平，方须民力，土功之事，朕所未为。萧何之对，非雅言也。”

——（北宋）司马光《资治通鉴·宋纪二》

译文：

北魏世祖拓跋焘为人壮健勇敢，沉着稳重，无论是攻打城池，还是两军对阵，短兵相接，都能亲自冒着乱箭飞石，身先士卒。他的左右士卒相继倒下，或死或伤，他却神色自若，毫不畏惧。因此，将士们对他无不畏惧钦佩，都愿尽力效死。他生性节俭，衣服饮食够用就已满足。文武百官请求加固京师的城墙，修缮皇宫的建筑，说：“《易经》说：‘王公设险，固守国家。’萧何也曾经说过：‘天子以四海为家，不壮不丽，不能增加威严。’”拓跋焘却说：“古人曾经说过：‘只在恩德，不在险要。’赫连屈丐用蒸过的土建筑城墙，却被我灭掉了，这怎么在城的坚固不坚固呢？而今，天下还没有太平，正需要人力，大兴土木的事，我不想去做。萧何的话并不正确。”（文白对照《资治通鉴》，［北宋］司马光编撰，沈志华、张宏儒主编，中华书局2009年版，4975页）

24. 隋文帝勤政爱民

高祖性严重，令行禁止。每旦听朝，日昃（zè）忘倦。虽啬于财，至于赏赐有功，即无所爱；将士战没，必加优赏，仍遣使者劳问其家。爱养百姓，劝课农桑，轻徭薄赋。其自奉养，务为俭素，乘舆御物，故弊者随宜补用；自非享宴，所食不过一肉；后宫皆服浣濯之衣。天下化之，开皇、仁寿之间，大夫率衣绢布，不服绫绮，装带不过铜铁骨角，无金玉之饰。故衣食滋殖，仓库盈溢。受禅之初，民户不满四百万，末年，逾八百九十万，独冀州已一百万户。

——（北宋）司马光《资治通鉴·隋纪四》

译文：

隋文帝性格谨严持重，办事令行禁止，每日清晨听理朝政，到日偏西时还不知疲倦。虽然吝啬钱财，但赏赐有功之臣则不吝惜；将士战死，文帝必定从优抚恤，并派使者慰问死者家属。他爱护百姓，劝课农桑，轻徭薄赋。自己生活务求节俭朴素，所乘车驾及所用之物，旧了坏了都随时修理使用；如果不是享宴，吃饭不过一个肉菜；后宫都身着洗旧了的衣服。天下人都为文帝的行为所感化。开皇、仁寿年间，男子都身穿绢布衣服，不穿绫绮；衣带饰品用的不过是铜铁骨角所制，没有金玉的装饰。因此国家的财富日益增长，仓库丰盈。文帝受禅之初，隋朝的民户不满四百万户；到了隋文帝仁寿末年，超过了八百九十万户，仅冀州就已有一百万户。（文白对照《资治通鉴》，［北宋］司马光编撰，沈志华、张宏儒主编，中华书局2009年版，7465页）

25. 唐高祖论功行赏

渊赏霍邑之功，军吏疑奴应募者不得与良人同。渊曰："矢石之间，不辨贵贱，论勋之际，何有等差，宜并从本勋授。"壬午，渊引见霍邑吏民，劳赏如西河，选其丁壮使从军；关中军士欲归者，并授五品散官，遣归。或谏以官太滥，渊曰："隋氏吝惜勋赏，此所以失人心也，奈何效之！且收众以官，不胜于兵乎！"

——（北宋）司马光《资治通鉴·隋纪八》

译文：

唐高祖李渊奖赏攻取霍邑的有功将士，军吏们怀疑以奴隶身份应募的人不能和良人同样论功。李渊说："在箭与石之间战斗，不分贵贱，论功行赏时，有什么等级差别？应该同样按功颁赏授官。"壬午（初四），李渊接见了霍邑的吏民，慰劳赏赐，如同西河郡一样，并挑选霍邑强壮的男丁从军。关中的军士要回乡的，都授予五品散官，让他们回去。有人劝李渊说授官太多，李渊说："隋氏吝惜勋位赏赐，因而失去人心。我怎么能效仿他们呢？况且用官职来收拢众人，不比用兵要好吗？"（文白对照《资治通鉴》，［北宋］司马光编撰，沈志华、张宏儒主编，中华书局2009年版，7639页）

26. 唐太宗节己以顺民

贞观四年，太宗谓侍臣曰："崇饰宫宇，游赏池台，帝王之所欲，百姓之所不欲。帝王所欲者放逸，百姓所不欲者劳弊。孔子云：'有一言可以终身行之者，其恕乎！己所不欲，勿施于人。'劳弊之事，诚不可施于百姓。朕尊为帝王，富有四海，每事由己，诚能自节，若百姓不欲，必能顺其情也。”魏徵曰：“陛下本怜百姓，每节己以顺人，臣闻‘以欲从人者昌，以人乐己者亡’。隋炀帝志在无厌，惟好奢侈，所司每有供奉营造，小不称意，则有峻罚严刑。上之所好，下必有甚，竞为无限，遂至灭亡。此非书籍所传，亦陛下目所亲见。为其无道，故天命陛下代之。陛下若以为足，今日不啻足矣。若以为不足，更万倍过此亦不足。”太宗曰：“公所奏对甚善！非公，朕安得闻此言？”

——（唐）吴兢《贞观政要·俭约》

译文：

贞观四年（630），唐太宗对侍从的大臣们说：“宫室殿宇盖得宏伟，装饰得华丽，游览观赏池水台榭，是帝王所追求的，却不是百姓所希望的。帝王之所以追求是为了放纵逸乐，百姓之所以不希望是因为劳苦困弊。孔子说：‘有一句话可以终身奉行的，那是恕吧！自己所不愿意做的，也不要强加给别人。’劳苦困弊的事情，实在不可强加给百姓。我尊贵为帝王，富有四海，每件事都由我说了算，真的能够自我节制，凡是百姓不希望的事，一定会去顺应民情。”魏徵说：“陛下本来怜惜百姓，经常节制自己而顺应民情，我听说：‘使自己的欲望顺从众人的就会昌盛，使众人满足自己欢乐的就会灭亡。’隋炀帝一味贪得无厌，唯奢侈是好，主管部门每有供奉营造，稍微不称心，就要加以严刑重罚。上面有所好，下面必定更加厉害，竞争攀比没有限制，以至于灭亡，这不仅是书上写的，也是陛下亲眼目睹的事实。正因为他无道，所以上天安排陛下来代替他。陛下如果这样已经满足，那么今天的尊贵富足就无异于满足了。如果以为不满足，就是再超过今天一万倍也不会满足。”太宗说：“你所奏对的很好！不是你，我怎么会听到这种话？”（《贞观政要译注》，裴汝诚等译注，上海古籍出版社2007年版，179—180页）

27. 唐太宗开怀纳谏

贞观十五年，太宗问魏徵曰：“比来朝臣都不论事，何也？”徵对曰：“陛下虚心采纳，诚宜有言者。然古人云：‘未信而谏，则以为谤己；信而不谏，则谓之尸禄。’但人之才器，各有不同，懦弱之人，怀忠直而不能言；疏远之人，恐不信而不得言；怀禄之人，虑不便身而不敢言。所以相与缄默，俛（俯）仰过日。”太宗曰：“诚如卿言。朕每思之，人臣欲谏，辄惧死亡之祸，与夫赴鼎镬、冒白刃，亦何异哉？故忠贞之臣，非不欲竭诚。竭诚者，乃是极难。所以禹拜昌言，岂不为此也！朕今开怀抱，纳谏诤。卿等无劳怖惧，遂不极言。”

——（唐）吴兢《贞观政要·求谏》

译文：

贞观十五年（641），唐太宗问魏徵：“近来朝臣都不议论政事，这是为什么？”魏徵回答说：“陛下如此虚心采纳臣下的意见，确实应当会有人议政。然而古人说过：‘如果尚未得到信任就进谏，将被认为是毁谤；如果得到了信任而不进谏，那就是没有尽职。’但是人的才能、气质，各不相同。生性懦弱的人，可能怀有忠直之心而没有勇气说；关系比较疏远的人，可能害怕不信任而不能说；贪恋禄位的人，会顾虑对自己不利而不敢说。所以他们互相保持沉默，只求应付混日子。”唐太宗说：“确实像你所说的那样。我常常在考虑，臣子要进谏，每每害怕有死亡之祸，这与赴鼎镬被烹杀、冒白刃被斩杀又有什么两样呢？因此忠贞的臣子，并不是不想竭尽忠诚，而是要竭尽忠诚实在太难。所以当舜要禹尽情直言时，禹婉转地推辞了，岂不就是因为这个缘故！我现在决心广开言路、虚心纳谏，你们不要因为顾忌和惧怕，不能畅所欲言。”（《贞观政要译注》，裴汝诚等译注，上海古籍出版社2007年版，42页）

28. 从识弓之理悟治国之道

贞观初，太宗谓萧瑀曰：“朕少好弓矢，自谓能尽其妙。近得良弓十数，以示弓工。乃曰：‘皆非良材也。’朕问其故，工曰：‘木心不正，则脉理皆邪，弓虽刚劲而遣箭不直，非良弓也。’朕始悟焉。朕以弧矢定四方，用弓多矣，而犹不得其理。况朕有天下之日浅，得为理之意，固未及于弓，弓犹失之，而况于理乎？”自是诏京官五品以上，更宿中书内省，每召见，皆赐坐与语，询访外事，务知百姓利害，政教得失焉。

——（唐）吴兢《贞观政要·政体》

译文：

贞观初年，一次唐太宗对大臣萧瑀说：“我从小就非常喜爱弯弓射箭，自以为弓箭的道理已经完全掌握了。最近我得到了十几张好弓，拿去给制弓的工匠看，工匠看了以后说：‘这些都还不是用良材制作的好弓。’我就问他这是什么缘故呢？工匠告诉我说：‘制弓的木材如果树心不正，那么它的纹理一定也是不正的，这样的材料制成的弓虽然也可以刚劲有力，但射出去的箭是不会直的，所以仍然称不上是良弓。’我听了他的话才懂得了其中的道理。我是靠武力扫平群雄安定四方的，用过的弓实在太多了，而竟仍然没有完全弄通其中的道理，更何况我统治天下的日子还很短，对于治国平天下的道理，肯定还不及对弓箭的了解，对弓尚且还有认识失误之处，可见对治国的道理我了解得更加不够了。”于是诏令京都五品以上的官员，都必须轮流在禁中的中书内省值宿，以便随时召见。每逢太宗召见时，都让他们坐下，仔细询问外边各种事情，尽可能地了解朝廷的施政对百姓有利还是有害，知晓政教是得还是失。（《贞观政要译注》，裴汝诚等译注，上海古籍出版社2007年版，10页）

29. 不诛狂妄，恐绝言路

冬，十月，雇雍州四万一千人筑长安外郭，三旬而毕。癸丑，雍州参军薛景宣上封事，言：“汉惠帝城长安，寻晏驾。今复城之，必有大咎。”于志宁等以景宣言涉不顺，请诛之。上曰：“景宣虽狂妄，若因上封事得罪，恐绝言路。”遂赦之。

——（北宋）司马光《资治通鉴·唐纪十五》

译文：

唐高宗永徽五年（654）冬季，十月，朝廷雇佣雍州四万一千人修筑长安外城，三十天后竣工。癸丑（十一日），雍州参军薛景宣上书言事，说道：“汉惠帝修筑长安城，不久死去。如今又要修城，一定会有大的不幸。”于志宁等人认为薛景宣言语涉于妖妄，请求将他处斩。高宗说：“薛景宣虽然出言狂妄，如果因为上书言事而获罪，恐怕会断绝言路。”于是宽赦了薛景宣。（文白对照《资治通鉴》，［北宋］司马光编撰，沈志华、张宏儒主编，中华书局2009年版，8299页）

30. 唐高宗以法治国

丙午，魏州刺史郇公孝协坐赃，赐死。司宗卿陇西王博乂奏孝协父叔良死王事，孝协无兄弟，恐绝嗣。上曰：“画一之法，不以亲疏异制，苟害百姓，虽皇太子亦所不赦。孝协有一子，何忧乏祀乎！”孝协竟自尽于第。

——（北宋）司马光《资治通鉴·唐纪十七》

译文：

唐高宗麟德元年（664）四月丙午（二十九日），魏州刺史郇公李孝协因犯贪赃罪，赐死。司宗卿陇西王李博乂上奏，说李孝协的父亲李叔良过去为朝廷牺牲，他没有兄弟，恐怕要绝后。唐高宗说：“法律是一样的，不能因亲近疏远而不同对待，如果伤害百姓，就是皇太子也不能赦免。李孝协有个儿子，怎么怕没有人祭祀祖先呢！”李孝协终于在家中自尽。（文白对照《资治通鉴》，［北宋］司马光编撰，沈志华、张宏儒主编，中华书局2009年版，8363页）

31. 武则天建言十二事

上元元年，进号天后，建言十二事：一、劝农桑，薄赋徭；二、给复三辅地；三、息兵，以道德化天下；四、南北中尚禁浮巧；五、省功费力役；六，广言路；七、杜谗口；八、王公以降皆习《老子》；九、父在为母服齐衰（zī cuī）三年；十、上元前勋官已给告身者无追核；十一、京官八品以上益禀（lǐn，廪）入；十二、百官任事久，材高位下者得进阶申滞。帝皆下诏略施行之。

——（北宋）欧阳修等《新唐书·高宗则天武皇后纪》

译文：

唐高宗上元元年（674），武则天被晋封为天后，向高宗进言十二件事：一、鼓励百姓从事农桑，轻徭薄赋；二、免去京畿三辅地区的徭役；三、放弃武力，用道德感化天下；四、南北官府作坊禁止浮华淫巧；五、减少工程费用和劳役；六、广开言路；七、杜绝谗言；八、王公及以下都要学习《老子》；九、父亲健在，为母服丧需满三年；十、上元之前的有功之臣，已获得政府官诰的，将不再进行审核；十一、八品以上在京官员增加俸禄；十二、文武百官在职已久、才学高而职位低的，可以申请提拔。唐高宗下诏全部批准执行。（郑晓雯校译）

32. 既委朝政，臣当自决

玄宗初即位，体貌大臣，宾礼故老，尤注意于姚崇、宋璟，引见便殿，皆为之兴，去辄临轩以送。其他宰臣，优宠莫及。至李林甫以宗室近属，上所援用，恩意甚厚，而礼遇渐轻。姚崇为相，尝于上前请序进郎吏，上顾视殿宇不注，崇再三言之，冀上少售，而卒不对。崇益恐，趋出。而高力士奏曰："陛下初承鸿业，宰臣请事，即当面言可否。而崇言之，陛下不视，臣恐宰臣必大惧。"上曰："朕既任崇以庶政，事之大者当白奏，朕与共决之；如郎署吏秩甚卑，崇独不能决，而重烦吾耶？"崇至中书，方悸不自安。会力士宣事，因为言上意，崇且解且喜。朝廷闻者，皆以上有人君之大度，得任人之道焉。

——（唐）李德裕《次柳氏旧闻》[①]

注释：

①《次柳氏旧闻》：又名《明皇十七事》，一卷，唐李德裕撰，所记源于柳芳述高力士语，共十七条，皆记唐玄宗时君臣逸事，间杂有怪异之说。李德裕（787—850）：唐大臣。字文饶，赵郡（今河北赵县）人。

译文：

唐玄宗李隆基即位之初，对大臣以礼相待，对前朝老臣敬如上宾，尤其尊重姚崇和宋璟，每每在紫宸殿中见到他们，总要起身迎上去，他们临走时，又总要送到殿前平台。朝中其他宰臣所受到的恩宠没有赶得上他们的。等到李林甫因为宗室近亲而为玄宗任用为官时，玄宗对他的恩意虽说很优厚，可礼遇却是逐渐变轻。姚崇任宰相时，曾在玄宗面前请求依照程序进用一个郎吏（低级文官），玄宗故意看着宫殿的屋顶，不予答复，姚崇再三请求，希望玄宗有所授意，然而玄宗终究闭口不谈此事。姚崇越发惶恐，急忙退了出去。高力士上前奏说："陛下现在刚刚继承帝业，宰相请示事情，应当面给予答复才是。可今天姚崇请示您，您却视而不见，我很担心宰相会产生很大的恐惧心理。"玄宗说："我既然已经将政事委托给了姚崇，遇到大事固然应当奏请，以便我与他共同商讨决定；可像进用郎吏这样的小事，姚崇不能独自决定，却再三拿来烦扰我，这应该吗？"姚崇回到中书省，心绪正在惊悸不安，就碰上高力士来宣谕事情，顺便向姚崇转告了皇上的意思，姚崇松了口气，而且欣喜起来。朝廷上下听说了这件事，都认为玄宗在用人上很有气魄，用人的方法也很好。（吴春丽校译）

33. 心正则笔正

穆宗政僻，尝问公权笔何尽善，对曰："用笔在心，心正则笔正。"上改容，知其笔谏也。

——（后晋）刘昫等《旧唐书·柳公权传》

译文：

唐穆宗不务朝政，有一次，他问柳公权该如何用笔才能做到最好，柳公权回答说："用笔的方法全在于用心，心正才能笔正。"皇上面露不悦，知道他这是以用笔之法来劝谏政事。（郑晓雯校译）

34. 无论门第，但取实艺

时左仆射王起频年知贡举，每贡院考试讫，上榜后，更呈宰相取可否。后人数不多，宰相延英论言："主司试艺，不合取宰相与夺。比来贡举艰难，放人绝少，恐非弘访之道。"帝曰："贡院不会我意。不放子弟，即太过，无论子弟、寒门，但取实艺耳。"

——（后晋）刘昫等《旧唐书·武宗纪》

译文：

唐武宗年间，左仆射王起多年来主持科举考试，每年贡院的考试结束后，上榜的考生便交由宰相裁定是否录取。后来，上榜的考生人数不多，宰相在延英殿向皇帝进言："主持科举的部门负责考察考生的才学，不该由宰相决定是否考取。近些年来，科举艰难，考取的人才很少，这恐怕不是广求人才的方法。"皇帝说："贡院没有领会我的意思。若不录取官宦子弟则太过严苛，考生的出身无论是官宦子弟还是寒门之家，只要有真才实学就可以。"（郑晓雯校译）

35. 务广威信，使自归顺

曹彬与诸将入辞，上谓彬曰："南方之事，一以委卿，切勿暴略生民，务广威信，使自归顺，不须急击也。"且以匣剑授彬曰："副将以下，不用命者斩之。"潘美等皆失色，不敢仰视。自王全斌平蜀多杀人，上每恨之，彬性仁厚，故专任焉。

——（南宋）李焘《续资治通鉴长编》[①]

注释：

①《续资治通鉴长编》：南宋李焘撰。原本九百八十卷，编年体北宋史。编撰历时四十年，孝宗淳熙十年（1183）完成。李焘（1115—1184）：南宋史学家。字仁甫，号巽岩，眉州丹棱（今属四川）人。

译文：

（宋太祖决定发兵攻打南唐，任命曹彬为统帅。）曹彬和将领们入朝辞行，宋太祖告诫曹彬说："平定江南的事情，全部委托给你了。千万不要强行掠夺民财，滥杀无辜。要从各方面树立威信，使他们自动归顺，不要急于攻城。"说罢，宋太祖取出一把宝剑送给曹彬，当众宣布说："自副将以下，有不服从你的命令的，可以斩首！"站在一旁的潘美等人听了都大惊失色，不敢抬头。自从王全斌在平定后蜀时杀人太多之后，太祖一想起来就十分悔恨。曹彬一向仁慈忠厚，所以得到如此的信任。（吴春丽校译）

36. 宋仁宗广招寒士

本朝自祖宗以来，进士过省赴殿试，尚有被黜者。远方寒士殿试下第，贫不能归，多至失所，有赴水而死者。仁宗闻之恻然，自此殿试不黜落，虽杂犯亦收之末名，为定制。

——（南宋）邵伯温《邵氏闻见录》[①]

注释：

①《邵氏闻见录》：全称《河南邵氏闻见录》。南宋邵伯温撰。二十卷，书成于南宋初年，主要记载北宋政事。邵伯温（1057—1134）：字子文，洛阳（今属河南）人。

译文：

宋朝自太祖以来，仍继承唐代的科举取士制度。应试者即使通过了省试，还要参加殿试，其中仍有被黜落者。落第的贫困寒士无钱还乡，流落异地，有的因此投水自杀。宋仁宗赵祯了解到这种情况，感到很悲伤。于是诏令，凡是参加殿试的举人，都不黜落，即使在考试时触犯了法律的人也列入录用的名单后面。这种制度以后一直沿用下来。（吴春丽校译）

37. 王安石变法

二年二月，拜参知政事。上谓曰："人皆不能知卿，以为卿但知经术，不晓世务。"安石对曰："经术正所以经世务，但后世所谓儒者，大抵皆庸人，故世俗皆以为经术不可施于世务尔。"上问："然则卿所施设以何先？"安石曰："变风俗，立法度，最方今之所急也。"上以为然。于是设制置三司条例司，命与知枢密院事陈升之同领之。安石令其党吕惠卿任其事。而农田水利、青苗、均输、保甲、免役、市易、保马、方田诸役相继并兴，号为新法，遣提举官四十余辈，颁行天下。

——（元）脱脱等《宋史·王安石传》

译文：

宋神宗熙宁二年（1069）二月，王安石任参知政事。神宗对王安石说："大家都不了解你，以为你只知道经学之术，而不知道治世之事。"王安石回答说："经学之术正可以用来治世，可是后世所谓的儒者，大都是些庸人，所以世俗就认为经学之术不可以治世。”神宗问：“那么你首先要施行建立的是什么呢？”王安石说：“改变风俗，建立法度，是当前最为紧急的事物。”神宗认为很对。于是设制置三司条例司，任命王安石和知枢密院事陈升之共同掌管。王安石令他的同党吕惠卿掌管制置三司条例司的日常事务。从此农田水利、青苗、均输、保甲、免役、市易、保马、方田等法相继问世，称为新法，并派遣提举官四十多人，颁行新法于天下。（李凡校译）

38. 疑人勿用，用人勿疑

十一月壬辰，太白经天。乙未，左丞相宗贤、左丞禀等言，州郡长吏当并用本国人。上曰：“四海之内，皆朕臣子，若分别待之，岂能致一。谚不云乎，‘疑人勿使，使人勿疑’。自今本国及诸色人，量才通用之。”

——（元）脱脱等《金史·熙宗纪》[①]

注释：

①《金史》：元脱脱等撰。一百三十五卷，修于元至正三年至五年（1343—1345），纪传体金代史。条例整齐，胜于同时所修的宋、辽二史。

译文：

金熙宗皇统八年（1148）十一月壬辰日，有太白金星经过天空。到了乙未日，左丞相宗贤和左丞禀等人向皇帝进言，认为州郡的长官应当使用本族人。皇上说：“四海之内的人都是朕的臣子，如果区别对待，怎能万众一心。不是有谚语说‘疑人不用，用人不疑’吗。从今往后无论是本族人还是他族人，都要一视同仁，量才为用。”（郑晓雯校译）

39. 当得贤才用之

三月……丁未，上谓宰执曰：“县令之职最为亲民，当得贤材用之。迩来犯法者众，殊不闻有能者。比在春水，见石城、玉田两县令，皆年老，苟禄而已。畿甸尚尔，远县可知。”平章政事石琚对曰：“良乡令焦旭、庆都令李伯达皆能吏，可任。”上曰：“审如卿言，可擢用之。”

……

十一月庚申朔，尚书省奏，拟同知永宁军节度使事阿可为刺史，上曰：“阿可年幼，于事未练，授佐贰官可也。”平章政事唐括安礼奏曰：“臣等以阿可宗室，故拟是职。”上曰：“郡守系千里休戚，安可不择人而私其亲耶？若以亲亲之恩，赐与虽厚，无害于政。使之治郡而非其才，一境何赖焉。”

——（元）脱脱等《金史·世宗纪》

译文：

金世宗大定十八年（1178）三月……丁未，皇上对宰相与执政说：“县令这一职务与百姓的关系最为密切，一定要选贤德的人才来担任。近来犯法的人很多，却很少听说有能干的人。朕春天游猎的时候，见到石城、玉田两县的县令，都已十分老迈，不过是勉强拿着俸禄罢了。京城附近尚且如此，那些偏远的县郡就更是可想而知了。”平章政事石琚回答说：“良乡令焦旭、庆都令李伯达都是能干的官员，可胜任这一职务。”皇上说：“若果如爱卿所言，可提拔此二人。”

……

十一月初，尚书省上奏，拟任命同知永宁军节度使事阿可为刺史。皇上说：“阿可还很年轻，做事缺乏历练，让他做副职就可以了。”平章政事唐括安礼上奏说：“臣等因为阿可是皇室宗亲才安排他担任这一职务。”皇上说：“郡守一职关系着方圆千里百姓的休养生息，怎能不任人唯贤而偏私皇亲呢？如果偏私于亲族之人，纵使赏赐丰厚，也要对政事没有危害才行。若让他治理郡县而他却不具备治理的才能，那一县百姓又能依赖谁呢。”（郑晓雯校译）

40. 耶律楚材治理中原

太祖之世，岁有事西域，未暇经理中原，官吏多聚敛自私，赀至巨万，而官无储偫（zhì）。近臣别迭等言：“汉人无补于国，可悉空其人以为牧地。”楚材曰：“陛下将南伐，军需宜有所资，诚均定中原地税、商税、盐、酒、铁冶、山泽之利，岁可得银五十万两、帛八万匹、粟四十余万石，足以供给，何谓无补哉？”帝曰：“卿试为朕行之。”乃奏立燕京等十路征收课税使，凡长贰悉用士人，如陈时可、赵昉等皆宽厚长者，极天下之选，参佐皆用省部旧人。辛卯秋，帝至云中，十路咸进廪籍及金帛陈于廷中，帝笑谓楚材曰：“汝不去朕左右，而能使国用充足，南国之臣，复有如卿者乎？”对曰：“在彼者皆贤于臣，臣不才，故留燕，为陛下用。”帝嘉其谦，赐之酒。即日拜中书令，事无巨细，皆先白之。

——（明）宋濂等《元史·耶律楚材传》

译文：

元太祖时，每年都要征伐西域，对于黄河中原地区无暇顾及，官吏大多私自聚敛财富，有的聚集至数万，而官府却没有储备。元太宗的近臣别迭等人甚至进言说：“汉人对于我们蒙古国并无好处，不如将中原耕地上的全部汉人赶走，把中原的土地改作牧场。”耶律楚材说：“陛下即将南下向金朝进攻，军需战备急需钱粮，确实应该公正均匀地制定出中原地区的地税、商税、盐税、酒税，以及冶炼铁矿、伐木捕鱼各项收费的标准和制度，估计每年可获得税利白银五十万两、帛八万匹、粮食四十多万石，足以供给军队开支，怎么能说没有好处呢？”太宗说：“对，你可以为我先试行这项政策。”于是耶律楚材上奏成立并设置燕京等十路征收课税使，凡是长官和副官都任用文人，如陈时可、赵昉等都是宽厚仁慈的长者，都是精干的人才，参谋辅助的部下僚属都任以前尚书省的官员。辛卯年秋天，太宗出巡云中，十路课税使都呈上户籍及金银布帛给太宗察看，太宗笑着对耶律楚材说：“你不离我左右，就能使国用充足，南方的大臣，有像你这样有才干的人吗？”耶律楚材回答说：“那里的人都比我有能力，我没有才干，所以留在燕京，听候陛下随时调用。”太宗为表彰他的谦虚，赐给他美酒。当天就官拜他为中书令，朝中事务不论大小，都要先告诉他，让他决断。（吴春丽校译）

41. 元世祖赏金樽表直臣

或告汉人殴伤国人，及太府监属卢甲盗剪官布。帝怒，命杀以惩众。文忠言：“今刑曹于囚罪当死者，已有服辞，犹必详谳（yàn），是岂可因人一言，遽加之重典！宜付有司阅实，以俟后命。”乃遣文忠及近臣突满分核之，皆得其诬状，遂诏原之。帝因责侍臣曰：“方朕怒时，卿曹皆不敢言。非董文忠开悟朕心，则杀二无辜之人，必取议中外矣。”因赐文忠金尊，曰：“用旌卿直。”

——（明）宋濂等《元史·董文忠传》

译文：

元朝初年，有人向元世祖忽必烈报告说：有个汉人打伤了蒙古族人。又说：太府监的官员卢甲偷盗了国家的布匹。元世祖听了这话，勃然大怒，下令把他们杀了，以儆效尤。董文忠说道：“如今司法部门对于罪当处死的囚犯，即使有了服罪的供词，尚且要详细审定核实。怎么可以因为别人的一句话，便仓促地对他们施加极刑呢！应将犯人交司法部门审查确实，然后再定罪。”元世祖于是指派董文忠和近臣突满分别来核实查验这两件事，都查明其中有冤屈，于是皇帝下令赦免了他们。元世祖还为此责备左右的侍臣说：“当我生气时，你们为什么都不敢说话？若不是董文忠一番话提醒我，就会杀了两个无辜的人，这样必然要受朝廷内外的人非议

了。”皇帝还因此特地赏赐金杯给董文忠，说：“这是用来表彰你正直的品德的。”（吴春丽校译）

42．天下之大，非一人思虑所及

帝从容谓拜住曰：“朕思天下之大，非朕一人思虑所及，汝为朕股肱，毋忘规谏，以辅朕之不逮。”拜住顿首谢曰：“昔尧、舜为君，每事询众，善则舍己从人，万世称圣。桀、纣为君，拒谏自贤，悦人从己，好近小人，国灭而身不保，民到于今称为无道之主。臣等仰荷洪恩，敢不竭忠以报。然事言之则易，行之则难。惟陛下力行。臣等不言，则臣之罪也。”

——（明）宋濂等《元史·拜住传》

译文：

元英宗不慌不忙地对拜住说：“我想天下如此之大，不是我一个人思虑所能达到的，你是我的得力辅佐大臣，不要忘记常常进谏，以便辅助我考虑不周之处。”拜住叩首拜谢道：“从前尧、舜做君主，每有事征求众人意见，听到好的意见便放弃自己的主张而采纳别人的办法，所以万世都称赞他们圣明。桀、纣做君主的时候，总以为自己贤明而拒绝劝谏，喜欢别人听从自己，好亲近小人，结果国家灭亡而自身不能保了，百姓到今天还称他们是无道昏君。臣等仰承皇帝洪恩，哪敢不尽忠报答呢。然而事情说起来容易，办起来就很困难。希望陛下能身体力行。我们如果有话不说，就是我们做臣子的罪过了。”（吴春丽校译）

43．明太祖论农民甘苦

上罢朝，坐奉天门，因与群臣论民间事。上曰：“四民之业，莫劳于农。观其终岁勤劳，少得休息。时和岁丰，数口之家犹可足食，不幸水旱，年谷不登，则举家饥困。朕一食一衣，则念稼穑机杼之勤。尔等居有广厦，乘有肥马，衣有文绣，食有膏粱，当念民劳。大抵百姓足而后国富，百姓逸而后国安，未有民困穷而国独富安者。尔等其思佐朕裕民之道，庶几食禄无愧。”

——《明实录·太祖洪武实录》[1]

注释：

①《明实录》：明代官修的编年体史料长编。自太祖到熹宗十三朝（建文附太祖，景泰附英宗），均经修成。崇祯朝有后人补辑本十七卷。本书篇幅庞大，保存有大量明代史料。现存各地藏本卷帙互有出入，内容也间有详略。

译文：

明洪武三十年（1397）二月，有一天，早朝过后，明太祖朱元璋坐在奉天门和群臣谈论民间的事情。太祖说：“士农工商四民所从事的职业，没有比农民更劳苦的。他们终年辛勤劳动，很少得到休息。遇到太平和丰收年份，数口之家还能吃饱，不幸遇上水旱之年，谷物歉收，那么全家就会陷于饥饿贫困的境地。我吃饭穿衣都想到稼穑机杼之艰辛。你们住着宽广的大厦，骑着肥壮的骏马，穿着绣花的漂亮衣服，吃着精美的食物，应当时时想到百姓的劳苦。只有百姓衣食丰足而后国家才会富有；百姓逸乐而后国家才能安定，没有百姓贫困而国家独会富有安定的事。你们应当尽力思考佐政裕民之道，这样拿国家的俸禄而不感到惭愧。”（吴春丽校译）

44. 明太祖饥年免租税

先是耆民胡官一等诣阙言岁旱，稼穑不收，租税无所出，愿以银钞、布帛代输……上曰：“民者，国之本也。彼既饥馁，而又责其赋税，将困踣（bó）流亡，岂为人上之道哉？”命悉免之。

——《明实录·太祖洪武实录》

译文：

明洪武年间，干旱严重的凤阳、怀远等县派德高望重的老人胡官一等到朝廷申明情况，请求用银钞和布帛代替粮食纳税……明太祖了解到这一情况后说："老百姓，是国家的根本。他们已经陷入饥饿状态，还要催他们交纳赋税，这等于是雪上加霜，一定会导致百姓困穷流亡，这难道是做皇帝应该实行的仁政吗？"于是，立即下令免除这些县的租税。(吴春丽校译)

45. 明太祖颁行《律令直解》

明太祖平武昌，即议律令。吴元年冬十月，命左丞相李善长为律令总裁官，参知政事杨宪、傅瓛（huán），御史中丞刘基，翰林学士陶安等二十人为议律官，谕之曰："法贵简当，使人易晓。若条绪繁多，或一事两端，可轻可重，吏得因缘为奸，非法意也。夫网密则水无大鱼，法密则国无全民。卿等悉心参究，日具刑名条目以上，吾亲酌议焉。"每御西楼，召诸臣赐坐，从容讲论律义。十二月，书成，凡为令一百四十五条，律二百八十五条。又恐小民不能周知，命大理卿周桢等取所定律令，自礼乐、制度、钱粮、选法之外，凡民间所行事宜，类聚成编，训释其义，颁之郡县，名曰《律令直解》。太祖览其书而喜曰："吾民可以寡过矣。"

——（清）张廷玉等《明史·刑法一》

译文：

明太祖平定武昌之后，就与臣下商讨制定律令。吴元年（1367）冬十月，任命左丞相李善长为律令总裁官，参知政事杨宪、傅瓛，御史中丞刘基，翰林学士陶安等二十人为议律官，指示他们说："法律贵在简明适当，使人容易明白。如果条文繁多，或是同一罪行有两种处罚规定，可轻可重，司法官吏便可借机谋私为恶，这不符合法律的精神。渔网太密，则水中无大鱼；法网太密，则国内没有不受刑罚的百姓。你们要尽心比较研究，每天开列刑律条目上报，我要亲自斟酌择定。”太祖每次驾临西楼，都召见诸臣，给他们赐坐，从容讲解法律文义。十二月，律令修订完毕，总共制定令一百四十五条，律二百八十五条。太祖又怕百姓不能人人皆知，命令大理卿周桢等人，从新制定的律令中，除了礼乐、制度、钱粮和选举以外，凡是与民间事务有关的条文，分类编纂，解释文义，颁布全国，称之为《律令直解》。太祖阅览此书后，高兴地说：“我的臣民可以少犯罪过了。”（吴春丽校译）

46. 治民之道，惠养为急

治天下者以天下之心为心，治一方者以一方之心为心。朕居君位，夙夜念虑，未尝忘民。每思饮食、衣服、百物之奉，皆出民力。民或有寒不得衣，饥不得食，劳不得息，朕何忍独安？尔等皆以才贤为国家任牧民之职。夫受人寄者当尽己之力，为人上者当推己之心。治民之道，惠养为急。不害播种则民无饥，不妨蚕桑则民无寒。

——《明实录·太宗永乐实录》

译文：

治理天下的人，就要把天下的事情放在心上；治理一方的人，就要把一方的事情放在心上。作为君王，我日夜思考，从来没有忘记人民。我经常想到我吃的、穿的和日用之物都是人民辛劳的产物。人民中有一部分还穿不暖，吃不饱，得不到休息，我怎么忍心独自享受呢？你们都因为有德有才，才被委以统治万民的职责。受到别人委托的人应该尽自己的力量，作领导的人应该诚心待人。治理百姓的根本原则，是要让百姓得到实惠。不妨碍播种，百姓就不会挨饿；不妨碍种桑养蚕，百姓就不会受冻。（吴春丽校译）

47. 明成祖勤政

永乐四年正月丙辰，上御右顺门晚朝，百官奏事毕，皆趋出。上召六部尚书及近臣谕曰：“早朝四方所奏事多，君臣之间不得尽所言，午后事简，卿等有所欲言，可从容陈论，毋以将晡（bū），朕倦于听纳。盖朕有所欲言者，亦欲及此时与卿等商量。”又曰：“朕每旦四鼓以兴，衣冠静坐，是时神清气爽，则思四方之事，缓急之宜，必得其当，然后出付所司行之。朝退未尝辄入宫中，间取四方奏牍，一一省览，其有边报及水旱等事，即付所司施行。宫中事亦多须俟外朝事毕，方与处置。闲暇则取经史览阅，未尝敢自暇逸。诚虑天下之大，庶务之殷，岂可须臾怠惰？一怠惰则百度弛矣。卿等宜体朕此意，相与勤励无厌斁（yì）也。自今凡有事当商略者，皆于晚朝来，庶得尽委曲。”

——《皇明宝训》①

注释：

①《皇明宝训》：四十卷。万历年间（1573—1620），武英殿大学士吕本、南京礼部郎中陈治本等核阅洪武以后历朝宝训，辑录明太祖到明神宗历代皇帝的诏谕和言论，刊刻而成。

译文：

明永乐四年（1406）正月丙辰，成祖朱棣驾临右顺门召集晚朝，众官员向皇帝陈述完事情后，都出去了。成祖召集吏、户、礼、兵、刑、工六部主管官员以及内侍官员，告诉他们说：“早朝时各方官员所陈述的事情太多，君臣之间不能畅所欲言。到午后事情比较少，你们有什么想说的，可以慢慢说出来讨论，不要以为已至申时（午后三至五时）我会因疲倦而懒于听取和接受你们的意见。我也有想说的事也等到这个时候与你们商量。”又说："我每天凌晨四更（一至三时）就起来，穿好衣服，静坐一会儿，这个时候神气清爽，就考虑各方面的事情，哪件事先做哪件事后做，轻重缓急一定要做到适当，然后交给有关部门实施。早朝后也没有立刻回到后宫，而是拿起各地递交的奏书，一一审阅，其中属于边关奏报和水旱灾害等事情的，立刻交给有关部门办理。宫廷中的事情大都要等待外面的事情办完，才着手处理。空闲时间就阅览经、史类书籍，从来不敢独自悠闲逸乐。实在是担忧天下这样大，要处理的政务这样繁重，怎么可以有片刻的懈怠呢？一旦懈怠，就会荒废各项工作。你们应当领会我的意思，相互勉励，而不厌倦。从今开始，凡有要商量的事，都在晚朝时间来商量，可以详细地把事情的经过搞清楚。"（吴春丽校译）

48. 以身作则，节用爱民

时帝渐备六宫，太仓银钱多所宣进。居正乃因户部进御览数目陈之，谓每岁入额不敌所出，请帝置坐隅时省览，量入为出，罢节浮费。疏上，留中。

帝复令工部铸钱给用，居正以利不胜费止之。言官请停苏、松织造，不听。居正为面请，得损大半。复请停修武英殿工，及裁外戚迁官恩数，帝多曲从之。

帝御文华殿，居正侍讲读毕，以给事中所上灾伤疏闻，因请振。复言："上爱民如子，而在外诸司营私背公，剥民罔上，宜痛钳以法。而皇上加意撙（zǔn）节，于宫中一切用度、服御、赏赉、布施，裁省禁止。"帝首肯之，有所蠲贷。

居正以江南贵豪怙势及诸奸猾吏民善逋赋，选大吏精悍者严行督责。赋以时输，国藏日益充，而豪猾率怨居正。

——（清）张廷玉等《明史·张居正传》

译文：

当时明神宗的六宫嫔妃逐渐增多，国库里的银钱多被调进去使用。张居正根据户部上报皇帝审查的数字陈述，说每年入不敷出，请神宗将户部的账册放在座案旁经常看一看，根据收入支出削减不必要的开支。疏文奏上，留中不发。

神宗又命令工部铸钱以供给用度，张居正认为铸钱利益不及耗费就阻止了。言官请求神宗停止征收苏、松织造的绸缎，神宗不采纳。张居正当面请求神宗，得到准许减去大半。又请求停修武英殿工程，以及裁减外戚升官的数量，神宗多违心地听从。

神宗到文华殿，张居正侍奉讲读结束后，将给事中呈上的灾伤奏文告诉神宗，乘机请求赈济。又说："皇上爱民如子，而在外的官吏们为私利而背弃公益，盘剥百姓，欺骗皇上，应当依法严加制裁。皇上要注意节制，对宫中一切用度、衣服车马、赏赐、布施等，有的要俭省，有的要禁止。"皇帝点头同意，有所减免。

由于江南的权贵豪族仗势作恶和那些奸诈狡猾的吏民善于逃漏赋税，张居正就派遣精悍的大臣严加督责。赋税因而能按时缴纳，国库日益充足，而贵戚豪门和奸猾之辈都怨恨张居正。（吴春丽校译）

49. 清太祖优待降民

闻东海胡儿胯部长纳哈答率民百户来降，命二百人迎之。二十日至，上升殿，降众见毕，设宴。举家来归者列一处；有遗业而来欲还家者另立一处。其为首八人各赐男妇二十口，马十匹，牛十只，冬衣蟒缎、皮裘、大囤，秋衣蟒袍、小褂，四季衣服俱备，及房田等物。其欲还者见之，留而不去者甚多，乃附信与还家者曰："满洲兵欲杀吾等，图我人畜财物，汗以抚聚人民为念，收为羽翼，不意施恩至此，吾土所居弟兄眷属，可皆率之来。"

——《清太祖武皇帝实录》[①]

注释：

①《清太祖武皇帝实录》：一名《武皇帝实录》。四卷，由刚林等于崇德元年（1636）纂成。记述满洲起源到清太祖努尔哈赤起兵后事迹。因清太祖初谥“武皇帝”，本书因此得名，其后清康熙时清太祖改谥“高皇帝”，重修之实录亦改称《高皇帝实录》。是探研清开国初期史事的珍贵资料。

译文：

听说东海胡儿胯部长纳哈答，率领百户人民来归降，努尔哈赤命令手下二百人前去迎接他们。二十日他们到了，努尔哈赤升殿，归降的众人见礼后，努尔哈赤设宴招待他们。把全家都来归顺的安排在一个地方；有家业、来看看就回去的人安排在另外一个地方。领头的八个人每人赐给他们男女奴仆二十人，马十匹，牛十只，冬衣蟒缎、皮裘、大囤，秋衣蟒袍、小褂，四季衣服俱备，及房屋田地等物。那些还想回去的人见了这种情况，又改变主意留下来的人很多。他们还让那些回家的人捎信说：“原来只听说满洲兵要杀我们，抢夺我们的人畜和财物，但见了努尔哈赤汗王后，才知道汗王一心想着安抚、聚集人民，将我们收归成自己的羽翼。没想到他会这样施恩给我们，我们家乡的兄弟和家属，你们赶快来这里吧。”（吴春丽校译）

50. 皇太极重农为本

辛未，谕曰：“工筑之兴，有妨农务，前以城郭边墙，事关守御，有劳民力，良非得已。兹后止葺颓坏，不复兴筑，俾民专勤南亩。满洲、汉人，毋或异视，讼狱差徭，务使均一。贝勒属下人，毋许边外行猎。市税为国费所出，听其通商贸易，私往外国及漏税者罪之。”

——赵尔巽等《清史稿·太宗本纪一》

译文：

天命十一年（1626），即位不久的皇太极发布谕令说：“工程建筑的兴建，会妨碍农业耕作，先前因为修理内城和外城的边墙，关系到防守抵御，确有劳民伤财之嫌，实在是不得已呀。今后将只修葺坍塌损坏部分的城墙，不再建新的城墙，要使民众专心耕种农田。满洲人与汉人之间不要互相歧视，诉讼打官司以及差事劳役，务必同样对待，共同负担。贝勒大官们的下属人员，不许到边界以外去行围打猎。市场上的税收是国家费用支出的重要来源，允许进行通商贸易，如有私自运往国外和偷漏税款的人，要治他们的罪。”（吴春丽校译）

51. 清世祖安抚明朝遗民

世祖既登极，册封多尔衮为叔父摄政王。又建立丰碑，纪其功绩。犹恐民不忘明，乃施笼络民心之术。约举之有数端：一、为明思宗崇祯帝暨帝后帝妃发丧成礼，自长陵以下十四陵皆设官典守。一、明官吏降附者，各予升级，仍令视事，朱姓诸王，亦仍其王爵，明之职官绅士曾殉国难者，给予谥法及优恤诸典。一、被斥官吏非犯赃者，及士为清望所归，并隐居山林而才德可称者，皆征辟录用。一、蹂躏之后，有鳏寡孤独及乞丐街市者，皆给粮养之。一、正额之外，一切加派，如辽饷、练饷、剿饷诸名目，尽行蠲免。明季厂卫之弊政，亦一律除之。一、官制衣服，暂用明制。凡已附于满清之民，所以不遽反抗者，盖由于此。

——徐珂《清朝野史大观》[①]

注释：

①《清朝野史大观》：十二卷。该书搜集清代二百余年间的逸闻轶事，上自宫闱，下至闾里，分为清宫遗闻、清朝史料、清人逸事、清朝艺苑和清代述异五大类。此书系广采各家文集、笔记丛录、省府县志等百余种总汇而成，故名。徐珂（1869—1928）：原名昌，字仲可，别号纯飞馆主、小横香室主人，又署仲玉、中可，杭县（今浙江杭州）人。

译文：

清世祖顺治即位后，封授多尔衮为叔父摄政王。又建立丰碑，纪其功绩。清世祖担心人民不忘明朝，于是施行笼络民心的政策。主要有以下几点：一是为明思宗崇祯皇帝及其后妃举行丧葬典礼，从长陵以下十四陵都设官吏把守管理。二是对明朝投降归附的官员都给升职，仍然让他们主管原来所辖事务。朱姓诸王，仍享有原来的爵位。明朝官吏、绅士为国捐躯的，发给谥号，加以优恤。三是被退职的官吏没犯贪赃罪，以及为众望所归的士大夫和隐居山林而才德受人称赞的人，都加以选取录用。四是在战乱中丧失亲人而沦落为鳏寡孤独及乞讨于街市的人，都分发粮食给予供养。五是正式规定的税赋数额之外，加派的税目如辽饷、练饷、剿饷等，全部予以免除。明朝末年弊政厂卫也一律根除。六是官制衣服，暂沿用明制。已经归顺清朝的民众，所以没有急于进行反抗，大概是由于顺治皇帝实施了这几条措施。（吴春丽校译）

52. 张伯行开仓赈饥

张伯行，字孝先，河南仪封人。康熙二十四年进士，考授内阁中书，改中书科中书……四十二年，授山东济宁道。值岁饥，即家运钱米，并制棉衣，拯民饥寒。上命分道治赈，伯行赈汶上、阳谷二县，发仓谷二万二千六百石有奇。布政使责其专擅，即论劾，伯行曰："有旨治赈，不得为专擅。上视民如伤，仓谷重乎？人命重乎？"乃得寝。四十五年，上南巡，赐"布泽安流"榜。

——赵尔巽等《清史稿·张伯行传》

译文：

张伯行字孝先，是河南仪封人。康熙二十四年（1685）进士，经考试后被任命为内阁中书，后又改任中书科中书之职……康熙四十二年，张伯行又被任命为山东济宁道的地方长官。这一年，当地闹饥荒，张伯行就从自己家运来钱和粮食，并赶制棉衣，用来解救百姓的饥寒。康熙皇帝下诏按道的辖区分别进行救灾，张伯行便从国家粮仓中拿出二万二千六百多石粮食赈济汶上和阳谷两个县。山东省布政使责备他独断专行，上奏弹劾他。张伯行说："皇上有旨救灾，不能说是独断专行。皇上如此重视民间疾苦，应该以仓谷为重呢？还是以人命为重？"布政使只好停止弹劾事。康熙四十五年，皇帝南巡时，知道张伯行为官清廉，赐予张伯行"布泽安流"的匾额。（吴春丽校译）

53. 蠲免米税，惠恤黎元

四月辛卯，上谕内阁：国家设关榷税，定其则例，详其考核。凡以崇本抑末载诸会典，著为常经，由来已久。其米豆各项，向因商人贩贱鬻贵，是以照则征输，第思小民朝饔（yōng）夕飧，惟谷是赖，非他货物可比。关口征纳米税，虽每石所收无几，商人藉口额课，势必高抬价值，是取之商者仍出之民也。朕御极以来，直省关税屡次加恩减免，又恐苛吏额外浮收，刊立科条，多方训饬。每遇地方歉收，天津、临清、浒墅、芜湖等关口，商贩米船概给票放行，免其上课，皆以为民食计也。但系特恩，间一举行，未能普遍。夫以养民之物而榷之税，转以病民，非朕己饥己溺之怀也。今特降谕旨，将直省各关口所有经过米豆应输额税悉行宽免，永著为例。俾米谷流通，民食充裕，懋（mào）迁有无者，不得藉以居奇。小民升斗之给，不至有食贵之虞，以示朕惠恤黎元之至意。至各关口征收则例不一，有征商税者，有征船料者，有商税船料并征者。今既蠲免米税，其船料一项，若不分晰明确，着为规条，恐致混淆滋弊。应如何办理之处，着交该部详查，妥议具奏。

——《大清高宗纯皇帝圣训·爱民》[①]

注释：

①《大清高宗纯皇帝圣训》：一名《清高宗圣训》。三百卷。清官修，嘉庆十二年（1807）成书。为乾隆帝诏谕、言论汇集。内容分为圣德、圣孝、文教、武功等四十门。

译文：

乾隆七年（1742）四月，乾隆帝对内阁说：国家在各地设关收税，拟定条规，详细考核。重农轻商是国家政策由来已久的基本原则，如米、豆等农产品，商人贱买贵卖，所以要收商业税。但又想到老百姓一日三餐离不开粮食，因此粮食不是其他货物可以相比的。各地关卡虽然征收的米税很低，但商人势必借口关税而高抬粮价，因此对商人征收的税依然出自老百姓。我继位以来，对各省的关税多次减免，又害怕贪吏额外多收，订立条款对其进行训诫整顿。遇到地方灾荒歉收，天津、临清、浒墅、芜湖等关卡，商贩的粮船通通免税放行，这都是在为老百姓的吃饭问题着想啊！但这种特别恩惠只是偶尔为之，并没有普遍施行。用老百姓赖以生存的粮食来获税赋，反而加重了百姓的负担，这不符合我体会百姓疾苦的想法啊。今天特别降旨，将各省各关口往来粮食的税全部免除，定为永例，使米谷流通，老百姓粮食充裕，买卖货物，互通有无，不可以囤积居奇，百姓有限的粮食需求，也不会担心粮价昂贵，以表达我关心老百姓的厚意。至于各个关口的收税条例并不相同，有收商税的，有收船税的，有商税船税都收的。现在既然米税全部免除，船税一项如果不加分析，拟出条规，将会产生混乱和弊端。究竟应怎样办理，由户部调查讨论完善，然后向我汇报。（吴春丽校译）

54. 乾隆皇帝严惩贪官

伍拉纳、浦霖贪纵，婪索诸属吏，州县仓库多亏缺。伍拉纳尝疏陈清查诸州县仓库，亏谷六十四万有奇、银三十六万有奇，限三年责诸主者偿纳。至是，魁伦疏论诸州县仓库亏缺，伍拉纳所奏非实数。上命伍拉纳、浦霖及布政使伊辙布、按察使钱受椿皆夺官，交长麟、魁伦按谳。

……长麟等疏发伍拉纳受盐商赇（qiú）十五万，霖亦受二万。别疏发受椿谳长秦械斗狱，狱毙至十人，得赇销案。籍伍拉纳家，得银四十万有奇、如意至一百余柄，上比之元载胡椒八百斛；籍霖家，得窖藏金七百、银二十八万，田舍值六万有奇，他服物称是。逮京师，廷鞫（jū）服罪，命立斩。

伊辙布亦逮京师，道死。受椿监送还福建，夹二次，重笞四十，乃集在省诸官吏处斩；又以长麟主宽贷，夺官召还，以魁伦代之。遂兴大狱，诸州县亏帑（tǎng）一万以上皆斩，诛李堂等十人，余谴黜有差。

——赵尔巽等《清史稿·觉罗伍拉纳传》

译文：

清乾隆年间，伍拉纳、浦霖两人贪得无厌，为所欲为，经常向下属索取贿赂，致使所辖州县仓库大多出现亏空。伍拉纳曾向朝廷呈报说：经清查发现各州县仓库都有亏缺，据统计粮食亏空六十四万余担，银亏空三十六万余两，限定主管官员三年全部补足。这时，福州将军魁伦上书说：伍拉纳上报的各州县仓库亏缺数虚假不实。乾隆下令将伍拉纳、浦霖及布政使伊辙布、按察使钱受椿等全都削去官职，交给总督长麟和将军魁伦处理此案。

……长麟等上书揭发伍拉纳收受盐商贿赂十五万两白银，浦霖也收了二万。另外还上书揭发按察使钱受椿在审理长秦县械斗案时，械斗死了十个人，可得了贿赂后，就撤销了立案。在查抄伍拉纳家时，搜出四十余万两白银、一百多柄如意，赃财之多，可同唐代宗时从权相元载家抄出胡椒八百斛等的巨大赃财相比。查抄浦霖家产时，查出掩藏于地窖中的黄金七百两、白银二十八万两，田地房产价值六万余两，其他服装饰物等类价值也不相上下。伍拉纳、浦霖被押到京城后，经审讯承认了全部罪行，乾隆下令立即斩首。

布政使伊辙布在押送京城时，死于途中。按察使钱受椿被押送回福建，受了两次夹棍，挨了四十大板之后，才会集了福建省官吏当众处斩。长麟则因为主张从宽处理，朝廷削了他的官职，把他召还京城，另派魁伦替代了他的总督职位。随着清查亏空案的不断深入，案子也越来越扩大，各州县仓库亏空数在一万两白银以上的，全部处以斩刑，李堂等十个州县官被处斩，其他官员也被革职的革职、罢免的罢免。（吴春丽校译）

为官之道

1. 比干忠心

纣作炮烙之刑，王子比干曰："主暴不谏，非忠臣也；畏死不言，非勇士也。见过则谏，不用则死，忠之至也。"遂进谏，三日不去朝，纣因而杀之。

——（西汉）刘向《新序·节士》

译文：

商纣制造了名为炮烙的刑具，王子比干说："主上残暴而不规劝，不是忠臣；怕死而不敢说话，不是勇士。发现君主有过错就规劝，君主不采纳自己就死，这才是忠到极点。"于是上朝劝纣王，三天不离开朝堂，纣王于是杀了他。（《新序全译》，李华年译注，贵州人民出版社1994年版，213—214页）

2. 不行正道，犯颜以抗之

左儒友于杜伯，皆臣周宣王。宣王将杀杜伯而非其罪也，左儒争之于王，九复之而王弗许也。王曰："别君而异友，斯汝也！"左儒对曰："臣闻之，君道友逆，则顺君以诛友；友道君逆，则率友以违君。"王怒曰："易而言则生，不易而言则死。"左儒对曰："臣闻古之士不枉义以从死，不易言以求生，故臣能明君之过，以死杜伯之无罪。"王杀杜伯，左儒死之。

——（西汉）刘向《说苑·立节》

译文：

左儒是杜伯的朋友，两人同为周宣王的臣子。宣王要杀掉杜伯，但不是因为他有罪，左儒向宣王进谏反对杀掉杜伯，多次进谏未果。宣王说："你为了朋友而违背我的命令，是重友轻君。”左儒答道：“如果君对而友错，我就会反对我的朋友而听从君王的命令；如果友对而君错，我就应该反对君王的命令而支持朋友。”宣王怒道：“你改变你的看法就可以活下来，否则就处死你。”左儒说：“臣听说古时候的士求死来使正义不被枉曲，不会轻易改变自己的主张以求生，所以臣子才能揭示君王的过错，即使死了我也说杜伯是无罪的。”宣王把杜伯杀掉后，左儒果然随之而死。（李凡校译）

3. 先恤民而后己

昔鬬（dòu）子文三舍令尹，无一日之积，恤民之故也。成王闻子文之朝不及夕也，于是乎每朝设脯一束、糗一筐，以羞子文。至于今秩之。成王每出子文之禄，必逃，王止而后复。人谓子文曰：“人生求富，而子逃之，何也？”对曰：“夫从政者，以庇民也。民多旷者，而我取富焉，是勤民以自封也，死无日矣。我逃死，非逃富也。”故庄王之世，灭若敖氏，唯子文之后在，至于今处郧，为楚良臣。是不先恤民而后己之富乎？

——《国语·楚语下》[①]

注释：

①《国语》：传为春秋时左丘明著。今人一般认为其为汇编之书，所记非出一人之手，后人进行过整理加工，共二十一卷。以记西周末年和春秋时期周、鲁等国贵族的言论为主，可与《左传》相参证，故有《春秋外传》之称。

译文：

以前鬬子文三次辞去令尹的职务，家里却没有一天的储粮，这是因为体恤百姓的缘故。楚成王听说子文吃了早饭就没有晚饭，因此每逢朝见时就准备一束肉干、一筐粮食送给子文。直到现在国君准备肉食赠给令尹已成惯例。成王每次增加子文的俸禄，子文一定辞官逃避，等到成王不再这样做，他才回来任职。有人对子文说："别人一生追求富贵，而您却逃避它，为什么呢？"子文答道："从政者就是要保护百姓的。百姓还很贫困，而我却图取富贵，这是劳苦百姓让自己富足，那离死就不远了。我是在逃避死亡，而非逃避富贵。"因此，楚庄王诛灭若敖氏家族，只有子文的后代幸存，至今还住在郧地，做楚国的良臣。这难道不是先体恤百姓然后自己才富有吗？（李凡校译）

4. 不以私事害公义

晋文公问于咎犯曰："谁可使为西河守者？"咎犯对曰："虞子羔可也。"公曰："子羔非汝之仇也？"对曰："君问可为守者，非问臣之仇也。"子羔见咎犯而谢之曰："幸赦臣之过，荐之于君，得为西河守。"咎犯曰："荐子者，公也；怨子者，私也。吾不以私事害公义。子其去矣，顾吾射子也！"

——（西汉）刘向《说苑·至公》

译文：

晋文公问咎犯说："哪一个可以做西河太守？"咎犯回答说："虞子羔可以。"文公说："他不是你的仇人吗？"回答说："君王问哪一个可以做西河太守，不是问哪一个是我的仇人。"虞子羔去见咎犯，对他道歉说："承蒙你赦免我的罪过，向国君推荐我，使我成为西河太守。"咎犯说："推荐你是公事，怨恨你是私事。我不拿私事害公事。你还是走吧，不然我就会射死你。"（《白话说苑》，钱宗武译，岳麓书社1994年版，210页）

5. 食不重肉，妾不衣帛

晏平仲婴者，莱之夷维人也。事齐灵公、庄公、景公，以节俭力行重于齐。既相齐，食不重肉，妾不衣帛。其在朝，君语及之，即危言；语不及之，即危行。国有道，即顺命；无道，即衡命。以此三世显名于诸侯。

——（西汉）司马迁《史记·管晏列传》

译文：

晏平仲，名叫婴，他是莱国地方的夷维邑人。他服事过齐灵公、齐庄公、齐景公三朝，凭着他节约俭朴和竭力办事的作风而被齐国所倚重。他担任了齐相之后，吃饭也没有两样肉菜，姬妾不穿绸缎。但在朝廷上时，齐君有话问到他时，他就严肃回答；没有问到他，他照常坚持谨慎办事。国家政治清明的时候，他就顺从政令；国家政治昏乱的时候，他就衡量政令可行才行。因此他连续三朝名声显扬于诸侯。（《名家精译古文观止》，中华书局编辑部编，中华书局 2007 年版，172 页）

6. 不假公利

吴王阖庐为伍子胥兴师，复仇于楚。子胥谏曰："诸侯不为匹夫兴师。且事君犹事父也，亏君之义，复父之仇，臣不为也。"于是止。其后因事而后复其父仇也。如子胥可谓不以公事趋私矣。

——（西汉）刘向《说苑·至公》

译文：

吴王阖庐要为伍子胥报仇，起兵伐楚，子胥进谏说："诸侯不为一个人的私事起兵，况且事奉国君如同事奉父亲一样，损伤君王的道义，为自己的父亲报仇，臣下不愿意这样做。"于是，吴王就停止起兵。后来，因为另外的事情伍子胥终于为父亲报了仇。像子胥可以说是不用公事谋私利了。（《白话说苑》，钱宗武译，岳麓书社 1994 年版，212 页）

7. 孙武练兵

孙子武者，齐人也。以兵法见于吴王阖庐。阖庐曰：

“子之十三篇，吾尽观之矣，可以小试勒兵乎?”对曰：“可。”阖庐曰：“可试以妇人乎?”曰：“可。”于是许之，出宫中美女，得百八十人。孙子分为二队，以王之宠姬二人各为队长，皆令持戟。令之曰：“汝知而心与左右手背乎?”妇人曰：“知之。”孙子曰：“前，则视心；左，视左手；右，视右手；后，即视背。”妇人曰：“诺。”约束既布，乃设鈇（fǔ）钺（yuè），即三令五申之。于是鼓之右，妇人大笑。孙子曰：“约束不明，申令不熟，将之罪也。”复三令五申而鼓之左，妇人复大笑。孙子曰：“约束不明，申令不熟，将之罪也；既已明而不如法者，吏士之罪也。”乃欲斩左右队长。吴王从台上观，见且斩爱姬，大骇。趣（促）使使下令曰：“寡人已知将军能用兵矣。寡人非此二姬，食不甘味，愿勿斩也。”孙子曰：“臣既已受命为将，将在军，君命有所不受。”遂斩队长二人以徇。用其次为队长，于是复鼓之。妇人左右前后跪起皆中规矩绳墨，无敢出声。于是孙子使使报王曰：“兵既整齐，王可试下观之，唯王所欲用之，虽赴水火犹可也。”吴王曰：“将军罢休就舍，寡人不愿下观。”孙子曰：“王徒好其言，不能用其实。”于是阖庐知孙子能用兵，卒以为将。西破强楚，入郢，北威齐晋，显名诸侯，孙子与有力焉。

——（西汉）司马迁《史记·孙子吴起列传》

译文：

孙武是齐国人，因为精擅兵法被吴王阖庐召见。阖庐说：“您的兵法十三篇，我已经全部拜读了，您能试着用您的兵法指挥军队吗?”孙武回答说：“可以。”阖庐问：“能用女子充作士兵，来指挥一下吗?”孙武说：“可以。”于是吴王授予孙武为将之权，又命挑选宫中美女一百八十人，供他调遣。孙武把女子们分成两队，以吴王宠爱的两名侍妾手持战戟，分别担任队长。孙武问女子们说："你们知道自己的心、左右手及后背的方向吗？"妇人们说："知道。"孙武说："命令你们向前，就看心口所对的方向；向左，就看左手所在的方向；向右，就看右手所在的方向；向后，就看后背所对的方向。"女子们说："是。"孙武讲明号令之后，设置了铁、钺等执行军法的刑具，又将号令多次重复，使人人皆知。之后就击鼓命令队伍向右，女子们大笑。孙武说："纪律不够严明，号令未能熟悉，这是我作为将领的过失。"于是又反复申明号令，再击鼓令队伍向左，女子们又大笑。孙武说："纪律不够严明，号令未能熟悉，这是我作为将领的过失；号令已经明确而不执行，就是军官和士兵的过错。"于是要斩杀左右两队的队长，以肃军纪。吴王在台上观阵，看到孙武要杀他的爱姬，惊慌非常，赶紧派使者传令道："寡人已经知道将军善于用兵了。寡人我没了这两位爱姬，吃饭也会没有味道，希望将军饶恕，不要杀了她们。"孙武说："臣既然已经受命为将，将领在军中，国君的命令有的也可以不用听从。"于是斩了两名队长示众，又命另外两人担任队长，再次击鼓传令。女子们向左向右、向前向后、下跪起立都遵从军令，没人再敢出声。于是孙武派人禀报吴王说："队伍已经整齐，大王可以试着下来看看。任凭大王所命，就是赴汤蹈火，她们也必然在所不辞。"吴王说："请将军回公馆休息吧，寡人不想下去看了。"孙武说："大王只是喜欢我的兵法罢了，却不能真正任用我。"由此阖庐知晓孙武善于用兵，便任命他为将领。此后吴军向西击破强大的楚国，攻入郢都；向北威震齐、晋这样的大国，名扬诸侯，孙武都在其中屡立功勋。（刘鹏校译）

8. 拒不受鱼

客有遗（wèi）相鱼者，相不受。客曰："闻君嗜鱼，遗君鱼，何故不受也？"相曰："以嗜鱼，故不受也。今为相，能自给鱼；今受鱼而免，谁复给我鱼者？吾故不受也。"

——（西汉）司马迁《史记·循吏列传》

译文：

有客人给鲁国国相公仪休送鱼，他不肯接受。客人不解：“听说您喜爱吃鱼，所以我才送鱼给您，您却为什么不肯接受呢？”公仪休答道：“正是因为我爱吃鱼，所以才不肯接受。如今我担任宰相，能够随时买鱼吃；若是一时贪心收了你的鱼而被免官，谁还能供我鱼吃呢？因此我不能接受。”（刘鹏校译）

9．厉行节俭

赵简子乘弊车腴（瘦）马，衣羖（gǔ）羊裘。其宰进谏曰：“车新则安，马肥则往来疾，狐白之裘温且轻。”简子曰：“吾非不知也，吾闻之：君子服善则益恭，细人服善则益倨。我以自备，恐有细人之心也。传曰：‘周公位尊愈卑，胜敌愈惧，家富愈俭。’故周氏八百余年，此之谓也。”

——（西汉）刘向《说苑·反质》

译文：

晋国卿大夫赵简子乘坐着破旧的车子，驾着瘦弱的马，穿着黑公羊皮制成的皮衣。他的家臣劝他说：“车子新的才安全，马儿肥壮才跑得快，白狐狸的皮衣又暖和又轻巧。”简子说：“我不是不知道，我听说，君子穿着华美的衣服会显得更加谦恭，小人穿着华美的衣服就显得更骄傲。我常用来警戒自己，唯恐具有小人的思想。传注上说：‘周公地位越高越显得谦虚，越是打胜仗越恐惧，家里越富有越是节俭。’所以周朝的天下延续了八百多年，就是说的这道理。”（《白话说苑》，钱宗武译，岳麓书社 1994 年版，318 页）

10．萧何收律令图书

及高祖起为沛公，何常为丞督事。沛公至咸阳，诸将皆争走金帛财物之府分之，何独先入收秦丞相御史律令图书藏之。沛公为汉王，以何为丞相。项王与诸侯屠烧咸阳而去。汉王所以具知天下厄塞，户口多少，强弱之处，民所疾苦者，以何具（俱）得秦图书也。

——（西汉）司马迁《史记·萧相国世家》

译文：

等到汉高祖刘邦起兵称沛公时，萧何常常辅佐他处理政务。沛公入关进咸阳，将领们都争先恐后地跑去府库瓜分金帛财物，萧何却唯独抢先收取秦朝丞相、御史掌管的律令图书等档案，并妥善保存。沛公被封为汉王后，又任命萧何为丞相。项羽与诸侯的军队在咸阳烧杀一番后离去。而刘邦所以能详尽地知晓天下山川险要之地的情况，了解各地户口、民情，以及百姓的疾苦所在，都是因为萧何完整获得了秦王朝国家档案的缘故。（刘鹏校译）

11. 法者，天下公共也

是岁，释之为廷尉。上行出中渭桥，有一人从桥下走，乘舆马惊，于是使骑捕之，属廷尉。释之奏当：“此人犯跸（bì），当罚金。”上怒曰：“此人亲惊吾马，马赖和柔，令他马，固不败伤我乎！而廷尉乃当之罚金！”释之曰：“法者，天下公共也。今法如是；更重之，是法不信于民也。且方其时，上使使诛之则已。今已下廷尉；廷尉，天下之平也，壹倾，天下用法皆为之轻重，民安所错（措）其手足！唯陛下察之！”上良久曰：“廷尉当是也。”

——（北宋）司马光《资治通鉴·汉纪六》

译文：

汉文帝三年（前177），张释之被任命为廷尉。汉文帝出行经过中渭桥，有一人从桥下跑出，惊动了为皇帝驾车的马匹；于是文帝令骑士追捕，并将他送交廷尉治罪。张释之奏报处置意见：“此人违犯了清道戒严的规定，应当罚金。”文帝发怒说：“此人直接惊了我乘舆的马，幸亏这马脾性温和，假若是其他烈马，不免要伤害我身！可廷尉仅仅判他罚金了事！”张释之解释说：“法，是天下人应共同遵守的。这一案件依据法律只能如此定罪；加罪重判，法律就失去了取信于民众的作用。况且，在他惊动马匹之际，如果皇上派人将他杀死也就算了。现在既已把他交给廷尉，廷尉本来是保持天下用法公平的司法官，稍有倾斜，天下就没有公正稳定的法律了，百姓就不知该怎么办了。请陛下深思。”文帝思虑半晌，说：“廷尉的判决是对的。”（文白对照《资治通鉴》，［北宋］司马光编撰，沈志华、张宏儒主编，中华书局 2009 年版，507 页）

12. 周亚夫屯军细柳营

上自劳军。至霸上及棘门军，直驰入，将以下骑送迎。已而之细柳军，军士吏被（披）甲，锐兵刃，彀（gòu）弓弩，持满。天子先驱至，不得入。先驱曰：“天子且至！”军门都尉曰：“将军令曰‘军中闻将军令，不闻天子之诏’。”居无何，上至，又不得入。于是上乃使使持节诏将军：“吾欲入劳军。”亚夫乃传言开壁门。壁门士吏谓从属车骑曰：“将军约，军中不得驱驰。”于是天子乃按辔徐行。至营，将军亚夫持兵揖曰：“介胄之士不拜，请以军礼见。”天子为动，改容式（轼）车。使人称谢：“皇帝敬劳将军。”成礼而去。既出军门，群臣皆惊。文帝曰：“嗟乎，此真将军矣！曩（nǎng）者霸上、棘门军，若儿戏耳，其将固可袭而虏也。至于亚夫，可得而犯邪！”称善者久之。

——（西汉）司马迁《史记·绛侯周勃世家》

译文：

汉文帝亲自慰劳驻守在长安附近、防备匈奴的三支军队。到达霸上和棘门的军营时，皇帝一行都乘马径直地驰入军中，将军和属下都恭敬地骑马迎送。等到了周亚夫的细柳军营时，营前的官兵们却身披铠甲，手持利刃，弯弓持弩，严阵以待。皇帝的前导到来，无法进入。前导者向士兵们宣示："天子即将到达！"把守军门的都尉回答道："将军有令'在军中只知道将军的命令，不知道天子的诏令'。"不久，文帝车驾到来，仍无法进入。于是文帝派使者手持符节诏令将军："我想入营慰劳军队。"于是周亚夫传令打开营门。把守营门的官吏告诫文帝的随从车马："将军规定，军营中不得策马奔驰。"于是文帝一行就紧扣马缰，缓缓而行。到了营中，将军周亚夫手持兵器向文帝作揖道："臣甲胄在身，不能行大礼，请允许以军礼参见。"天子深受震动，手扶车前横木，神情严肃，向将军致意，并派人向周亚夫答谢说："皇帝致敬慰劳将军。"礼仪完毕，文帝一行离去。出了军营大门之后，群臣仍然惊魂未定。文帝说："唉，这才是真正的将军啊！之前霸上、棘门的军队，就像儿戏一样，他们的将军遇到敌人袭击，一定会被俘虏。至于周将军的部队，岂能被敌军侵犯呢！"文帝为此称赞感叹了很久。（刘鹏校译）

13. 桃李不言，下自成蹊

太史公曰：《传》曰"其身正，不令而行；其身不正，虽令不从"。其李将军之谓也？余睹李将军悛（xún）悛如鄙人，口不能道辞。及死之日，天下知与不知，皆为尽哀。彼其忠实心诚信于士大夫也？谚曰"桃李不言，下自成蹊"。此言虽小，可以谕大也。

——（西汉）司马迁《史记·李将军列传》

译文：

太史公司马迁说：《论语》说："居上者正直无私，即使没有下令，人们也会遵照执行；居上者言行不端，即使有令，人们也不会听从。"这句话难道正形容的是李广将军吗？我见李将军外表谨慎敦厚，口讷不善言辞，好像乡下人。等到他死的时候天下人无论了解或是不了解他的，都极为哀恸。

这正是他以忠厚诚实取信于士大夫的缘故吧？谚语说“桃、李之树虽不能言，却因其芳馨美质而赢得世人的赏识”。这话虽说得浅显，却可以用来说明天地间的大道理啊。（刘鹏校译）

14. 霍光辅政

光为人沈（沉）静详审，长财（才）七尺三寸，白皙，疏眉目，美须髯。每出入下殿门，止进有常处，郎仆射窃识视之，不失尺寸，其资性端正如此。初辅幼主，政自己出，天下想闻其风采。殿中尝有怪，一夜群臣相惊，光召尚符玺郎，郎不肯授光。光欲夺之，郎按剑曰：“臣头可得，玺不可得也！”光甚谊之。明日，诏增此郎秩二等。众庶莫不多光。

——（东汉）班固《汉书·霍光传》

译文：

霍光为人稳重，处事周详审慎，身长七尺三寸，肤色白皙，朗目疏眉，胡须甚美。他每次出入殿门，进退站立都有固定的位置，郎仆射暗中标记观察，发现分毫不差，他的秉性就是这样严谨端正、一丝不苟。当初霍光辅佐昭帝之时，政令皆由他亲自颁布，天下人都仰慕他的神采风度。宫殿内曾有闹鬼之事，有一夜群臣惊惧恐慌，霍光便召见尚符玺郎，要收回玺印，尚符玺郎不肯交予霍光。情急之下，霍光欲上前夺取，尚符玺郎按住佩剑说道：“我的性命可以夺走，但玺印不可夺走！”霍光十分敬佩他的举动。第二日，便下诏将尚符玺郎的官秩升了两级。众人无不赞扬霍光。（刘冰雪校译）

15. 丞相不亲小事，务大体

吉又尝出，逢清道群斗者，死伤横道，吉过之不问，掾史独怪之。吉前行，逢人逐牛，牛喘吐舌。吉止驻，使骑吏问："逐牛行几里矣？"掾史独谓丞相前后失问，或以讥吉，吉曰："民斗相杀伤，长安令、京兆尹职所当禁备逐捕，岁竟丞相课其殿最，奏行赏罚而已。宰相不亲小事，非所当于道路问也。方春少阳用事，未可大热，恐牛近行，用暑故喘，此时气失节，恐有所伤害也。三公典调和阴阳，职当忧，是以问之。"掾史乃服，以吉知大体。

——（东汉）班固《汉书·丙吉传》

译文：

汉宣帝时，丞相丙吉曾经外出，清除道路、驱散行人时遇到一群人斗殴，死伤的人横卧在路上。丙吉径直走过，并不过问，同行的掾史很诧异。丙吉继续前行，路遇行人赶牛，牛伸长了舌头喘气。丙吉赶紧停下车队，派遣骑吏前去询问："赶牛行了几里路了？"掾史认为丞相在前后两件事上处理不当，有人因此讥笑丙吉，丙吉说："百姓斗殴互有死伤，应该戒备现场、追捕凶手，这是长安令、京兆尹职责所在，我身为丞相只在岁末考察他们的政绩功过，奏明圣上例行赏罚即可。宰相不可躬亲小事，这不是我应当在路上审问处理的。但如今正值春日，并未暑热，若牛走得不远，怕因中暑而喘气，这便是节气时令失调，对黎民百姓会有大害。三公主管调和阴阳，我位列三公，职责所在理当忧虑，因此调查询问此事。"掾史听了十分信服，明白丙吉能识大体。（刘冰雪校译）

16. 赵充国平罕羌

兵至罕（hǎn）地，令军毋燔（fán）聚落、刍牧田中。罕羌闻之，喜曰："汉果不击我矣！"豪靡忘使人来言："愿得还复故地。"充国以闻，未报。靡忘来自归，充国赐饮食，遣还谕种人。护军以下皆争之曰："此反虏，不可擅遣！”充国曰：“诸君但欲便文自营，非为公家忠计也！”语未卒，玺书报，令靡忘以赎论。后罕竟不烦兵而下。

——（北宋）司马光《资治通鉴·汉纪十八》

译文：

汉宣帝神爵元年（前61），汉军行至罕地，赵充国下令不得焚烧羌人村落，不得在羌人耕地中牧马。罕羌听说后，高兴地说：“汉军果然不打我们！”其首领靡忘派人前来对赵充国说：“希望能让我们回到原来的地方。”赵充国奏闻朝廷，尚未得到回音。靡忘亲自前来归降，赵充国赐其饮食，派他回去告谕本部羌人。护军以下将领都说：“靡忘是国家叛逆，不能随便放走！”赵充国说：“你们都只是为了自己方便，并非为国家着想！”话音未落，盖有皇帝印玺的文书来到，命靡忘将功赎罪。后来罕羌终于未用兵而平定。（文白对照《资治通鉴》，［北宋］司马光编撰，沈志华、张宏儒主编，中华书局2009年版，1007页）

17．以诚报怨

超即遣邑将乌孙侍子还京师。徐幹谓超曰：“邑前亲毁君，欲败西域，今何不缘诏书留之，更遣它吏送侍子乎？”超曰：“是何言之陋也！以邑毁超，故今遣之。内省不疚，何恤人言！快意留之，非忠臣也。”

——（南朝宋）范晔《后汉书·班超传》

译文：

汉章帝建初八年（83），班超派遣李邑护送乌孙侍子返回京师。徐幹对班超说：“李邑先前诋毁中伤您，想破坏西域的功业，如今为何不借诏命把他留在边疆，另派官吏护送侍子呢？”班超说：“此话狭隘！正因李邑毁谤我，我才派遣他回京师。自省无愧于天，何必畏惧人言！只为私心痛快而留下他，非忠臣所当为。”（刘冰雪校译）

18.“四知”美名扬

震孤贫好学，明欧阳《尚书》，通达博览，诸儒为之语曰：“关西孔子杨伯起。”教授二十余年，不答州郡礼命，众人谓之晚暮，而震志愈笃。鹭（zhì）闻而辟之，时震年已五十余，累迁荆州刺史、东莱太守。当之郡，道经昌邑，故所举荆州茂才王密为昌邑令，夜怀金十斤以遗（wèi）震。震曰：“故人知君，君不知故人，何也?”密曰：“暮夜无知者。”震曰：“天知，地知，我知，子知，何谓无知者!”密愧而出。后转涿郡太守。性公廉，子孙常蔬食、步行；故旧或欲令为开产业，震不肯，曰：“使后世称为清白吏子孙，以此遗之，不亦厚乎!”

——（北宋）司马光《资治通鉴·汉纪四十一》

译文：

东汉杨震自幼孤弱贫困而好学，通晓欧阳氏解释的《尚书》，而且知识丰富，博览群书，儒家学者们称他为“关西孔子杨伯起”。他教授生徒二十多年，不接受州郡官府的延聘征召。人们认为杨震年岁已大，步入仕途已晚，但他的志向却愈发坚定。大将军邓鹭听到杨震的名声以后，将他聘为幕僚。当时，杨震已经五十多岁，接连出任荆州刺史和东莱太守。在前往东莱郡的路上，途经昌邑，他先前所举荐的荆州茂才王密正担任昌邑县令。夜里，王密揣着十斤黄金来送给杨震。杨震说：“故人了解你，你却不了解故人，这是为什么?”王密说：“黑夜之中，没有人知道。”杨震说：“天知，地知，我知，你知，怎能说没有人知道!”于是王密惭愧地出门走了。杨震后转任涿郡太守。他公正清廉，子孙经常以蔬菜为食，徒步出行。有的故人旧友劝杨震为子孙置办产业，但杨震不肯，他说：“让后代人说他们是清官的子孙，把这当作遗产留下，不也很丰厚吗?”（文白对照《资治通鉴》，［北宋］司马光编撰，沈志华、张宏儒主编，中华书局2009年版，1925页）

19. 志不求易，事不避难

邓骘兄弟以诩异其议，因此不平，欲以吏法中伤诩。后朝歌贼甯季等数千人攻杀长吏，屯聚连年，州郡不能禁，乃以诩为朝歌长。故旧皆吊诩曰："得朝歌何衰!"诩笑曰："志不求易，事不避难，臣之职也。不遇槃（盘）根错节，何以别利器乎?"

——（南朝宋）范晔《后汉书·虞诩传》

译文：

邓骘兄弟因虞诩不同意他们的建议便愤愤不平，想用吏法中伤他。后来恰逢朝歌县贼人甯季等数千人攻杀长吏，屯聚数年，州郡官吏不能约束，便任命虞诩为朝歌长。故人旧友都来慰问他："得任朝歌是多么不幸!"虞诩笑道："我的志向不在追求易事，我做事也从不回避困难，因为这是臣子的职责。若无盘根错节之木，何以辨别利刃?"（刘冰雪校译）

20. 仲举礼贤

陈仲举言为士则，行为世范，登车揽辔，有澄清天下之志。为豫章太守，至，便问徐孺子所在，欲先看之。主簿白："群情欲府君先入廨。"陈曰："武王式（轼）商容之间，席不暇暖。吾之礼贤，有何不可?"

——（南朝宋）刘义庆《世说新语·德行》[1]

注释：

①《世说新语》：原名《世说》，一称《世说新书》。古小说集。南朝宋刘义庆撰。原为八卷，今本作三卷。分德行、言语、政事、文学等三十六门。主要记载汉末至东晋士大夫的言谈、逸事。刘义庆（403—444），南朝

宋文学家。彭城（今江苏徐州）人。

译文：

东汉桓帝时太傅陈蕃（字仲举）的言谈是士人的准则，行为是世间的典范，登上公车手执缰绳，为官赴任，怀抱着使天下清平的志向。他出任豫章太守，刚到，就问徐穉（字孺子）住在哪里，打算先去探望他。主簿向他禀告："大家都希望府君先进官府。"陈蕃说："周武王即位之后，就立即到商容的住处去访问致敬。我尊重贤人，有什么不对呢？"（《世说新语译注》，张㧑之译注，上海古籍出版社 2007 年版，1 页）

21. 羊续悬鱼

时权豪之家多尚奢丽，续深疾之，常敝衣薄食，车马羸败。府丞尝献其生鱼，续受而悬于庭；丞后又进之，续乃出前所悬者以杜其意。

——（南朝宋）范晔《后汉书·羊续传》

译文：

当时权贵豪富之家多崇尚奢靡华贵的生活，羊续对此深恶痛绝，常常身着旧衣，粗茶淡饭，车马简陋。府丞曾献给他鲜鱼，羊续接受后便把鱼挂在院中；府丞之后又进献鱼给他，羊续便拿出先前所挂之鱼以示府丞，谢绝其意。（刘冰雪校译）

22. 不挟私恨以蔽贤

右护军蒋钦屯宣城，芜湖令徐盛收钦屯吏，表斩之。及权在濡须，钦与吕蒙持诸军节度，钦每称徐盛之善。权问之，钦曰："盛忠而勤强，有胆略，器用好，万人督也。今大事未定，臣当助国求才，岂敢挟私恨以蔽贤乎？"权善之。

——（北宋）司马光《资治通鉴·汉纪六十》

译文：

孙权的右护军蒋钦驻屯宣城，芜湖令徐盛逮捕了蒋钦的属吏，并上表将他斩首。孙权在濡须时，蒋钦和吕蒙负责指挥各路军队，蒋钦多次称赞徐盛的优点。孙权问蒋钦为什么称赞徐盛，蒋钦回答："徐盛忠诚，勤勤恳恳，做事精明强干，有胆略，有器度，是个统率万人的杰出将领。如今事业尚未成功，我应当帮助国家选拔人才，怎么能因为私人恩怨而埋没贤能呢？"孙权对此非常赞赏。（文白对照《资治通鉴》，［北宋］司马光编撰，沈志华、张宏儒主编，中华书局2009年版，2703页）

23．蒋琬雅量

汉蒋琬为大司马，东曹掾犍为杨戏，素性简略，琬与言论，时不应答。或谓琬曰："公与戏言而不应，其慢甚矣！"琬曰："人心不同，各如其面，面从后言，古人所诫。戏欲赞吾是邪，则非其本心；欲反吾言，则显吾之非，是以默然，是戏之快也。"又督农杨敏尝毁琬曰："作事愦（kuì）愦，诚不及前人。"或以白琬，主者请推治敏，琬曰："吾实不如前人，无可推也。"主者乞问其愦愦之状，琬曰："苟其不如，则事不理，事不理，则愦愦矣。"后敏坐事系狱，众人犹惧其必死，琬心无适莫，敏得免重罪。

——（北宋）司马光《资治通鉴·魏纪六》

译文：

蜀汉蒋琬担任大司马，东曹掾犍为人杨戏，平素性情简慢，言语不多，蒋琬与他谈话，时时不作回答。有人对蒋琬说："您与杨戏谈话他竟不回答，太怠慢了。"蒋琬说："人的心意不同，各人有各人的面孔，当面顺从，背后议论，是古人所警诫的。杨戏想要赞同我对，但不是他的本意；想要反对我的话，就显出我的不对，所以沉默不语，这是杨戏的长处。”另外，督农杨敏曾经毁谤蒋琬说：“办事糊涂，实在不如前任。”有人把此话告诉蒋琬，主事官请求追查惩治杨敏，蒋琬说：“我确实不如前任，没有什么要追查的。”主事官请他说说糊涂表现在什么地方，蒋琬说：“既然不如前任，办事就没有条理，办事没有条理，就是糊涂了。”后来，杨敏因犯事入狱，众人还担心他必被处死，蒋琬不计前嫌，杨敏得以免治重罪。（《资治通鉴》，［北宋］司马光编撰，沈志华、张宏儒主编，中华书局2009年版，2961页）

24. 田豫受金归公

鲜卑素利等数来客见，多以牛马遗豫；豫转送官。胡以为前所与豫物显露，不如持金。乃密怀金三十斤，谓豫曰：“愿避左右，我欲有所道。”豫从之，胡因跪曰：“我见公贫，故前后遗公牛马，公辄送官，今密以此上公，可以为家资。”豫张袖受之，答其厚意。胡去之后，皆悉付外，具以状闻。于是诏褒之曰：“昔魏绛开怀以纳戎赂，今卿举袖以受狄金，朕甚嘉焉。”乃即赐绢五百匹。豫得赐，分以其半藏小府，后胡复来，以半与之。

——（西晋）陈寿《三国志·魏书·田豫传》（南朝宋）裴松之注引《魏略》

译文：

曹魏大臣田豫担任护乌桓校尉时，鲜卑首领素利等人多次来做客，常以牛马作为礼物赠送给他；田豫都把礼物上交给了公家。几次三番之后，素利以为先前送来的牛马太显眼，所以田豫都将其交公，不如送体积小而价值高的金子。于是他就秘密携带三十斤金子而来，对田豫说：“请您屏退左右，我有话要说。”田豫照办之后，素利就跪下说道：“我看到您生活贫穷，所以几次送给您牛马，您却总是转交给公家，现在我秘密地把这包东西送给您，可以作为您的家产。”田豫便将黄金放入衣袖之中，并感谢素利的深情厚谊。素利走后，田豫把黄金全都交给府库，并把事情向朝廷报告。皇帝于是颁发诏书赞扬他说："春秋时晋国的魏绛虚怀坦荡，接受了戎人的礼物，如今爱卿你张开衣袖，接受了狄人的赠金，行事与前贤相近，朕非常赞赏。"于是赐给田豫五百匹绢。得到赏赐后，田豫将绢分出一半留在自家的库房中，后来素利来作客时，就把另一半绢送给了他。（赵前、刘鹏校译）

25．陶公性检厉

陶公性检厉，勤于事。作荆州时，敕船官悉录锯木屑，不限多少。咸不解此意。后正会，值积雪始晴，听事前除雪后犹湿，于是悉用木屑覆之，都无所妨。官用竹，皆令录厚头，积之如山。后桓宣武伐蜀，装船，悉以作钉。又云，尝发所在竹篙，有一官长连根取之，仍当足。乃超两阶用之。

——（南朝宋）刘义庆《世说新语·政事》

译文：

东晋名将陶侃性情方正，检束严厉，对于政事十分勤勉。他任荆州刺史时，命令造船的官员把锯木屑全都收集起来，不管多少。当时大家都不理解他的用意。后来正月初一集会，恰好碰上久雪初晴，厅堂前的台阶雪后还是湿的，这时陶侃命人用木屑来覆盖在上面，人们进出上下完全不受妨碍。官府用的竹子，陶侃总是命令把锯下来的多余的竹根收集起来，堆积如山。后来桓温进攻蜀中的成汉，装配战船时，都用这些竹头做成竹钉来用。又传说，陶侃曾经征用当地的竹篙，有位官员把竹子连根拔起来使用，把竹根当作竹篙的铁脚，陶侃就超越两级提拔任用此人。（《世说新语译注》，张㧑之译注，上海古籍出版社2007年版，79页）

26．不为虚让

述每受职，不为虚让，其有所辞，必于不受。至是，子坦之谏，以为故事应让。述曰："汝谓我不堪邪?"坦之曰："非也。但克让自美事耳。"述曰："既云堪，何为复让！人言汝胜我，定不及也。"

——（唐）房玄龄等《晋书·王述传》[①]

注释：

①《晋书》：唐房玄龄等撰。一百三十卷，纪传体晋代史。修于贞观十八年至二十年间（644—646）。修撰者凡二十一人，唐太宗也写了宣帝、武帝两纪和陆机、王羲之两传后论，故旧本亦题"御撰"。房玄龄（579—648）：唐初大臣。字乔（一说名乔，字玄龄），齐州临淄（今山东淄博东北）人。

译文：

东晋尚书令王述每当接受任命，都不会假意的推让，如果他有所推让，则一定不会接受。这次的任命，他的儿子王坦之劝谏他，根据以往惯例，在接受任命时应当有所谦让。王述说："你认为我不能胜任这个职位吗?"王坦之说："不是。只是谦让本是一件美事。"王述说："既然能够胜任这一职位，又何必要推让呢！别人说你比我强，我看你一定不如我。"（张维校译）

27. 道生廉约

道生廉约，身为三司，而衣不华饰，食不兼味。一熊皮鄣（障）泥，数十年不易，时人比之晏婴。第宅卑陋，出镇后，其子弟颇更修缮，起堂庑。道生还，叹曰："昔霍去病以匈奴未灭，无用家为。今强寇尚游魂漠北，吾岂可安坐华美也?"乃切责子弟，令毁宅。

——（北齐）魏收《魏书·长孙道生传》[①]

注释：

①《魏书》：北齐魏收撰。一百三十卷，纪传体北魏史。撰于天保二年

至五年间（551—554）。原书在北宋初已散佚不全，刘恕、范祖禹据《北史》等补成今本。魏收（506—572）：北齐史学家。字伯起，小字佛助，下曲阳（今属河北）人。

译文：

北魏长孙道生廉洁俭约，担任三司之职，而衣着朴素，每餐不吃两种以上的菜肴。马鞍上用熊皮做的遮泥板，几十年没有更换，当时人们把他比作晏婴。道生的住宅低矮简陋，出任地方长官后，他的子弟将房屋重新修缮一番，建起大堂及四周的廊屋。道生回来后，叹息说："从前霍去病认为匈奴没消灭，而无以为家；现在强大的敌人还在漠北游荡，我怎么能安稳地住这华美的房子呢！"于是严厉责备子弟，命令他们将所建房屋拆掉。（张维校译）

28. 不以子贵而奢侈

颜延之字延年，琅邪临沂人也……延之少孤贫，居负郭，室巷甚陋。好读书，无所不览，文章之美，冠绝当时……世祖登阼，以为金紫光禄大夫，领湘东王师。子竣既贵重，权倾一朝，凡所资供，延之一无所受，器服不改，宅宇如旧。常乘羸牛笨车，逢竣卤簿，即屏往道侧。又好骑马，遨游里巷，遇知旧辄据鞍索酒，得酒必颓然自得。常语竣曰："平生不喜见要人，今不幸见汝。"竣起宅，谓曰："善为之，无令后人笑汝拙也。"

——（南朝梁）沈约《宋书·颜延之传》[①]

注释：

①《宋书》：南朝梁沈约撰。一百卷，纪传体刘宋史。修于齐永明五年至六年间（487—488）。原书传至北宋时，已有散失，后人取李延寿《南史》等补足卷数。沈约（441—513）：南朝梁文学家。字休文，吴兴武康（今浙江德清武康镇）人。

译文：

颜延之字延年，琅琊临沂人……延之小时孤苦贫穷，住在城郊，家中十分简陋。喜欢读书，无所不读，文章写得好，在当时是出类拔萃的……世祖即位，任命延之为金紫光禄大夫，领湘东王师。他的儿子颜竣当时位尊任重，权势倾倒朝廷。颜竣所有供奉给他的财物，延之都没有接受，衣物用品不改以往，房屋住宅依然如旧。经常乘着瘦牛拉的粗陋而不加装饰的车，遇见颜竣的仪仗队，便退往路边。又喜欢骑马，在街巷胡同里畅游，每遇到朋友就坐在马鞍上索要酒喝，得到酒之后，必定颓放不羁自觉快意。他经常对颜竣说："我平生不喜欢见到显要人物，今天不幸遇见你。"颜竣建造房屋，颜延之对他说："好好地做，不要让后人笑你笨拙。"（张维校译）

29. 为政奇术

琰子翙（huì），为官亦有能名，后为吴令，别建康令孙廉，廉因问曰："闻丈人发奸擿（tī）伏，惠化如神，何以至此？"答曰："无他也，唯勤而清。清则宪纲自行，勤则事无不理。宪纲自行则吏不能欺，事自理则物无疑滞，欲不理得乎。"时临淮刘玄明亦有吏能，历山阴、建康令，政常为天下第一，终于司农卿。后翙又代玄明为山阴令，问玄明曰："愿以旧政告新令尹。"答曰："我有奇术，卿家谱所不载，临别当相示。"既而曰："作县令唯日食一升饭而莫饮酒，此第一策也。"翙天监中为建康令，复有能名，位骠骑谘议。

——（唐）李延寿《南史·傅翙传》[①]

注释：

①《南史》：唐李延寿撰。八十卷，记南朝宋、齐、梁、陈四代历史，纪传体，无表志。李延寿：生卒年不详。唐初史学家。字遐龄，相州（今河南安阳）人。

译文：

傅琰的儿子傅翙，当官也有能干的名声，后来他当吴县县令，与建康县令孙廉告别时，孙廉趁机问他："我听说您家大人能够揭露隐秘的坏人坏事，政绩被世人称道，就像神一样，怎么能做到这样？"他回答说："没有别的原因，唯有勤勉而且清廉。清廉则法令自然能够推行，勤勉则政事没有不能处理的。法令顺利得以推行则吏卒不能欺骗上级，政事顺利得到治理就没有问题被滞留下来，这样的话，想治理不好也不可能啊。"当时临淮郡的刘玄明也有当官为政的才能，曾历任山阴、建康县令，政绩常为天下第一，最后官至司农卿。后来傅翙又接替刘玄明担任山阴县令，他问玄明说："请您把原来治理山阴县的方法告诉我这个新任令尹。"刘玄明回答说："我有奇术，是你家谱志中没有记载的，到分别时我会告诉你。"过了一会儿，玄明又说："做县令，每天只吃一升饭而不饮酒，这是第一条策略。"梁武帝天监年间，傅翙担任建康县令，又有能干的名声，官居骠骑谘议。（郑晓雯校译）

30. 为官一方，一无所取

天监初，除临川王后军记室参军，待诏文德省。寻出为南海太守。郡常有高凉生口及海舶每岁数至，外国贾人以通货易，旧时州郡以半价就市，又买而即卖，其利数倍，历政以为常。僧孺乃叹曰："昔人为蜀部长史，终身无蜀物，吾欲遗子孙者，不在越装。"并无所取。视事期月，有诏征还，郡民道俗六百人诣阙请留，不许。

——（唐）姚思廉《梁书·王僧孺传》①

注释：

①《梁书》：唐姚思廉撰。五十六卷，纪传体南朝梁代史。本书是现存梁史的比较原始的记载，但全书无表志。姚思廉（557—637）：唐初史学家。名简，以字行。本吴兴（今浙江湖州）人，迁居雍州万年（今陕西西安）。

译文：

南朝梁武帝天监初年，任命王僧孺为临川王后军记室参军，待诏文德省。不久之后出任南海郡太守。郡里经常有高凉奴隶贩卖及每年数次有海船经过，外国商人往来贸易，从前州郡政府以很低的价钱进入市场，贱买贵卖，从中能获取数倍的利润，历来官吏以此为惯例。僧孺于是感概说：“前人担任蜀部长史，终身不从蜀地拿取财物，我想要遗留给子孙的，不在越地置办行装。”并没有拿走南海一丝一毫的财物。王僧孺在南海任职一个月，有诏令征召他回京师，郡里百姓道俗六百人前往朝廷请求能将他留任，朝廷不允许。（张维校译）

31. 抱病出征

时朝廷始议北侵，公则威名素著，至都，诏假节，先屯洛口。公则受命将发，遘（gòu）疾，谓亲人曰：“昔廉颇、马援以年老见遗，犹自力请用。今国家不以吾朽懦，任以前驱，方于古人，见知重矣。虽临途疾苦，岂可僶俛（mǐn miǎn）辞事。马革还葬，此吾志也。”遂强起登舟。至洛口，寿春士女归降者数千户。魏豫州刺史薛恭度遣长史石荣等前锋接战，即斩石荣，逐北至寿春，去城数十里而反（返）。疾笃，卒于师。武帝深痛惜之，即日举哀，谥烈侯。

——（唐）李延寿《南史·杨公则传》

译文：

梁武帝天监三年（504），朝廷开始商议北伐魏国，杨公则一向享有威名，他到都城后，武帝下诏赐他假节，命他先到洛口屯兵。杨公则接到命令正要出发，突然得了病，他对家人说：“从前廉颇、马援因为年老而被朝廷弃之不用，可他们仍极力请求为国效力。现在国家不嫌弃我衰老病弱，仍然委以先锋的重任，与古人相比，可见国家对我的重视。纵然一路难免劳苦，可我怎么能因此就推辞任务呢？马革裹尸，还葬家乡，这正是我的志愿。”

于是杨公则勉强支撑着起身登船，到了洛口，寿春县数千户男女都前来归降。魏国豫州刺史薛恭度派长史石荣等为前锋来应战，杨公则斩了石荣，将败兵一路追杀到寿春县，直到离城数十里的地方才率兵返回。杨公则的病情逐渐加重，在军中去世。梁武帝为此感到非常悲痛和惋惜，当天就为他举行哀悼，谥号为烈侯。（郑晓雯校译）

32. 臣有两手，只要两匹绢

于时国家殷富，库藏盈溢，钱绢露积于廊者，不可较数。及太后赐百官负绢，任意自取，朝臣莫不称力而去。唯融与陈留侯李崇负绢过性，蹶倒伤踝。太后即不与之，令其空出，时人笑焉。侍中崔光止取两匹，太后问："侍中何少？"对曰："臣有两手，唯堪两匹，所获多矣！"朝贵服其清廉。

——（北魏）杨衒之《洛阳伽蓝记·法云寺》①

注释：

①《洛阳伽蓝记》：北魏杨衒之撰。共五卷，记洛阳佛寺八十余所。此书反映了北魏迁都洛阳后王朝兴衰的全过程，其中不少史料可补《魏书》之不足。杨衒之（508？—?）：北魏文学家。《广弘明集》称之为北平（今河北定县）人。

译文：

北魏自孝文帝太和年间迁都洛阳之后，国家更加殷实富强，仓库里货物充盈，金钱、绢帛都堆到屋廊下了，数量之多，已难以计数。一次，太后恩赐朝廷百官绢帛，允许官员们自己去取，不限数量。百官个个倾尽全力，抱着绢帛回家。章武王元融与陈留侯李崇拿得太多，以至于途中跌倒，扭伤了脚踝骨。太后便不给赏赐，让他们空手回家，一时传为笑谈。当时，侍中崔光只拿了两匹绢，太后问："侍中怎么拿这么少呢？"崔光答道："臣有两只手，只能拿两匹，所得赏赐已经算很多了。"朝中权贵都钦佩他的清廉。（赵

前、刘鹏校译）

33. 不因私利犯义

于谨南伐江陵，以瑾为元帅府长史。军中谋略，多出瑾焉。江陵既平，衣冠仕伍，并没为仆隶。瑾察其才行，有片善者，辄议免之，赖瑾获济者甚众，时论多焉。及军还，诸将多因虏掠，大获财物。瑾一无所取，唯得书两车，载之以归。或白文帝曰："唐瑾大有辎重，悉是梁朝珍玩。"文帝初不信之，然欲明其虚实，密遣使检阅之，唯见坟籍而已。乃叹曰："孤知此人来二十许年，明其不以利干义。向若不令检视，恐常人有投杼之疑，所以益明之耳。凡受人委任，当如此也。"论平江陵功，进爵为公。

——（唐）令狐德棻等《周书·唐瑾传》[①]

注释：

①《周书》：唐令狐德棻等撰。五十卷，纪传体北周史，无表志。成书于贞观十年（636）。原书至北宋初已残缺，今本多取《北史》等书补缀而成。令狐德棻（583—666）：唐初史学家。宜州华原（今陕西耀县）人。

译文：

西魏将领于谨南伐江陵，任命唐瑾为元帅府长史。军中的计谋策略，大多数出自唐瑾。江陵平定之后，被俘的官吏及兵士，均沦为奴仆。唐瑾观察他们的才能品行，有一些长处的，就商议赦免他们，因唐瑾而获救的人很多，一时议论纷纷。等到大军北还，许多将领乘机掠夺，获得大量财物。唐瑾没有得到任何财物，只得到两车书，载着回来。有人报告文帝说："唐瑾有很多物资，都是梁朝珍贵的供玩赏的物品。"文帝起初不相信，但是想了解其真实情况，秘密派遣使者查看，只见到古代典籍而已。于是感慨地说："我了解此人已有二十多年，明白他不会以私利而害公义。如果不派人查看清楚，恐怕一般人会受谣言影响而有所猜疑，所以更有必要把这件事查明

白。凡是被委以重任的人，都应当如此。”由于他平定江陵的功劳，晋升为公爵。（张维校译）

34. 父子廉洁

齐公宪初开幕府，以文举为司录。世宗初，累迁帅都督、宁远将军、大都督。及宪出镇剑南，复以文举为益州总管府中郎。武成二年，就加使持节、车骑大将军、仪同三司。蜀土沃饶，商贩百倍，或有劝文举以利者，文举答之曰：“利之为贵，莫若安身。身安则道隆，非货之谓。是以不为，非恶财也。”宪矜其贫窭（jù），每欲资给之。文举恒自谦逊，辞多受少。

保定三年，迁绛州刺史。邃之往正平也，以廉约自守，每行春省俗，单车而已。及文举临州，一遵其法。百姓美而化之。总管韦孝宽特相钦重，每与谈论，不觉膝前于席。

——（唐）令狐德棻等《周书·裴文举传》

译文：

齐公宇文宪刚建立幕府时，任命裴文举为司录。北周世宗初年，裴文举连续升迁为帅都督、宁远将军、大都督。宇文宪出任剑南时，又任命裴文举为益州总管府中郎。武成二年（560），就其本职加封使持节、车骑大将军、仪同三司。蜀土地肥沃，物产丰富，经商贩卖之人可获利百倍。有人劝裴文举以此获利，裴文举回答说：“财利虽说珍贵，但不如平安为好。身安则道隆，这不是财利可比的。所以不去获利，并不是厌恶钱财。”宇文宪同情裴文举贫困，多次想资助他。裴文举常常推让，推辞得多而接受的少。

保定三年（563），调任绛州刺史。他的父亲裴邃去正平上任，坚持廉洁俭约，每当春日出巡视察民俗，只有一辆车而已。裴文举到州任职时，仍然完全遵从他自己的原则。百姓将其美德形成风气。总管韦孝宽对他特别敬重，每次与其交谈，总是不知不觉地移席向前。（张维校译）

35. 苏琼拒礼

除南清河太守……郡人赵颍，官至乐陵太守，年余八十，致事归。五月中，得新瓜一双，自来奉。颍恃年老，苦请，遂便为留，乃至于厅事梁上，竟不割。人闻受赵颍饷瓜，欲贡新果，致门，问知颍瓜犹在，相顾而去。

——（唐）李延寿《北史·苏琼传》[①]

注释：

①《北史》：唐李延寿撰。一百卷，记北魏到隋的历史，纪传体，无表志。

译文：

北齐苏琼担任南清河郡太守……南清河郡人赵颍，曾经最高做过乐陵太守，八十多岁，告老还乡。五月中，得到两只新摘下来的瓜，亲自给苏琼送去。赵颍仗着自己年老，竭力请求，于是苏琼将瓜留下，就放在大厅的梁上，直到最后也没有将瓜切开。人们听说苏琼接受了赵颍的瓜，便打算向苏琼送新果，走到门前，一问得知赵颍送的瓜还在，只好相视片刻而去。（张维校译）

36. 为官廉平，功遂身退

韦世康，京兆杜陵人也，世为关右著姓……

世康寡嗜欲，不慕贵势，未尝以位望矜物。闻人之善，若己有之，亦不显人过咎，以求名誉……世康之在吏部，选用平允，请托不行……前后十余年间，多所进拔，朝廷称为廉平。尝因休暇，谓子弟曰："吾闻功遂身退，古人常道。今年将耳顺，志在悬车，汝辈以为云何？"子福嗣答曰：

“大人澡身浴德，名立官成，盈满之诫，先哲所重。欲追踪二疏，伏奉尊命。”后因侍宴，世康再拜陈让曰：“臣无尺寸之功，位亚台铉。今犬马齿载（dié，耋），不益明时，恐先朝露，无以塞责。愿乞骸骨，退避贤能。”

——（唐）魏徵等《隋书·韦世康传》[①]

注释：

①《隋书》：唐魏徵等撰。八十五卷，纪传体隋代史。纪传成于贞观十年（636）；十志（三十卷）成于显庆元年（656）。魏徵（580—643）：唐初政治家。字玄成，巨鹿（今河北平乡）人，后移居相州内黄（今河南内黄西）。

译文：

韦世康，是京兆杜陵人，世代为关西大姓……

韦世康很少有嗜好贪欲，不羡慕位高有权势的人，不曾以官位声望倨傲自大。听到别人有长处，就像自己有一样，也不宣扬别人的过失，以求得名声……世康在吏部之时，选拔任用官员公平适当，不允许有人私下请托……前后十多年间，韦世康提拔了许多官员，朝廷称赞他清廉公平。世康曾经在休假之时对子弟说：“我听说功成名就之后就退隐，是古人通常的做法。我今年将满六十岁了，打算辞官回家，你们认为如何？”他的儿子福嗣回答说：“父亲修养身心，洁身自好，名望树立官位显赫，富贵权势极盛时保持警惕，是先代的贤人所看重的。您想效仿汉代的疏广、疏受辞官隐退，我们敬遵您的意愿。”后来借侍奉皇上宴会之机，世康再次下拜陈述辞官之意：“臣没有尺寸功劳，而官位仅次于宰相。如今臣已年老，不如圣明之时，恐先离世，无法尽责。希望批准请辞，能让我的骸骨归葬故乡，退让给有德行有才能的人。”（张维校译）

37．罢公廨钱，不与民争利

先是，以百僚供费不足，台省府寺咸置廨钱，收息取给。孝慈以为官民争利，非兴化之道，上表请罢之，请公卿以下给职田各有差。上并嘉纳焉。

——（唐）魏徵等《隋书·苏孝慈传》

译文：

在此以前，因百官所需费用不足，中央与地方政府都设置用以放债的公款，收取利息以弥补经费的不足。苏孝慈认为官府与民众争利，不是振兴教化的途径，呈递奏章请求废除这种做法，对公卿以下官员按等级分给职田。皇上都嘉许并采纳。（张维校译）

38. 清廉爱民

刘旷，不知何许人也。性谨厚，每以诚恕应物。开皇初，为平乡令，单骑之官。人有争讼者，辄丁宁晓以义理，不加绳劾，各自引咎而去。所得俸禄，赈施穷乏。百姓感其德化，更相笃励，曰："有君如此，何得为非！"在职七年，风教大洽，狱中无系囚，争讼绝息，囹圄尽皆生草，庭可张罗。及去官，吏人无少长，号泣于路，将送数百里不绝。迁为临颍令，清名善政，为天下第一。尚书左仆射高颎言其状，上召之，及引见，劳之曰："天下县令固多矣，卿能独异于众，良足美也！"顾谓侍臣曰："若不殊奖，何以为劝！"于是下优诏，擢拜莒（jǔ）州刺史。

——（唐）魏徵等《隋书·刘旷传》

译文：

刘旷，不知哪里人。生性谨慎笃厚，总是以诚实仁爱待人。隋文帝开皇初年，任平乡县令，一人一马独自骑行上任。百姓因争论而诉讼的，就再三让人晓之以理，不加以惩罚，使他们都自责而去。刘旷所得到的薪俸，都救济布施给贫困之人。百姓被他的德化所感动，互相鼓励说："有这样的县令，哪能做坏事呢！”他在任七年，风俗教化遍及四方，监狱中没有囚犯，诉讼官司绝迹，监狱里都长满了草，审判大厅门可罗雀。到刘旷离任之时，衙门的胥吏和百姓不论老少，在路边号啕大哭，为他送行之人绵延好几百里不绝。刘旷调任临颍县令，其清美的声誉和良好的治理为天下第一。尚书左仆射高颎汇报了他的事迹，隋文帝召见他，于是引导入见，慰劳他说：“天下的县令固然很多，只有你能与他们不同，确实值得赞美！”隋文帝回头对侍卫近臣说：“如果不特别奖励刘旷，怎能劝勉天下呢！”于是降下褒美嘉奖的诏书，任命刘旷为莒州刺史。（张维校译）

39. 牛弘质直

弘荣宠当世，而车服卑俭，事上尽礼，待下以仁，讷于言而敏于行。上尝令其宣敕，弘至阶下，不能言，退还拜谢，云：“并忘之。”上曰：“传语小辩，故非宰臣任也。”愈称其质直。

——（唐）魏徵等《隋书·牛弘传》

译文：

牛弘当时深受皇帝的恩宠，而所坐的车和所穿的衣服却十分朴素，事奉君上竭尽礼仪，对待下属充满仁爱，虽然言语迟钝但行事敏捷。隋文帝曾命他宣读诏书，牛弘走到台阶下，说不出话来，便退回下拜谢罪，说：“我全都忘了。”皇上说：“传话是小口才，本不是宰相的职责。”愈发称赞其正直。（张维校译）

40. 竭诚进谏，实为社稷

贞观六年，授左光禄大夫陈叔达礼部尚书，因谓曰：“武德中，公曾进直言于太上皇，明朕有克定大功，不可黜退云。朕本性刚烈，若有抑挫，恐不胜忧愤，以致疾毙之危。今赏公忠謇，有此迁授。”叔达对曰：“臣以隋氏父子自相诛戮，以至灭亡，岂容目睹覆车，不改前辙？臣所以竭诚进谏。”太宗曰：“朕知公非独为朕一人，实为社稷之计。”

——（唐）吴兢《贞观政要·忠义》

译文：

贞观六年（632），任命左光禄大夫陈叔达为礼部尚书，唐太宗就此事对他说：“武德年间，先生曾向太上皇直言进谏，说明我有平定天下的大功，不能降职罢免等等。我生性刚烈，如果受到压抑挫折，恐怕经受不了忧郁愤懑，造成生病死亡的危险。现在奖赏你忠诚正直，给予这次提升任命。”陈叔达回答说：“臣因为隋朝父子自相残杀，导致灭亡，岂能容许眼看前车倾覆，后车仍不改道？臣因此竭尽忠诚进谏。”太宗说：“我知你不是只为我一人，实在是为国家打算。”（《贞观政要译注》，裴汝诚等译注，上海古籍出版社2007年版，145页）

41. 魏徵嗜醋芹

魏左相忠言说论，赞襄万机，诚社稷臣。有日退朝，太宗笑谓侍臣曰：“此羊鼻公不知遗何好而能动其情？”侍臣曰：“魏徵好嗜醋芹，每食之，欣然称快，此见其真态也。”明旦，召赐食，有醋芹三杯，公见之欣喜翼然。食未竟而芹已尽。太宗笑曰：“卿谓无所好，今朕见之矣。”公拜谢曰：“君无为故无所好，臣执作从事，独僻此收敛物。”太宗默而感之。公退，太宗仰睨而三叹之。

——（唐）柳宗元《龙城录·魏徵嗜醋芹》[①]

注释：

①《龙城录》：又名《河东先生龙城录》，唐柳宗元撰。是反映初唐

（间及隋代）至中唐社会生活轶事的笔记小说。柳宗元（773—819）：唐文学家、哲学家。字子厚，河东解（今山西运城西）人，世称柳河东。与韩愈倡导古文运动，并称“韩柳”，同列“唐宋八大家”。

译文：

侍中魏徵直言进谏，辅佐唐太宗处理政务，是名副其实的国之重臣。有一天退朝后，太宗笑着对身旁的臣子说：“魏徵这个‘羊鼻公’，我不知道该送点什么东西，才可以看到他真情流露的样子。”臣子说：“魏徵喜欢吃醋腌的芹菜，每次吃的时候都非常快意，这就是他最真实的样子了。”次日，太宗召见魏徵，留他吃饭，桌上摆有三盘醋腌芹菜，魏徵见了，欣喜异常。饭还没有吃完，醋芹已经吃光了。太宗笑着说：“爱卿自称没有什么嗜好，今天朕才知道你的爱好啊。”魏徵拜谢说：“君主无为之治，臣下自然没有什么不良嗜好，臣在处理政事以外，也只是嗜好这种可以约束身心的东西罢了。”太宗默然无言，内心却很感动。魏徵告退之时，太宗抬头凝视，赞叹不已。（赵前、刘鹏校译）

42. 娄师德宽容大度

狄梁公与娄师德同为相，狄公排斥师德非一日。则天问狄公曰：“朕大用卿，卿知所自乎？”对曰：“臣以文章直道进身，非碌碌因人成事。”则天久之曰：“朕比不知卿，卿之遭遇，实师德之力。”因命左右取筐箧，得十许通荐表，以赐梁公。梁公阅之，恐惧引咎，则天不责。出于外曰：“吾不意为娄公所涵，而娄公未尝有矜色。”

——（北宋）王谠《唐语林·雅量》[①]

注释：

①《唐语林》：北宋王谠所撰，共八卷。仿《世说新语》体例，分为五十二门。内容多系唐代历史、政治、文学等遗闻轶事，可与新、旧《唐书》相参证。王谠：生卒年不详。北宋笔记作家。字正甫，长安（今陕西西

安）人。

译文：

梁国公狄仁杰和娄师德同时做宰相，狄公一直排斥娄师德。有一天，武则天问狄仁杰说："朕重用爱卿，你可知道这其中的缘故吗？"狄仁杰答道："臣凭借自己的文章和忠直得到任用，并不是那种靠别人的帮助做官的碌碌之辈。"良久，武则天才说："朕原来并不了解爱卿你，你能有今天，实际上都是娄师德出的力。"于是就叫身边的人拿来盛奏章的箱子，找到十多份推荐狄仁杰的奏章，交给他看。狄仁杰看了，惭愧恐惧不已，承认自己的错误，武则天并未责备他。狄仁杰下殿之后，感叹地说："我没想到被娄公包容已久，而他却从未在我面前有骄矜之色啊。"（赵前、刘鹏校译）

43. 私不害公

起拜左司郎中，转司刑少卿。与皇甫文备同按狱，诬有功纵逆党。久之，文备坐事下狱，有功出之，或曰："彼尝陷君于死，今生之，何也？"对曰："尔所言者私忿，我所守者公法，不可以私害公。"

——（北宋）欧阳修等《新唐书·徐有功传》

译文：

徐有功被起用任左司郎中，之后转任司刑少卿。他与皇甫文备一同断案，皇甫文备诬陷他放纵逆党。过了很长时间，皇甫文备因事获罪入狱，徐有功把他放了出来。有人问徐有功："他曾经想置您于死地，如今您却放了他，这是为什么？"徐有功回答说："你所讲的是一己私忿，我所秉持的是司法公正，不可因私害公。"（郑晓雯校译）

44. 为吏当为民除弊

休早有词学，初应制举，累授桃林丞。又举贤良，玄宗时在春宫，亲问国政，休对策与校书郎赵冬曦并为乙第，擢授左补阙。寻判主爵员外郎，历迁中书舍人、礼部侍郎，兼知制诰，出为虢州刺史。时虢州以地在两京之间，驾在京及东都，并为近州，常被支税草以纳闲厩。休奏请均配余州，中书令张说驳之曰："若独免虢州，即当移向他郡，牧守欲为私惠，国体固不可依。"又下符不许之。休复将执奏，僚吏曰："更奏必忤执政之意。"休曰："为刺史不能救百姓之弊，何以为政！必以忤上得罪，所甘心也。"竟执奏获免。

——（后晋）刘昫等《旧唐书·韩休传》

译文：

韩休年轻时精通词学，起初考取制科，多次被授予桃林丞的职位。之后，又举贤良，当时唐玄宗正在太子的春宫，亲自询问国政，韩休的对策与校书郎赵冬曦的一同被定为乙等，遂被提拔为左补阙。不久，韩休又任主爵员外郎，先后被提拔为中书舍人、礼部侍郎，兼知制诰，出任虢州刺史。当时，由于虢州地处两京之间，皇上不论在京都还是东都，都离虢州很近，因此国家常向此地征收饲草来供养闲厩。韩休上书请求将此项赋敛均摊给其他州郡，中书令张说反驳说："如果唯独减免了虢州的饲草征收，必会将此项征赋转移到其他州郡那里，这是刺史您想从中获得私利，国体将无从依据。"于是又颁布公文以示不准。韩休又坚持上奏，他的下属说："您若再上奏必会违逆执政者的意思。"韩休说："身为刺史不能为百姓除弊祛害，还怎么处理政务！即便因此事触怒皇帝而获罪，我也是心甘情愿的。"最终韩休坚持上奏使虢州的赋敛得以减免。（郑晓雯校译）

45. 大度服僚佐

辛巳，郭子仪还邠州。子仪尝奏除州县官一人，不报，僚佐相谓曰："以令公勋德，奏一属吏而不从，何宰相之不知体！"子仪闻之，谓僚佐曰："自兵兴以来，方镇武臣多跋扈，凡有所求，朝廷常委曲从之，此无他，乃疑之也。今子仪所奏事，人主以其不可行而置之，是不以武臣相待而亲厚之也；诸君可贺矣，又何怪焉！”闻者皆服。

——（北宋）司马光《资治通鉴·唐纪四十一》

译文：

唐代宗大历十年（775）八月辛巳（二十日），郭子仪返回邠州。郭子仪曾经奏请任命一名州县官员，但没有得到答复，僚属们相互议论说：“以郭令公的功勋和德行，上奏任命一名从属官员而没有得到批准，宰相就这么不知礼！”郭子仪听说后，跟僚属们说：“自从兵兴以来，方镇武臣多飞扬跋扈，凡是他们所求的，朝廷经常委曲求全，满足他们的要求，这没有别的，是对他们抱有疑虑。如今我所奏的事，皇上认为行不通而搁置起来，是不用对待武臣的方法来对待我，而是亲近信任我；各位应当祝贺，又有什么可责怪的呢！”僚属都很叹服。（文白对照《资治通鉴》，［北宋］司马光编撰，沈志华、张宏儒主编，中华书局2009年版，9457页）

46. 三辞宠赐

顺宗听政，加中书门下平章事，且令还镇，赐女乐二人，三表辞让。及中使押犊车至第，茂昭立谓中使曰：“女乐出自禁中，非臣下所宜目睹。昔汾阳、咸宁、西平、北平尝受此赐，不让为宜。茂昭无四贤之功，述职入觐，人臣常礼，奈何当此宠赐？后有立功之臣，陛下何以加赏？”顺宗闻之，深加礼异，允其所让。

——（后晋）刘昫等《旧唐书·张茂昭传》

译文：

唐顺宗执政期间，授予张茂昭中书门下平章事的官职，命他离京返镇，并赏赐两名女乐。张茂昭为此三次上奏推辞不受。等到中使用牛车将女乐送到他的府邸时，茂昭即对中使说："女乐来自皇宫禁地，不是身为臣下应该欣赏的。过去汾阳郡王郭子仪、咸宁郡王浑瑊、西平郡王李晟、北平郡王马燧也曾受过这种赏赐，他们都是功臣，不予推辞也是理所应当，而我并没有他们四位那样的功劳，上朝觐见，陈述职守，这些都是身为人臣寻常的礼制，怎当得起如此的恩宠赏赐！若今后再有立了大功的臣子，皇上该如何加赏于他呢？"唐顺宗听说了这些，对张茂昭更加尊敬礼遇，并应允了他的辞让。（郑晓雯校译）

47. 公物不入私门

仿气劲论直，同列忌之，罢知政事，出为广州刺史、岭南节度使。仿性公廉，南海虽富珍奇，月俸之外，不入其门。家人疾病，医工治药，须乌梅，左右于公厨取之，仿知而命还，促买于市。

——（后晋）刘昫等《旧唐书·萧仿传》

译文：

萧仿说话语气坚定严厉、言辞正直不阿，遭到同僚们的忌恨，被罢免了宰相的职务，离京出任广州刺史和岭南节度使。萧仿生性公正廉洁，南海地区虽然盛产各种奇珍异宝，但除了每月的官俸之外，其他财物他都不会拿回家。家里人生了病，大夫配药，需要一味乌梅入药，下人到公厨中拿了一些，萧仿知道后下令归还，并催他们到市场上去买。（郑晓雯校译）

48. 清除弊政，百姓欢迎

高祖授傅拯诸卫将军，出为宁州刺史。境接蕃部，以前弊政滋章，民甚苦之，傅拯自下车，除去弊政数十件，百姓便之。不数月，移刺虢州。离宁州日，衙门聚数千人，拆桥遮道以留之。及赴虢略，为理清静，蒸民爱戴如宁州焉。

——（北宋）薛居正等《旧五代史·王傅拯传》[1]

注释：

①《旧五代史》：原名《五代史》，因与欧阳修所撰《五代史记》区别，故称。宋薛居正监修，修于开宝五年至六年间（972—973）。一百五十卷，纪传体五代史。薛居正（912—981）：北宋大臣。字子平，开封浚仪（今河南开封）人。

译文：

清泰年间，后唐高祖李克用封王傅拯为诸卫将军，外放宁州刺史。宁州与民族地区接壤，以前政治弊端很多，百姓深受其害，王傅拯到任后，除去数十件政治弊端，百姓感到很便利。没过几个月，王傅拯调任虢州刺史。他离开宁州那一天，衙门前聚集了几千人，他们拆毁桥梁、挡住道路来挽留他。王傅拯到虢州后，为政清静，虢州百姓就像宁州百姓一样爱戴他。（李凡校译）

49. 赵普半部《论语》治天下

普少习吏事，寡学术，及为相，太祖常劝以读书。晚年手不释卷，每归私第，阖户启箧取书，读之竟日。及次日临政，处决如流。既薨，家人发箧视之，则《论语》二十篇也。

——（元）脱脱等《宋史·赵普传》

译文：

赵普年轻时熟悉为吏之道，没有读过多少书，等到做了宰相，宋太祖常拿读书这件事劝他。他晚年手不释卷，每次退朝后回到自己的住宅，就关上门打开箱子取书，一读一整天。到次日处理政务，处置十分果断迅速。他去世后，家里的人打开箱子察看，仅有《论语》二十篇。（李凡校译）

50. 官酒不敢相与

太祖事世宗于澶州，曹彬为世宗亲吏，掌茶酒。太祖尝从求酒，彬曰："此官酒，不敢相与。"自沽酒以饮太祖。及即位，语群臣曰："世宗旧吏，不欺其主者，独曹彬耳。"由是委以腹心。

——（南宋）赵善璙《自警编·诚实》[①]

注释：

①《自警编》：南宋赵善璙编著。共九卷，编次宋代名臣大儒嘉言懿行之可为法则者。赵善璙：生卒年不详。南宋大臣。字德纯，歙县（今安徽黄山）人。宋太宗七世孙。

译文：

当初，宋太祖赵匡胤还在澶州臣事后周世宗柴荣时，曹彬是周世宗身边的近臣，掌管茶酒之事。赵匡胤曾经私下向曹彬要酒喝，曹彬说："这是官酒，不敢给你。"事后自己出钱买酒请赵匡胤喝。赵匡胤即位后，对群臣说："周世宗的旧臣，不欺蒙他们君主的，只有曹彬一个人。"从此他便把曹彬当成自己的心腹。（赵前、刘鹏校译）

51. 但见血山

坦性木强固滞。王尝于邸中为假山，费数百万，既成，召宾僚乐饮，置酒共观之。坦独俯首，王强使视之，曰："但见血山耳，安得假山！"王惊问故，坦曰："在田舍时，见州县催租，捕人父子兄弟，送县鞭笞，流血被（披）体。此假山皆民租税所为，非血山而何？"是时太宗亦为假山，闻而毁之。

——（元）脱脱等《宋史·姚坦传》

译文：

姚坦生性木讷固执。益王赵元杰曾经在府邸中造假山，花费银钱几百万，建成以后，召宾客僚属畅饮，摆上酒一起欣赏这座假山。姚坦独自低头不看，益王强迫他观看，他说："我只看见一座血山罢了，哪里有假山啊！"益王惊奇地询问缘故，姚坦说："在田舍时，看到州县催租，逮捕人家的父子兄弟，送县里用鞭子抽打，血流遍体。这假山都是用百姓缴纳的租税建成的，不是血山又是什么？"当时宋太宗也在造假山，听到这件事后就把它毁掉了。（李凡校译）

52. 吕蒙正不计私怨

蒙正初入朝堂，有朝士指之曰："此子亦参政耶？"蒙正阳（佯）为不闻而过之。同列不能平，诘其姓名，蒙正遽止之曰："若一知其姓名，则终身不能忘，不若毋知之为愈也。"时皆服其量。

——（元）脱脱等《宋史·吕蒙正传》

译文：

吕蒙正刚当上左谏议大夫、参知政事时，一天来到朝堂，有位官员指着他说："这小子也是参政吗？"吕蒙正装作没有听见走过去了。与吕蒙正同行的人非常愤怒，想要责问那个人的官位和姓名。吕蒙正急忙制止他们说："一旦知道他的姓名，就终身不能忘记，不如不知道为好。"当时，所有的人都佩服吕蒙正的雅量。（李凡校译）

53. 寇凖与王旦

寇凖数短旦，旦专称凖。帝谓旦曰："卿虽称其美，彼专谈卿恶。”旦曰：“理固当然。臣在相位久，政事阙失必多。準对陛下无所隐，益见其忠直，此臣所以重準也。”帝以是愈贤旦。中书有事送密院，违诏格，準在密院，以事上闻。旦被责，第拜谢，堂吏皆见罚。不逾月，密院有事送中书，亦违诏格，堂吏欣然呈旦，旦令送还密院。準大惭，见旦曰：“同年，甚得许大度量？”旦不答。寇準罢枢密使，托人私求为使相，旦惊曰：“将相之任，岂可求耶！吾不受私请。”準深憾之。已而除準武胜军节度使、同中书门下平章事。準入见，谢曰：“非陛下知臣，安能至此？”帝具道旦所以荐者。準愧叹，以为不可及。

——（元）脱脱等《宋史·王旦传》

译文：

寇準屡次在皇上面前说王旦的短处，然而王旦却极力称赞寇準。宋真宗对王旦说：“你虽然常称赞寇準的长处，但是寇準却专说你的短处呢！”王旦回答说：“论理本来是这样。我居相位参与国政年久，必然难免有许多缺失。寇準对陛下无所隐瞒，更加见其忠心正直，这是我之所以敬重寇準的原因。”真宗由此更赏识王旦。王旦在中书有事送枢密院，偶尔不合诏令格式，寇準便上奏皇帝，王旦因而受到责问，但是王旦并不介意，只是一再拜谢而已，堂吏因此都被处罚。不到一个月，枢密院有事送中书，也不合诏令格式，堂吏很高兴地呈给王旦，可是王旦却命送回枢密院更正，并不上奏。寇準大为惭愧，拜见王旦说：“同年，你怎么有这样大的度量呢？”王旦不答。当寇準被免去枢密使职位后，曾私下求王旦提拔他为相，王旦惊异地回答说：“将相重任，怎么可以求取呢！我不接受私下请托。”寇準心中很不愉快。其后皇上授予寇準武胜军节度使、同中书门下平章事。寇準入朝拜谢说：“臣若不是承蒙陛下知遇提拔，哪有今日？”真宗说出是由于王旦的荐举。寇準惭愧感叹，认为自己赶不上王旦。（李凡校译）

54. 丁谓恩信结边民

初，王均叛，朝廷调施、黔、高、溪州蛮子弟以捍贼，既而反为寇。谓至，召其种酋开谕之，且言有诏赦不杀。酋感泣，愿世奉贡。乃作誓刻石柱，立境上。蛮地饶粟而常乏盐，谓听以粟易盐，蛮人大悦。先时，屯兵施州而馈以夔、万州粟。至是，民无转饷之劳，施之诸寨，积聚皆可给。特迁刑部员外郎，赐白金三百两。

——（元）脱脱等《宋史·丁谓传》

译文：

宋真宗咸平三年（1000），王均反叛，朝廷调遣施、黔、高、溪州的民族武装抵御王均，之后不久，这些民族的武装也随之反叛。丁谓抵达此地后，召集各个民族的酋长予以开导，并且告知他们：皇帝有诏赦免他们的反叛行为。酋长感动流涕，愿意世代进贡。还在边境上竖立了誓言石柱。这些民族地区粮产丰饶，但缺少食盐，丁谓特许他们以粮食交换食盐，当地人十分高兴。以前，朝廷在施州驻军，需要征调夔州、万州的粮食作为军饷。丁谓采取了这些措施后，百姓不用再服转运军饷的劳役，施州地区的民族村寨，自产的粮食积蓄起来可以自给。朝廷特升丁谓为刑部员外郎，赏赐白金三百两。（李凡校译）

55. 范仲淹不治第

守杭之日，子弟知其有退志，乘间请治第洛阳，树园圃，为逸老地。仲淹曰："人苟有道义之乐，形骸可外，况居室乎！吾今年逾六十，生且无几，乃谋治第树园圃，顾何待而居乎！吾所患在位高而艰退，不患退而无居也。且西都士大夫园林相望，为主人者莫得常游，而谁独障吾游者？岂必有诸己而后为乐邪？”

——（清）毕沅《续资治通鉴·宋纪五十二》[1]

注释：

①《续资治通鉴》：清毕沅撰。二百二十卷，乾隆末年编成，嘉庆六年（1801）全部刊行。编年体的宋、辽、金、元史，上与《资治通鉴》相衔接。毕沅（1730—1797）：清代学者、文学家。字蘅，一字秋帆，自号灵岩山人，镇洋（今江苏太仓）人。

译文：

范仲淹知杭州时，子弟知道他有退休的打算，便乘机请求为他在洛阳修建住宅，营造园林，作为安度晚年之地。范仲淹却说：“一个人假如有道德和仁义之乐，即使是躯体也可以看作身外之物，更何况是住宅呢！我现在年过六十，活在世上的日子已不多了，还打算去修建住宅，营造园林，试问这将供谁去享受呢！我所担忧的是位高权重，难以退休，而不是退休之后没有地方住。况且西都洛阳一带，士大夫的园林到处都是，即使是园林的主人都无暇常去，我退休之后前去玩赏，又有谁会阻拦呢？难道非要自己拥有了这些，才有了快乐吗？”（赵前、刘鹏校译）

56. 私谒请托，无不封还

杜祁公为人清约，平生非宾客不食羊肉。时朝多恩赐，请求无不从。祁公尤抑倖，所请即封还。其有私谒，上必曰：“朕无不可，但这白须老子不肯。”

——（北宋）孙升《孙公谈圃》[1]卷上

注释：

①《孙公谈圃》：为北宋刘延世笔录所闻于孙升之语。三卷。其中所记宋元祐年间朝廷时事，多为作者亲身经历。孙升（1038—1099）：北宋诗人。字君孚，高邮（今属江苏）人。

译文：

北宋宰相、祁国公杜衍为官清廉，生活俭朴，平生不宴请宾客就不吃羊肉。当时的皇帝宋仁宗优待臣下，多有恩赐，大臣有所请求，没有不满足的。而杜衍却着意抑制这类请求宠幸之事，请求赏赐的表章马上被他上奏要求退回。后来只要有人私下请求宋仁宗恩赐的，仁宗一定说："朕这里没有问题，只是那白胡子的杜老先生不答应啊。"（赵前、刘鹏校译）

57. 不私拿一块砚台

包拯字希仁，庐州合肥人……徙知端州，迁殿中丞。端土产砚，前守缘贡，率取数十倍以遗（wèi）权贵。拯命制者才足贡数，岁满不持一砚归。

——（元）脱脱等《宋史·包拯传》

译文：

包拯字希仁，庐州合肥人……包拯调任端州知州，升为殿中丞。端州盛产砚台，以前的地方官借着向朝廷进贡砚台的名义，向百姓索取几十倍于贡品的砚台送给权贵。包拯命令制砚者仅制作够上贡的数量，在他任职期间没有拿过一块砚台。（李凡校译）

58. 欧阳修为政宽俭

凡历数郡，不见治迹，不求声誉，宽简而不扰，故所至民便之。或问："为政宽简，而事不弛废，何也？"曰："以纵为宽，以略为简，则政事弛废，而民受其弊。吾所谓宽者，不为苛急；简者，不为繁碎耳。"

——（元）脱脱等《宋史·欧阳修传》

译文：

欧阳修任职过几个州，政绩并不显著，不追求名声荣誉，为政宽松简易而不烦扰，因此所到的地方百姓都感到安逸。有人问他："为政宽简，而事情并不松弛废弃，这是什么原因呢?"他说："把放纵无度作为宽，把疏略作为简，那就使政事松懈荒废，而且百姓也深受其害。我所谓的宽，是不作苛刻急迫的事；所谓的简，是不作繁冗细碎的事罢了。"（高柯立校译）

59. 园丁亦不爱钱

司马公置独乐园，当春明之际，卉木繁秀，观者咸以钱与园丁吕直，谓之"茶汤钱"。积十千而纳于公。公却之曰："吾岂少此哉?"就与之。直曰："天地间只端明不爱钱邪?"于是尽其钱，创一井亭，以便行客。

——（元）陈世隆《北轩笔记》[①]

注释：

①《北轩笔记》：元陈世隆撰，一卷，内容主要记述宋代遗闻轶事。陈世隆：生卒年不详。字彦高，钱塘（今浙江杭州）人。一生从事文献辑刊。

译文：

北宋名臣司马光在洛阳营建"独乐园"，春光明媚之时，园中花树繁盛秀美，游客都给园丁吕直一些钱，称之为"茶汤钱"。累积到十千钱，吕直就上交给司马光，司马光推辞说："我难道缺少这东西吗?"就把钱退还给他。吕直感叹道："天地之间难道只有司马公不爱钱么?"于是他用所有的钱建造了一座遮蔽水井的凉亭，以方便过往的行人休憩饮水。（赵前、刘鹏校译）

60. 平生所学得之"忠""恕"二字

纯仁性夷易宽简，不以声色加人，谊（义）之所在，则挺然不少屈。自为布衣至宰相，廉俭如一，所得奉（俸）赐，皆以广义庄；前后任子恩，多先疏族。没（殁）之日，幼子、五孙犹未官。尝曰："吾平生所学，得之忠恕二字，一生用不尽。以至立朝事君，接待僚友，亲睦宗族，未尝须臾离此也。"

——（元）脱脱等《宋史·范纯仁传》

译文：

范纯仁性情平易宽简，对人从不苛责，义之所在，就挺身而出并不畏缩。从平民到宰相，始终清廉节俭如一，所得俸禄赏赐，都用来扩建义庄，先后因功绩得以恩荫子弟，大多先照顾远亲。去世的时候，小儿子、五个孙子还没有得官。他曾经说："我平生所学，得自'忠''恕'二字，一生受用不尽。在朝廷上侍奉君主，接交同僚朋友，使宗族亲近和睦，不曾一刻离得开这两个字。"（高柯立校译）

61. 清苦厉节

元振清苦厉节，亲属多贫，不能赡养，闻岭南物贱，因求其官，寄家潭州，尽留俸禄供给。元振啜菽饮水，缝纸为衣。为政简易，民甚便之。

——（清）毕沅《续资治通鉴·宋纪十五》

译文：

白州知州蒋元振生活清苦，守节不移。亲戚大多贫困，他却无力赡养。蒋元振听说岭南一带物价低廉，于是便请求去那里做官，他把家小安置在湖南潭州，并把俸禄全部留给家用，他自己却在任所清茶淡饭，用纸缝制衣服。他治理白州之法简单易行，老百姓感到十分方便。（赵前、刘鹏校译）

62. 宁以一人身而活万民

出知深州。熙宁初，河决滹（hū）沱，水及郡城，地大震。流民自恩、冀来，踵相接，卞发常平粟食之。吏白擅发且获罪，卞曰："俟请而得报，民死矣。吾宁以一身活数万人。"寻以请，诏许之。

——（元）脱脱等《宋史·窦卞传》

译文：

窦卞出任深州知州。宋神宗熙宁初年，黄河在滹沱河处决口，淹及郡城，并发生了大地震。流民从恩州、冀州逃来，接踵而至，窦卞发放常平仓的粮食赈济灾民。有官吏告知擅自发放常平仓的粮食会被治罪，窦卞说："待请示得到批复之时，百姓已经饿死。我宁以自身性命换得数万百姓之性命。"不久上奏请示朝廷，皇帝下诏准许了他的请求。（朱宇凡校译）

63. 百姓断桥留清官

改除吏部侍郎，力辞，出知饶州。饶并湖，盗出没其间，闻十朋至，一夕遁去。丞相洪适请故学基益其圃，十朋曰："先圣所居，十朋何敢予人。"移知夔州，饶民走诸司乞留不得，至断其桥，乃以车从间道去，众葺断桥，以"王公"名之。

——（元）脱脱等《宋史·王十朋传》

译文：

南宋孝宗年间，王十朋被另行授官为吏部侍郎，竭力辞去后，出任饶州知州。饶州靠着湖泊，其间盗贼出没，知道王十朋至此，一夜之间全部逃走。丞相洪适请求将旧学宫的地址用以扩大自己的园圃，王十朋说："先圣曾居住过的地方，我怎敢随意赠予。”后王十朋改任夔州知州，饶州百姓奔走各官衙请求将他留下，无果，乃至拆断了王十朋将要经过的桥梁，王十朋只好乘车从小道离去，百姓们将断桥重新修葺，并以“王公”为其命名。（朱宇凡校译）

64. 史浩私不废公

浩喜荐人才，尝拟陈之茂进职与郡，上知之茂尝毁浩，曰：“卿岂以德报怨耶？”浩曰：“臣不知有怨，若以为怨而以德报之，是有心也。”莫济状王十朋行事，诋浩尤甚，浩荐济掌内制，上曰：“济非议卿者乎？”浩曰：“臣不敢以私害公。”遂除中书舍人兼直学士院，待之如初。盖其宽厚类此。

——（元）脱脱等《宋史·史浩传》

译文：

史浩喜欢荐举人才，曾打算举荐陈之茂升任郡守，皇帝知道陈之茂曾经毁损过史浩，便问：“你是想要以德报怨吗？”史浩回答说：“臣并不知道有何怨恨，如果真是因为有怨而想以德报之，那是存心表现。”莫济在陈诉王十朋行事的状文中，曾严重诋毁史浩，史浩仍举荐莫济掌管皇帝诏令，皇帝问：“莫济不是曾非议过你吗？”史浩回答说：“臣不敢因私事而妨碍了公务。”于是任命莫济为中书舍人兼直学士院，像往常一样对待他。其宽厚可见一斑。（朱宇凡校译）

65. 马光祖不畏贵戚

宝祐间，马光祖尹临安，不畏贵戚豪强，庭无留讼。福王府讼民不入赁房钱，民云：“房漏。”光祖判云：“晴则鸡卵鸭卵，雨则盆满钵满；福王若要房钱，直待光祖任满。”

——（明）田汝成《西湖游览志馀》[1]

注释：

①《西湖游览志馀》：明田汝成撰。二十六卷，是《西湖游览志》的姊妹篇。书中以记载西湖掌故逸事为主。田汝成（约 1503—?）：明文学家、学者。字叔禾，钱塘（今浙江杭州）人。

译文：

南宋理宗宝祐年间，浙江金华人马光祖为临安知府，不畏皇亲贵族和地方豪强，临安府衙没有积压的诉讼案件。福王府状告百姓不交房租，百姓则辩称屋子漏雨无人修缮。马光祖的判词写道："晴天透光，满地'鸡卵''鸭卵'；下雨漏水，接的盆满钵满；福王若想要房钱，请等到我马光祖任满吧。"（赵前、刘鹏校译）

66. 谢枋得全节

福建行省参政魏天祐见时方以求材为急，欲荐枋得为功，使其友赵孟迴来言，枋得骂曰："天祐仕闽，无毫发推广德意，反起银冶病民，顾以我辈饰好邪?"及见天祐，又傲岸不为礼，与之言，坐而不对。天祐怒，强之而北。枋得即日食菜果。

二十六年四月，至京师，问谢太后欑（cuán）所及瀛国所在，再拜恸哭。已而病，迁悯忠寺，见壁间《曹娥碑》，泣曰："小女子犹尔，吾岂不汝若哉！"留梦炎使医持药杂米饮进之，枋得怒曰："吾欲死，汝乃欲生我邪?"弃之于地，终不食而死。

——（元）脱脱等《宋史·谢枋得传》

译文：

福建行省参政魏天祐见朝廷急需人才，便想通过举荐谢枋得立功，让自己的友人赵孟迎来做说客，谢枋得骂道："魏天祐在福建做官，丝毫没有推行德政，反而大举冶银贻害百姓，他是想要以我这样的人来修饰门面吗？"见到魏天祐时，谢枋得非常高傲，不对其行礼，魏天祐和他说话，他只坐着并不回答。魏天祐大怒，强迫其北上。谢枋得从那时开始每日只吃蔬菜水果。

至元二十六年（1289）四月，谢枋得抵达京城，问及谢太后灵柩停放的地方以及瀛国公所在，一拜再拜，恸哭不已。然后便病了，迁居悯忠寺，见寺壁上刻有《曹娥碑》，哭着说："小女子也能做到这样，我难道连你也不如吗！"留梦炎让医生掺米入药，想以此让他进食，谢枋得怒骂："我只求一死，你却想让我活下来吗？"并将医生带来的东西扔在地上，最终绝食而死。（朱宇凡校译）

67. 以己俸创长桥

十五年，出为武定军节度使。境内亢旱，苗稼将槁。视事之夕，雨泽沾足。百姓歌曰："何以苏我？上天降雨。谁其抚我？杨公为主。"瀑阳水失故道，岁为民害，乃以己俸创长桥，人不病涉。及被召，郡民攀辕泣送。上御清凉殿宴劳之，即日除吏部尚书，兼门下侍郎、同中书门下平章事。上曰："卿今日何减吕望之遇文王！"佶对曰："吕望比臣遭际有十年之晚。"上悦。其居相位，以进贤为己任，事总大纲，责成百司，人人乐为之用。

——（元）脱脱等《辽史·杨佶传》[①]

注释：

①《辽史》：元脱脱等撰。一百十六卷，修于元至正三年至四年（1343—1344）。纪传体辽代史，载事包括西辽的历史。

译文：

辽兴宗重熙十五年（1046），杨佶出任武定军节度使。境内极度干旱，庄稼即将枯萎。杨佶到任的那天晚上，天降大雨，雨水浸湿脚面。百姓编了一首歌，唱道："怎样让我死而复苏？上天降雨。谁能保护我们生活幸福？杨公做主。"濼阳水泛滥改道，年年为害百姓，杨佶就用自己的俸禄建造一座大桥，解决了人们的渡河难题。等到朝廷让杨佶回京做官时，郡中百姓攀扶车辕哭泣相送。皇上在清凉殿设宴慰劳杨佶，当天就任命他为吏部尚书，兼门下侍郎、同中书门下平章事。皇上说："你今天的境遇不比吕望遇上周文王差啊！"杨佶回答说："吕望比臣下的幸遇整整晚了十年。"皇上听后非常高兴。杨佶担任宰相时，以引进贤才为己任，事事都总掌大纲，指定各部门办理，人人乐意为他效力。（李凡校译）

68. 为官清廉不患贼

改同知深州军州事，加朝奉大夫……州管五县，例置弓手百余，少者犹六七十人，岁征民钱五千余万为顾（雇）直（值）。其人皆市井无赖，以迹盗为名，所至扰民。砺知其弊，悉罢去。继而有飞语曰："某日贼发，将杀通守。"或请为备，砺曰："盗所利者财耳，吾贫如此，何备为？"是夕，令公署撤关，竟亦无事。

——（元）脱脱等《金史·胡砺传》

译文：

金熙宗时，胡砺改任深州军州事，进封朝奉大夫的名衔……深州管辖五个县，按例制配有百余名弓箭手，少则也要有六七十人，官府每年向老百姓征收五千余万钱用于弓箭手的给养。这些弓箭手都是市井无赖，打着捉贼的幌子，到处扰民。胡砺了解到这些弓箭手的害处，就把他们全都打发走了。不久民间有流言传出："有盗贼要在某天出动，杀掉长官。"有人请胡砺提前做好防备，胡砺说："盗贼所图的是钱财，我这么穷，还防备什么。"这天晚上，胡砺下令官府公署撤防，竟然什么事也没有发生。（郑晓雯校译）

69. 不私交皇太子

初，裕宗即世，世祖欲定皇太子，未知所立，以问阿鲁浑萨理，即以成宗为对，且言成宗仁孝恭俭宜立，于是大计乃决。成宗及裕宗皇后皆莫之知也。数召阿鲁浑萨理不往，成宗抚军北边，帝遣阿鲁浑萨理奉皇太子宝于成宗，乃一至其邸。及即位，语阿鲁浑萨理曰："朕在潜邸，谁不愿事朕者？惟卿虽召不至，今乃知卿真得大臣体。"自是召对不名，赐坐视诸侯王等。

——（明）宋濂等《元史·阿鲁浑萨理传》

译文：

至元二十二年（1285），裕宗去世，元世祖想册立皇太子，但不确定应该立谁，于是询问阿鲁浑萨理，他回答说成宗可以册立为皇太子，并且说成宗为人仁义孝敬恭谨勤俭，是皇太子最合适的人选，于是这件大事就这样决定了。成宗和裕宗皇后全都不知道。成宗多次召见阿鲁浑萨理，他都不去，成宗出征北方边疆时，皇帝派阿鲁浑萨理带着皇太子的印信送给成宗，他这才第一次进入太子的官邸。成宗即位以后，对阿鲁浑萨理说："朕在王府的时候，哪一个不愿侍奉朕？只有你即使召见也不肯来，现在朕才知道你做大臣很本分得体。"从此皇帝召见他，他回话时都不用报姓名，皇帝赐给他诸侯王等级的座位。（吴春丽校译）

70. 不受拜谒

延祐初，设进士科，遂以礼部侍郎知贡举，进士诣谒，皆不纳，但使人戒之曰："诸君子但思报效，奚劳谢为！"

——（明）宋濂等《元史·张养浩传》

译文：

元仁宗延祐初年，设立进士科取士，张养浩于是以礼部侍郎的身份主持贡举，凡有进士拜访他，他都不接见，只派人告诫说："各位才子只需想着报效朝廷就可以了，哪用得着感谢我啊！"（吴春丽校译）

71．贪污如白袍点墨

云谋勇深沉，而端洁不苟取，公赏罚，严号令，与士卒同甘苦。临机应变，战无不捷。广西镇帅初至，土官率馈献为故事。帅受之，即为所持。云始至，闻府吏郑牢刚直，召问曰："馈可受乎？"牢曰："洁衣被（披）体，一污不可湔（jiàn），将军新洁衣也。"云曰："不受，彼且生疑，奈何？"牢曰："黩货，法当死。将军不畏天子法，乃畏土夷乎？"云曰："善。"尽却馈献，严驭之。由是土官畏服，调发无敢后者。云所至，询问里老，抚善良，察诬枉，土人皆爱之。

——（清）张廷玉等《明史·山云传》

译文：

明初将领山云多谋勇敢，性情深沉，而且品行端正廉洁，不随便获取财物，赏罚公平，号令严明，和士卒同甘共苦。能临机应变，战无不胜。当时，镇守广西的将帅刚到任，当地土官大都按照旧例馈赠进献财物。镇帅接受了馈赠，即被他们所挟持。山云初到，听说广西府的官员郑牢刚直，便召见问道："土官的馈赠可以接受吗？"郑牢说："一件干净的衣服穿在身上，一旦弄脏了就不能洗干净；将军你好比是崭新而洁净的衣服啊！"山云说："不接受馈赠，他们将产生疑虑，怎么办？"郑牢说："贪污纳贿，按法要判死罪。将军不怕天子的法律而怕土夷之人吗？"山云说："对。"于是全部拒绝土官馈献的东西，并严格管理他们。从此，土官畏惧心服，征调遣发没有敢落后的。山云所到之处，便询问乡里年高有德的老人，抚恤良民，察明冤

情，当地百姓都敬爱他。（吴春丽校译）

72. 关心将士生活

三年，从北巡。帝取原吉橐（tuó）糗尝之，笑曰："何恶也？"对曰："军中犹有馁者。"帝命赐以大官之馔，且犒将士。从阅武兔儿山，帝怒诸将慢，褫（chǐ）其衣。原吉曰："将帅，国爪牙，奈何冻而毙之？"反覆力谏。帝曰："为卿释之。"

——（清）张廷玉等《明史·夏原吉传》

译文：

宣德三年（1428），夏原吉随明宣宗出巡北方。明宣宗拿过夏原吉口袋里的干粮尝了尝，笑着说："怎么这么难吃啊？"夏原吉答道："军中还有挨饿的呢。"明宣宗命令赐给他大官的美食，并犒赏将士。夏原吉随从明宣宗在兔儿山阅兵，将领们动作太慢，皇上大怒，下令脱下他们的衣服。夏原吉说："将帅，是国家的爪牙，怎能让他们冻死？"他反复极力谏阻。明宣宗说："看在您的面上将他们放了。"（吴春丽校译）

73. 两袖清风

当入朝议事，人谓："即不橐金往，宁无一二土物充交际耶？"谦笑而举其袖曰："吾惟有清风而已。"

——（明）李贽《续藏书·太傅于忠肃公谦》[①]

注释：

①《续藏书》：明李贽著。为《藏书》续集，共二十七卷，系评述明代历史人物之作。取材于明代人物传记和文集，录明神宗以前各类人物约四百人。李贽（1527—1602）：明思想家、文学家。原姓林，名载贽，后改姓

名；号卓吾，又号宏甫，别号温陵居士。泉州晋江（今属福建）人。

译文：

明代大臣于谦有一次到朝堂上议事，属下建议说：“您到朝堂议事，即使不带黄金，难道不带一两种本地的土特产，去结纳朝中权贵吗？”于谦却笑着举起衣袖说：“我只有清风而已。”（赵前、刘鹏校译）

74. 为百姓而哭谏

世倌治宋五子之学，廉俭纯笃。入对及民间水旱疾苦，必反覆具陈，或继以泣。上辄霁颜听之，曰：“陈世倌又来为百姓哭矣！”虽中被谴诃，终亮其端谨。其后南巡，犹遣官祭其墓云。

——赵尔巽等《清史稿·陈世倌传》

译文：

大学士陈世倌尊奉周敦颐、邵雍、张载、程颐、程颢等“北宋五子”的学说，为人清廉节俭，纯朴诚实。每当入朝奏事，谈到民间的水旱疾苦时，他都要反复陈述，有时还要为此痛哭流涕。此时乾隆皇帝常常会脸色和缓地倾听，并且说：“陈世倌又来为老百姓哭了！”陈世倌虽然曾被贬官，但最终仍保持了端正严谨的品格。他死后，乾隆帝南巡时，还派遣官吏去祭扫他的坟墓。（赵前、刘鹏校译）

75. 开仓济民

调潍县，岁荒，人相食。燮（xiè）开仓赈贷，或阻之，燮曰：“此何时？俟辗转申报，民无孑遗矣。有谴，我任之。”发谷若干石，令民具领券借给，活万余人。上宪嘉其能。秋又歉，捐廉代输。去之日，悉取券焚之。潍人戴德，为立祠。

——（清）梁园棣等《［咸丰］重修兴化县志》[1]

注释：

①《［咸丰］重修兴化县志》：江苏地方志。清梁园棣修，郑之侨、赵彦俞纂。十卷。梁园棣：字友华，灵石（今属山西）人。举人，道光二十六年（1846）、二十八年、三十年三任兴化知县，咸丰二年（1852）调任江都县。

译文：

清乾隆年间，郑板桥调任山东潍县知县，遇上荒年，出现了人吃人的惨事。郑板桥来不及上报便下令开仓赈济，有人劝阻，他却说："这都什么时候了？等着辗转上报并批复下来，百姓早就全饿死了。如果上司问责，由我来承担。"于是开仓出谷若干石，让百姓们凭券借用，等待丰年再归还，救活了一万多人。上司对他的才能十分赞赏。当年秋天，粮食又歉收。郑板桥将自己的养廉银捐出，替百姓垫付税款。离任之时，他又把百姓写给他的垫付借据全部烧毁。潍县百姓感恩戴德，为他立生祠供养。（赵前、刘鹏校译）

76. 解脱无辜

袁名枚，浙江钱塘人，世称"随园先生"。乾隆四年成进士……改发江南为知县，尝言："为守令者，当严束家奴吏役，使官民无壅隔，则百弊自除。"令江宁时，有贾人贩布江行，触战船，溺一兵死。众兵缚控舟子，兼及客。公廉知过失杀，无罪累客，必倾资。乃令乘舟张帆作触舟状，纵之去。以埋葬钱发兵完案。闻者叹赏。

——易宗夔《新世说·政事》[1]

注释：

①《新世说》：易宗夔撰，八卷。记事上起清初，下至近代。材料收集繁富，又对涉及的人名附以小传于本条之后，考人物行迹较为详备，有一定

史料价值。易宗夔（1874—?）：民国官员。字蔚儒，湖南湘潭人。

译文：

袁枚，浙江钱塘人，世称“随园先生”。清乾隆四年（1739）进士……被任命去江南地区作县令，他曾经说：“做县令，应当严格约束好家奴和吏役，使官吏和百姓之间不存在隔阂，那么，各种弊病就会自动消除了。”任江苏江宁县令时，有个商人雇船贩卖布料，却在江中航行时撞上了战船，导致一名士兵淹死。士兵们抓了船夫来县控告，连商人也一起绑来。袁枚查明，这只是船夫过失致死，与商人无关，如果牵连起来，一定会让商人倾家荡产。于是，便让他乘船扬帆，作出逃跑时触礁沉没的迹象，然后悄悄把他放走了。再拿出一些钱作为安葬费发给士兵，得以结案。听说了这件事的人对这么处理都很赞叹。（赵前、刘鹏校译）

道德修养

1. 德可保身

初，尹公佗学射于庾公差，庾公差学射于公孙丁。二子追公，公孙丁御公。子鱼曰：“射为背师，不射为戮，射为礼乎?”射两軥（qú）而还。尹公佗曰：“子为师，我则远矣。”乃反（返）之。公孙丁授公辔而射之，贯臂。

——《左传·襄公十四年》

译文：

起初，尹公佗在庾公差那里学射箭，庾公差又在公孙丁那里学射箭。尹公佗与庾公差追赶卫献公，公孙丁驾御卫献公的车子。庾公差说：“如果射，是背弃老师；不射，将被诛戮，射了还是合于礼的吧!”射中了车上两边的曲木然后回去。尹公佗说：“您为了老师，我和他的关系就远了。”于是回过车去追赶。公孙丁把马缰递给卫献公然后向尹公佗射去，一箭穿过膀子。(《左传译文》，沈玉成译，中华书局1981年版，289页)

2. 董狐直笔

乙丑，赵穿杀灵公于桃园。宣子未出山而复。大（太）史书曰“赵盾弑其君”，以示于朝。宣子曰：“不然。”对曰：“子为正卿，亡不越竟（境），反不讨贼，非子而谁?”宣子曰：“呜呼!《诗》曰：‘我之怀矣，自诒（贻）伊戚。’其我之谓矣。”孔子曰：“董狐，古之良史也，书法不隐。赵宣子，古之良大夫也，为法受恶。惜也，越竞乃免。”

——《左传·宣公二年》

译文：

鲁宣公二年（前607）九月二十六日，晋国大夫赵穿在桃园杀死了晋灵公。晋国正卿赵盾没有走出晋国国境就回来重登卿位。太史董狐记载说："赵盾弑其君"，拿到朝廷上给人看。赵盾说："不是这样。"太史回答说："您是正卿，逃亡而没有走出国境，回来不惩罚凶手，弑君的人不是您还是谁？"赵盾说："哎呀！《诗》说：'因为我的怀恋，给自己带来了忧伤。'恐怕就是说的我了。"孔子说："董狐，是古代的好史官，据法直书而不加隐讳。赵宣子，是古代的好大夫，为了法度而蒙受恶名。可惜啊，要是走出国境就可以免于弑君之名了。"（《左传译文》，沈玉成译，中华书局1981年版，171页）

3. 子罕辞玉

宋人或得玉，献诸子罕。子罕弗受。献玉者曰："以示玉人，玉人以为宝也，故敢献之。"子罕曰："我以不贪为宝，尔以玉为宝。若以与我，皆丧宝也，不若人有其宝。"稽首而告曰："小人怀璧，不可以越乡，纳此以请死也。"子罕置诸其里，使玉人为之攻之，富而后使复其所。

——《左传·襄公十五年》

译文：

宋国有人得到美玉，献给子罕。子罕不受。献玉的人说："拿给玉工看过，玉工认为是宝物，所以敢于进献。"子罕说："我把不贪婪作为宝物，你把美玉作为宝物。如果把玉给了我，我们两人都丧失了宝物，不如各人保有自己的宝物。"献玉的人叩头告诉子罕说："小人怀藏玉璧，不能够穿越乡里，把它送给您是用来请求免于一死的。"子罕把美玉放在自己的乡里，让玉工为他雕琢，卖出去，使献玉的人富有以后然后让他回到家里。（《左传译文》，沈玉成译，中华书局1981年版，294页）

4. 三不朽

二十四年春，穆叔如晋。范宣子逆之，问焉，曰："古人有言曰，'死而不朽'，何谓也？"穆叔未对。宣子曰："昔匄（gài）之祖，自虞以上为陶唐氏，在夏为御龙氏，在商为豕韦氏，在周为唐杜氏，晋主夏盟为范氏，其是之谓乎！"穆叔曰："以豹所闻，此之谓世禄，非不朽也。鲁有先大夫曰臧文仲，既没，其言立，其是之谓乎！豹闻之：'大上有立德，其次有立功，其次有立言。'虽久不废，此之谓不朽。若夫保姓受氏，以守宗祊（bēng），世不绝祀，无国无之。禄之大者，不可谓不朽。"

——《左传·襄公二十四年》

译文：

鲁襄公二十四年（前549）春，穆叔去到晋国，范宣子迎接他，询问他说："古人有话说，'死而不朽'，这是说的什么？"穆叔没有回答。范宣子说："从前匄的祖先，从虞舜以上是陶唐氏，在夏朝是御龙氏，在商朝是豕韦氏，在周朝是唐、杜氏，晋国主持中原的盟会的时候是范氏，恐怕就是说的这个吧！"穆叔说："据豹所听到的，这叫做世禄，不是不朽。鲁国有一位先大夫叫臧文仲，死了以后，他的话世世不废弃，所谓'不朽'，说的就是这个吧！豹听说：'最高的是树立德行，其次是树立功业，再其次是树立言论。'能做到这样，虽然死了也久久不会废弃，这叫做三不朽。像这样保存姓、接受氏，用来守住宗庙，世世代代不断绝祭祀，没有一个国家没有这种情况。这只是官禄中的大的，不能说不朽。"（《左传译文》，沈玉成译，中华书局1981年版，320页）

5. 高山流水觅知音

伯牙善鼓琴，钟子期善听。伯牙鼓琴，志在登高山。钟子期曰："善哉，峨峨兮若泰山！"志在流水。钟子期曰："善哉，洋洋兮若江河！"伯牙所念，钟子期必得之。

——《列子·汤问》

译文：

伯牙擅长弹琴，钟子期善于欣赏。伯牙弹琴，内心向往着登临高山。钟子期便叹道："好极了，巍巍峨峨就像泰山一样！"伯牙又向往着滔滔流水。钟子期又喝彩道："绝妙啊！浩浩荡荡就像长江大河一样！"凡是伯牙心中所想的，钟子期都能够知道。（《列子译注》，严北溟、严捷撰，上海古籍出版社2006年版，149页）

6. 颜回安居陋巷

哀公问："弟子孰为好学？"孔子对曰："有颜回者好学，不迁怒，不贰过。不幸短命死矣，今也则亡（无），未闻好学者也。"

……

子曰："贤哉，回也！一箪（dān）食，一瓢饮，在陋巷，人不堪其忧，回也不改其乐。贤哉，回也！"

——《论语·雍也》①

注释：

①《论语》：共二十篇，儒家经典之一。孔子弟子及其再传弟子有关言行的记录。

译文：

鲁哀公问："你的学生中，哪个好学？"孔子答道："有一个叫颜回的人好学，不拿别人出气；也不再犯同样的过失。不幸短命死了，现在再没有这样的人了，再也没听过好学的人了。"

……

孔子说："颜回多么有修养呀！一竹筐饭，一瓜瓢水，住在小巷子里，别人都受不了那穷苦的忧愁，颜回却不改变他自有的快乐。颜回多么有修养呀！"（《论语译注》，杨伯峻译注，中华书局2009年版，54、58页）

7. 原宪安贫乐道

孔子卒，原宪遂亡在草泽中。子贡相卫，而结驷连骑，排藜藿入穷阎，过谢原宪。宪摄敝衣冠见子贡。子贡耻之，曰："夫子岂病乎？"原宪曰："吾闻之，无财者谓之贫，学道而不能行者谓之病。若宪，贫也，非病也。"子贡惭，不怿（yì）而去，终身耻其言之过也。

——（西汉）司马迁《史记·仲尼弟子列传》

译文：

孔子去世之后，原宪便隐居于荒野草泽之中。同门子贡这时候担任卫国的相国，他带着浩浩荡荡的车马仪仗，拨开野草来到原宪的陋室探望。原宪整理破旧的衣冠来迎接他。子贡见原宪沦落至此，感到羞耻，说："您怎么这样困窘呢？"原宪回答道："我听说，没有钱叫贫穷，明晓天地间的至理而不能身体力行，才叫做困窘。像原宪我这样，只是贫穷，却不是困窘。"子贡听了他的话，又羞又恼地离开了，一生都为自己的失言而感到羞耻。（刘鹏校译）

8. 曾子杀猪

曾子之妻之市，其子随之而泣。其母曰："女（汝）还，顾反为女杀彘。"适市来，曾子欲捕彘杀之。妻止之曰："特与婴儿戏耳。"曾子曰："婴儿非与戏也。婴儿非有知也，待父母而学者也，听父母之教。今子欺之，是教子欺也。母欺子，子而不信其母，非以成教也。"遂烹彘也。

——《韩非子·外储说左上》[①]

注释：

①《韩非子》：后人搜集韩非遗著，并加入他人论述韩非学说的文章编成。共五十五篇，二十卷。韩非（约前280—前233）：战国末哲学家，法家主要代表人物。吸收道、儒、墨各家的思想，集法家学说的大成。

译文：

曾参的妻子到集市去，他的儿子跟在后面哭。曾参的妻子对孩子说："你回去，我回来杀猪给你吃。"他的妻子刚从集市上回来，曾参就要去抓猪杀。他的妻子制止他说："只不过是与小孩子开玩笑。"曾参说："小孩子不是开玩笑的对象。小孩子没有判断力，等着向父母学习，听从父母的教育。现在你欺骗他，这是教育孩子去欺骗。母亲欺骗了孩子，孩子因此就不相信母亲了，这不是用来教育孩子的方法。"于是烹杀了那头猪。（《韩非子》，高华平等译注，中华书局2010年版，431—432页）

9. 孟母择邻

邹孟轲之母也，号孟母。其舍近墓。孟子之少也，嬉游为墓间之事，踊跃筑埋。孟母曰："此非吾所以居处子也。"

乃去，舍市傍。其嬉戏为贾人炫卖之事。孟母又曰："此非吾所以居处子也。"

复徙，舍学宫之傍。其嬉游乃设俎豆，揖让进退。孟母曰："真可以居吾子矣。"遂居之。及孟子长，学六艺，卒成大儒之名。

——（西汉）刘向《列女传·母仪传》[①]

注释：

①《列女传》：西汉刘向撰。七卷，分为：母仪、贤明、仁智、贞顺、节义、辩通、孽嬖七类，每类十五人。记载上起虞舜，下迄西汉。

译文：

邹国孟轲的母亲，被世人称为孟母。他们曾经住在离墓地很近的地方。当时孟子还小，常和小伙伴们模仿丧葬仪式，挖土填埋，作为游戏。孟母看见后自语："这里不适合居住并教育孩子啊。"

于是，他们搬家到靠近市场的地方。孟子和伙伴们又学着商人吆喝买卖，作为游戏。孟母发现后又说："这里不适合居住并教育孩子啊。"

于是他们再次搬迁。这次搬到了学校的附近，孟子和小伙伴们便学着如何摆放拜祭祖神的器物，如何行使各类礼仪，作为游戏。孟母看见后说："这才是适合孩子居住的地方啊。"于是，孟子和他的母亲就定居在那里。等到孟子长大后，学习了礼、乐、射、御、书、数等儒家"六艺"，终于成就了一代大儒的名声。（赵前、刘鹏校译）

10. 楚惠王吞蛭

楚惠王食寒菹（zū）而得蛭（zhì），因遂吞之，腹有疾而不能食。令尹入问曰："王安得此疾也？"王曰："我食寒菹而得蛭，念谴之而不行其罪乎，是法废而威不立也，非所以使国闻也；谴而行其诛乎，则庖宰食监法皆当死，心又不忍也。故吾恐蛭之见也，因遂吞之。"令尹避席再拜而贺曰："臣闻天道无亲，惟德是辅，君有仁德，天之所奉也，病不为伤。"是夕也，惠王之后蛭出，故其久病心腹之疾皆愈，天之视听，不可谓不察也。

——（西汉）刘向《新序·杂事》

译文：

楚惠王吃冷酸菜时发现了一只蚂蟥，并吞进肚子里，肚子不舒服吃不下饭。令尹进来问道："大王怎么得的这个病呢？"楚惠王说："我吃冷酸菜时看见里边有一条蚂蟥，心想要责罚当事人而不判他们的罪呢，那就使法律变成一纸空文，威信树立不起来，不是使国家有好名声的办法；要责罚他们而按罪判刑呢，那么庖宰、食监依法都该判死罪，心里又不忍那样做，我怕蚂蟥被人发现，于是就吞到肚子里了。”令尹离开坐席站起来，行了两次跪拜礼，祝贺惠王，说：“在下听说上天对人不分亲疏厚薄，只辅佑有德行的人。大王有仁德，是上天要扶助的人，这点病不足为害。”这天晚上，惠王排出了那条蚂蟥，并且他五脏六腑那些多年的老病也全好了。上天的眼睛耳朵，不能说不是明察秋毫啊。(《新序全译》，李华年译注，贵州人民出版社 1994 年版，126 页)

11. 楚庄王大度绝缨

楚庄王赐群臣酒，日暮，酒酣，灯烛灭，乃有人引美人之衣者，美人援绝其冠缨，告王曰：“今者烛灭，有引妾衣者，妾援得其冠缨，持之，取火来上，视绝缨者。”王曰：“赐人酒，使醉失礼，奈何欲显妇人之节而辱士乎？”乃命左右曰：“今日与寡人饮，不绝冠缨者不欢。”群臣百有余人皆绝去其冠缨而上火，卒尽欢而罢。

居二年，晋与楚战，有一臣常在前，五合五获首，却敌，卒得胜之。庄王怪而问曰：“寡人德薄，又未尝异子，子何故出死不疑如是?”对曰：“臣当死。往者醉失礼，王隐忍不暴（pù）而诛也。臣终不敢以荫蔽之德，而不显报王也。常愿肝脑涂地，用颈血湔（溅）敌，久矣。臣乃夜绝缨者也。”遂斥晋军，楚得以强，此有阴德者必有阳报也。

——（西汉）刘向《说苑·复恩》

译文：

楚庄王赏赐群臣饮酒，饮到黄昏的时候，大家酒兴正浓，灯烛忽然熄灭了，就有个人去拉扯美人的衣服，美人就拉断这个人的帽带子，并且告诉楚王说：“现在灯火熄了的时候，有人拉扯我的衣服，我已拉断了他帽子上的带子，赶快把灯烛点起来，察看帽子上没有带子的人。”王说：“赏赐大家喝酒，把大家喝醉了失去礼仪，何必要显示你的节操侮辱士人呢？”于是命令左右的人说：“今天晚上和我一起饮酒，不把帽子上的带子拉断的人表示不快乐。”臣下一百多人都拉断自己帽子上的带子然后才点燃灯烛，结果大家都喝得高兴才散去。

过了二年，晋国和楚国打仗，有一个臣下经常在行阵的前面，五次交锋，五次获得敌人的首级，打退了敌人，取得最后胜利。楚庄王惊异地问他说：“我德行浅薄，又没有特殊对待过你，你为什么这样毫不迟疑地为我出生入死？”回答说：“我应当处死。以前我酒醉失礼，君王隐忍着不使我暴露把我杀掉。我始终不敢因为接受暗中赐予的恩德，不图报效君王。经常希望能够肝脑涂地，用颈血飞溅到敌人身上已经很久了。我就是那天晚上被拉断帽带子的人。”于是打败了晋国的军队，楚国得以强大。这就是有阴德的人一定有阳报。（《白话说苑》，钱宗武译，岳麓书社 1994 年版，75 页）

12. 樊於期献首

秦将王翦破赵，虏赵王，尽收入其地，进兵北略地至燕南界。太子丹恐惧，乃请荆轲曰：“秦兵旦暮渡易水，则虽欲长侍足下，岂可得哉！”荆轲曰：“微太子言，臣愿谒之。今行而毋信，则秦未可亲也。夫樊将军，秦王购之金千斤，邑万家。诚得樊将军首与燕督亢之地图，奉献秦王，秦王必说（悦）见臣，臣乃得有以报。”太子曰：“樊将军穷困来归丹，丹不忍以己之私而伤长者之意，愿足下更虑之！”

荆轲知太子不忍，乃遂私见樊於期曰：“秦之遇将军可谓深矣，父母宗族皆为戮没。今闻购将军首金千斤，邑万家，将奈何？”於期仰天太息流涕曰：“於期每念之，常痛于骨髓，顾计不知所出耳！”荆轲曰：“今有一言可以解燕国之患，报将军之仇者，何如?”於期乃前曰：“为之奈何?”荆轲曰：“愿得将军之首以献秦王，秦王必喜而见臣，臣左手把其袖，右手揕（zhèn）其匈（胸），然则将军之仇报而燕见陵之愧除矣。将军岂有意乎?”樊於期偏袒扼腕而进曰：“此臣之日夜切齿腐心也，乃今得闻教!”遂自刭。太子闻之，驰往，伏尸而哭，极哀。既已不可奈何，乃遂盛樊於期首函封之。

——（西汉）司马迁《史记·刺客列传》

译文：

秦王政十九年（前228），秦将王翦攻破赵都邯郸，俘虏赵王，占据了赵国的所有土地，并挥兵北上，兵至燕国的南部边界。燕太子丹对秦军压境感到恐惧，便请求荆轲说：“秦兵眼看就要渡过易水，攻入燕国，我虽然想长久地陪侍您，又怎么可能呢!”荆轲说：“太子不说，我也想求见您了。但是如果我现在动身去秦国，却没有取信对方的礼物，那样是无法接近秦王的。避难在燕国的樊於期将军，秦王悬赏金千斤、封邑万户，要他的人头。如果真能得到樊将军的人头和燕国督亢地区的地图，献给秦王，秦王一定高兴并接见我，这样我这才有机会报答您的深恩。”太子说：“樊将军在穷困之际投奔于我，我不忍心为自己的私利而辜负长者的信任，希望您再想想别的办法吧!”

荆轲知道太子下不了狠心，便私下会见樊於期说：“秦国对待将军可以说极其残酷，您的父母宗族都被杀害殆尽。现在听说秦王又用金千斤、封邑万家来求购将军的人头，您准备怎么办呢?”樊於期仰天长叹，流着眼泪说：“每次想到这些，我都痛入骨髓，只是想不出复仇的办法罢了!”荆轲说：“现在我有办法可以解救燕国于忧患，可以为将军复仇，不知您以为怎样?”樊於期就进前问道：“那应该怎么做呢?”荆轲说：“我希望能得到将军的人头，把它献给秦王，秦王一定会高兴地接见我，那时候我左手抓住他的袖子，右手把匕首刺进他的胸膛，那样将军的仇报了，燕国被欺凌的耻辱也洗雪了。将军愿意这样做吗?”樊於期解开衣服，露出一边的臂膀，用一只手握住另一只手的腕子，走上前说：“这是我日夜咬牙切齿、痛心疾首的事，今天才有幸听到您的指教！”于是便自刎而死。太子听说此事，驱车前往，伏在樊於期的尸体上大哭，哀痛不已。但事已至此，也无可奈何，于是就把樊於期的人头装在锦盒中密封起来，准备献给秦王。（刘鹏校译）

13．张良圯上受兵书

良尝闲从容步游下邳圯上，有一老父，衣褐，至良所，直堕其履圯（yí）下，顾谓良曰：“孺子，下取履！”良鄂（愕）然，欲殴之。为其老，强忍，下取履。父曰：“履我！”良业为取履，因长跪履之。父以足受，笑而去。良殊大惊，随目之。父去里所，复还，曰：“孺子可教矣。后五日平明，与我会此。”良因怪之，跪曰：“诺。”五日平明，良往。父已先在，怒曰：“与老人期，后，何也？”去，曰：“后五日早会。”五日鸡鸣，良往。父又先在，复怒曰：“后，何也？”去，曰：“后五日复早来。”五日，良夜未半往。有顷，父亦来，喜曰：“当如是。”出一编书，曰：“读此则为王者师矣。后十年兴。十三年孺子见我济北，谷城山下黄石即我矣。”遂去，无他言，不复见。旦日视其书，乃《太公兵法》也。良因异之，常习诵读之。

——（西汉）司马迁《史记·留侯世家》

译文：

张良曾经在闲暇的时候，信步闲行于下邳桥上，有一位老人家，身着粗布衣服，来到他的面前，故意把鞋子掉到桥下，然后回头对张良说：“小子，下去把我的鞋取上来！”张良很惊愕，本想打他一顿，但转念想到这是一位老者，只好强忍怒火，下桥取回了鞋子。老人又说：“把鞋给我穿上！”张良心想，都已经替他把鞋取了上来，干脆好事做到底。于是就直身跪下，为老人穿鞋。老人把脚伸过来，心安理得地看着张良替他穿上鞋，而后微笑而去。张良见老人举止不凡，心中十分惊异，便一直目视着他的身影。老人走了一里多路，又转身返回，对张良说："小子是可以教导的啊。五天之后，天刚亮的时候，你到这里与我会面。"张良感到奇怪，便跪下说："遵命。"五天之后天刚亮时，张良来到桥上。老人已经到了，发怒说："与老人约会却晚到，这是怎么回事？"老人随即离去，并说："五天之后，早一点来相见。"五天后鸡叫时，张良便来到桥上。老人又已经到了，又发怒说："为什么又迟到？"离去时又说："五天后再早一点来。"又五天之后，张良没到半夜就动身前往。过了一会儿，老人也来了，这次他高兴地说："年轻人就应当这样。"随即拿出一部书，说："读懂它，就可以作帝王的老师了。十年之后，你会功成名就。十三年后，你会在济北再见到我，谷城山下面的黄石，就是我了。"老人再也没说什么，离去之后便消失了。天亮时张良看这部书，原来是《太公兵法》。张良知道此书非同一般，便经常诵读揣摩。（刘鹏校译）

14. 缇萦赎父刑罪

文帝四年中，人上书言意，以刑罪当传（zhuàn）西之长安。意有五女，随而泣。意怒，骂曰："生子不生男，缓急无可使者。"于是少女缇萦（tí yíng）伤父之言，乃随父西。上书曰："妾父为吏，齐中称其廉平，今坐法当刑。妾切痛死者不可复生而刑者不可复续，虽欲改过自新，其道莫由，终不可得。妾愿入身为官婢，以赎父刑罪，使得改行自新也。"书闻，上悲其意，此岁中亦除肉刑法。

——（西汉）司马迁《史记·扁鹊仓公列传》

译文：

汉文帝四年（前176）间，有人上书控告淳于意，按律论罪，应当用传车向西押送到长安受刑。淳于意有五个女儿，这时候只是随着父亲哭泣。淳于意发怒，骂道："可恨我没有儿子，紧急的时候没人能派上用场！"小女儿缇萦伤感于父亲的话，便跟随父亲西行直到长安。她上书汉文帝说：“我父亲做官吏，齐地的人都称许他廉洁、公平，如今他犯了法，理应受刑。但令我深切痛心的是，犯死罪的人不能够复生，受了刑的人身体不能再复原，即使将来想要重新做人，也无路可走，没有机会了。我情愿没入官府去做奴婢，来赎免父亲的刑罪，让他得以有改过自新的机会。”汉文帝看到她的上书，感动于缇萦孝敬父亲、怜悯罪人的心意，不仅赦免了淳于意，还在这一年中废除了肉刑之法。（刘鹏校译）

15．朱买臣担薪诵书

朱买臣，字翁子，吴人也。家贫，好读书，不治产业，常艾（yì，刈）薪樵，卖以给（jǐ）食，担束薪，行且诵书。其妻亦负戴（载）相随，数（shuò）止买臣毋歌呕（讴）道中。买臣愈益疾歌。

——（东汉）班固《汉书·朱买臣传》

译文：

朱买臣字翁子，吴县人。家境贫寒，却喜欢读书，不懂得治理产业，经常靠砍柴、卖柴来维持生计。他肩上担着柴，边走边高声朗诵典籍。其妻也担柴跟随，屡次劝阻他不要在路上朗诵。他不听劝阻，反而更加提高了朗诵的声音。（刘冰雪校译）

16．董仲舒三年不窥园

董仲舒，广川人也。少治《春秋》，孝景时为博士。下帷讲诵，弟子传以久次相授业，或莫见其面。盖三年不窥园，其精如此。

——（东汉）班固《汉书·董仲舒传》

译文：

董仲舒，广川人。年轻时研究《春秋》，汉景帝时任博士。他给弟子授课时放下帷幕讲诵，先入学的弟子对后入学的传授学业，有的弟子竟没有见过他。董仲舒三年都不去赏看家中的花圃，其精心钻研学问到如此地步。（刘冰雪校译）

17. 头悬梁，苦读书

孙敬好学，晨夕不休。时欲寤寐，奋志悬头屋梁以自课。常闭户，号为闭户先生。

——（北宋）李昉等《太平御览》[①]卷六百十一引《楚国先贤传》

注释：

①《太平御览》：宋太宗命李昉等辑的类书。初名《太平总类》，后经太宗按日阅览，改题今名。一千卷，分五十五门。引书浩博，多至一千六百九十种。李昉（925—996）：北宋文学家。字明远，真定（今河北正定）人，一作深州饶阳（今属河北）人。

译文：

东汉人孙敬，勤奋好学，终日不废读书。每当疲倦欲睡时，便用绳子系住头发，拴在房梁之上，以自激励。常常闭户苦读，人称闭户先生。（刘冰雪校译）

18. 小子安知壮士志

班超字仲升，扶风平陵人，徐令彪之少子也。为人有大志，不修细节。然内孝谨，居家常执勤苦，不耻劳辱。有口辩，而涉猎书传。永平五年，兄固被召诣校书郎，超与母随至洛阳。家贫，常为官佣书以供养。久劳苦，尝辍业投笔叹曰："大丈夫无它志略，犹当效傅介子、张骞立功异域，以取封侯，安能久事笔研（砚）间乎？”左右皆笑之，超曰：“小子安知壮士志哉！”

——（南朝宋）范晔《后汉书·班超传》

译文：

班超字仲升，扶风平陵人，是徐令班彪的小儿子。他胸怀大志，不拘小节。但他极其孝顺恭谨，在家从事劳作，不辞辛苦。他口才好，广泛涉猎书传。永平五年，兄长班固被召任校书郎，班超与母亲跟随兄长来到洛阳。因家中贫穷，班超经常为官府抄写誊录文书补贴家用。久而劳累之时，他曾停下工作掷笔叹息道：“大丈夫就算没有别的志向，也应当效仿傅介子、张骞在异域立功，以此封侯，怎能长久从事这种碌碌无为的工作呢？”周围的人都讥笑他。班超说：“小子怎能知道壮士的志向！”（刘冰雪校译）

19. 孔融让梨

兄弟七人，融第六，幼有自然之性。年四岁时，每与诸兄共食梨，融辄引小者。大人问其故，答曰：“我小儿，法当取小者。”由是宗族奇之。

——（南朝宋）范晔《后汉书·孔融传》（唐）李贤注引《融家传》

译文：

孔融兄弟七人，他排行第六，从小便有淳朴的品性，懂得兄友弟恭的道理。孔融四岁时，每次与哥哥们一起吃梨，总是拿最小的。长辈问他原因，他答道：“我年纪小，自然应该拿小的。”从此家族亲友都对他另眼看待。（刘冰雪校译）

20. 黄香温席

黄香，字文强，江夏安陆人。父况为郡五官掾（yuàn）。

刘设教令署香门下孝子，数占见。况举孝廉，贫无奴仆，香躬亲勤苦，尽心供养，冬无袴被，而亲极滋味。暑即扇床枕，寒即以身温席。

——（东汉）刘珍等《东观汉记·黄香传》

译文：

东汉人黄香，字文强，为江夏安陆人。他的父亲黄况是郡的五官掾。太守刘护设教令，把黄香署为门下孝子，多次召见。黄况举孝廉时，因家境贫寒没有仆随，黄香便不辞劳苦，尽心侍奉父亲。冬天，宁愿自己没有被褥棉衣御寒，也一定让父亲吃好穿好。暑热时，黄香把床枕扇凉再让父亲入睡；寒冷时，黄香用身体给父亲暖热床褥。（刘冰雪校译）

21. 炊忘着箪

宾客诣陈太丘宿，太丘使元方、季方炊。客与太丘论议，二人进火，俱委而窃听，炊忘着箪（zhuó bì），饭落釜中。太丘问："炊何不馏（liù）？"元方、季方长跪曰："大人与客语，乃俱窃听，炊忘着箪，饭今成糜。"太丘曰："尔颇有所识不？"对曰："仿佛志之。"二子俱说，更相易夺，言无遗失。太丘曰："如此，但糜自可，何必饭也？"

——（南朝宋）刘义庆《世说新语·夙惠》

译文：

有客人拜访东汉太丘长陈寔，并在陈家留宿，陈寔叫儿子陈纪、陈谌去烧火蒸饭。客人与陈寔在谈论，陈纪、陈谌兄弟俩烧上了火，都放下了活儿去偷听客人和父亲的谈话，蒸饭的甑子里忘了放上蒸架子，饭就通过甑底的七个洞孔漏到底下的蒸锅里去了。陈寔问："烧饭为什么还不漉出来蒸？"陈纪、陈谌长跪着说："大人跟客人谈话，我们就一起偷听，炊具里忘记安上蒸架，饭如今都成了厚粥了。"陈寔问："你们听了，可记住些什么吗？"

儿子回答说："仿佛记得的。"两个儿子一起叙说，互相更正补充，把听到的话一点不漏地复述出来了。陈寔说："能够这样，只有厚粥也可以了，何必一定要吃饭呢！"（《世说新语译注》，张㧑之译注，上海古籍出版社 2007 年版，277 页）

22. 王符耿介不同于俗

王符字节信，安定临泾人也。少好学，有志操，与马融、窦章、张衡、崔瑗等友善。安定俗鄙庶孽，而符无外家，为乡人所贱。自和、安之后，世务游宦，当涂（途）者更相荐引，而符独耿介不同于俗，以此遂不得升进。志意蕴愤，乃隐居著书三十余篇，以讥当时失得，不欲章显其名，故号曰《潜夫论》。其指讦（jié）时短，讨谪（zhé）物情，足以观见当时风政。

——（南朝宋）范晔《后汉书·王符传》

译文：

王符字节信，安定临泾县人。年少好学，有志向节操，与马融、窦章、张衡、崔瑗等交好。安定习俗歧视庶出，而王符又没有舅家亲戚，因此备受乡人轻贱。自东汉和帝、安帝之后，世人皆致力谋求宦达，当权者更是相互引荐，唯独王符耿介不同流俗，因此不得仕进。他意气不平、积蕴愤懑，于是隐居著书三十余篇，用以讥讽时政得失，又不愿显扬姓名，因此取名《潜夫论》。此书攻讦时弊，指摘世情，从中足以考察当时的世情时政。（刘冰雪校译）

23. 宋弘糟糠之妻不下堂

时帝姊湖阳公主新寡，帝与共论朝臣，微观其意。主曰："宋公威容德器，群臣莫及。"帝曰："方且图之。"后弘被引见，帝令主坐屏风后，因谓弘曰："谚言贵易交，富易妻，人情乎？"弘曰："臣闻贫贱之知不可忘，糟糠之妻不下堂。"帝顾谓主曰："事不谐矣。"

——（南朝宋）范晔《后汉书·宋弘传》

译文：

当时，汉光武帝的姐姐湖阳公主刚刚丧夫，光武帝与她一起议论朝中大臣，暗中观察她的意思。公主说："宋弘威望、仪容、品德、器度，朝中无人能及。"光武帝说："待我试试。"后来宋弘被召见，光武帝让公主坐在屏风后面，旁敲侧击地对宋弘说："俗话说贵易友，富易妻，这是人之常情吧？"宋弘答道："我只听说贫贱之交不可忘，糟糠之妻不下堂。"光武帝回头对公主说："此事办不妥了。"（刘冰雪校译）

24. 关羽不忘旧主

建安五年，曹公东征，先主奔袁绍。曹公禽（擒）羽以归，拜为偏将军，礼之甚厚。绍遣大将军颜良攻东郡太守刘延于白马，曹公使张辽及羽为先锋击之。羽望见良麾盖，策马刺良于万众之中，斩其首还，绍诸将莫能当者，遂解白马围。曹公即表封羽为汉寿亭侯。

初，曹公壮羽为人，而察其心神无久留之意，谓张辽曰："卿试以情问之。"既而辽以问羽，羽叹曰："吾极知曹公待我厚，然吾受刘将军厚恩，誓以共死，不可背之。吾终不留，吾要当立效以报曹公乃去。"辽以羽言报曹公，曹公义之。及羽杀颜良，曹公知其必去，重加赏赐。羽尽封其所赐，拜书告辞，而奔先主于袁军。左右欲追之，曹公曰："彼各为其主，勿追也。"

——（西晋）陈寿《三国志·蜀书·关羽传》

译文：

汉献安建安五年（200），曹操东征，刘备逃奔袁绍。曹操俘获关羽而回，任命他为偏将军，对他礼遇优厚。袁绍派大将颜良在白马攻打东郡太守刘延，曹操派张辽和关羽为前锋迎击颜良。关羽远远望见颜良的旗帜车盖，便扬鞭催马冲入万军之中，斩杀颜良，割其首级而还，袁绍麾下无人能敌，关羽一举解除白马之围。曹操随即上表奏请封关羽为汉寿亭侯。

起初，曹操爱重关羽的气概和人品，但细察之下发觉他并无久留之意，就对张辽说："你试着以私交去探问他。"于是张辽以此问关羽，关羽感叹说："我深知曹公待我之厚，可是我受刘将军大恩，发誓同生共死，决不背叛。因此我不能留下，但我定要立功报效曹公之后再走。"张辽把此话回报给曹操，曹操十分称许关羽的义气。直到关羽杀了颜良，曹操料定他要离开，便重加赏赐。关羽把赏赐之物全部封存，留下书信告辞，而后便往袁绍军中寻找刘备。曹操的部下想去追回关羽，曹操说："人各为其主，不必追了。"（刘冰雪校译）

25．与周公瑾交，若饮醇醪

初，瑜见友于孙策，太夫人又使权以兄奉之。是时权位为将军，诸将、宾客为礼尚简，而瑜独先尽敬，便执臣节。程普颇以年长，数陵侮瑜，瑜折节下之，终不与校。普后自敬服而亲重之，乃告人曰："与周公瑾交，若饮醇醪（láo），不觉自醉。"

——（北宋）司马光《资治通鉴·汉纪五十八》

译文：

起初，周瑜是孙策的朋友，孙权的母亲吴太夫人又曾让孙权把周瑜当作兄长来尊敬。当时，孙权的职位只是讨虏将军，部下将领与宾客们对他的礼节还较为简单，而只有周瑜带头，以极其恭敬的臣属礼节拜见孙权。程普自以为年龄比周瑜大，多次凌辱周瑜，周瑜委曲求全，始终不与程普计较。后来，程普受到感动，对周瑜十分佩服、敬重，与周瑜关系非常亲近，于是程普告诉别人说："与周公瑾交往，好像喝下陈酿美酒，不知不觉就已沉醉。"（文白对照《资治通鉴》，[北宋]司马光编撰，沈志华、张宏儒主编，中华书局2009年版，2645页）

26. 怀橘遗亲

陆绩字公纪，吴郡吴人也。父康，汉末为庐江太守。绩年六岁，于九江见袁术。术出橘，绩怀三枚，去，拜辞堕地，术谓曰："陆郎作宾客而怀橘乎？"绩跪答曰："欲归遗母。"术大奇之。

——（西晋）陈寿《三国志·吴书·陆绩传》

译文：

陆绩字公纪，吴郡吴县人。他的父亲陆康，汉代末年任庐江太守。陆绩六岁时，曾在九江拜见袁术。袁术拿出橘子来招待他，他却往怀中藏了三枚。临别之际，陆绩揖拜告辞，橘子便滚落出来，袁术揶揄道："陆郎做客竟在怀中藏橘子吗？"陆绩跪下答道："实想带回去孝敬母亲。"袁术大为惊奇。（刘冰雪校译）

27. 管宁割席

管宁、华歆共园中锄菜，见地有片金，管挥锄与瓦石不异，华捉而掷去之。又尝同席读书，有乘轩冕过门者，宁读如故，歆废书出看。宁割席分坐，曰："子非吾友也！"

——（南朝宋）刘义庆《世说新语·德行》

译文：

管宁和华歆一起在园中刨地种菜，看到地上有一片金子，管宁仍旧挥动锄头，把金子看得如同瓦片石块一样，华歆却把金子拾了起来，后来才扔掉。他们又曾经同坐在一张席上读书，有乘坐华丽车子的贵官经过门前，管宁照旧读书，华歆却丢下书本跑出去看。管宁就割断席子，跟华歆分开坐，说："你不是我的朋友！"（《世说新语译注》，张㧑之译注，上海古籍出版社 2007 年版，5 页）

28. 急不相弃

华歆、王朗俱乘船避难，有一人欲依附，歆辄难之。朗曰："幸尚宽，何为不可？"后贼追至，王欲舍所携人。歆曰："本所以疑，正为此耳。既已纳其自托，宁可以急相弃邪？"遂携拯如初。世以此定华、王之优劣。

——（南朝宋）刘义庆《世说新语·德行》

译文：

华歆、王朗一起乘船逃难，有一个人要求搭船跟从，华歆总是拒绝。王朗说："好在船还有宽裕的地方，为什么不可以带带他呢？"后来，贼人追上来了，王朗想把所带的那人丢下。华歆说："我当初所以犹豫，正是担心会出现这种危急之中不能相顾的情况。现在既然已经接受了他的请求，难道可以因为情况紧急而抛弃他吗？"于是仍旧像开头那样携带救助这个人。世人就根据这件事情来评定华歆和王朗的优劣。（《世说新语译注》，张㧑之译注，上海古籍出版社 2007 年版，6 页）

29. 卧冰求鲤

祥性至孝。早丧亲，继母朱氏不慈，数谮（zèn）之，由是失爱于父。每使扫除牛下，祥愈恭谨。父母有疾，衣不解带，汤药必亲尝。母常欲生鱼，时天寒冰冻，祥解衣将剖冰求之，冰忽自解，双鲤跃出，持之而归。母又思黄雀炙，复有黄雀数十飞入其幕，复以供母。乡里惊叹，以为孝感所致焉。有丹柰（nài）结实，母命守之，每风雨，祥辄抱树而泣。其笃孝纯至如此。

——（唐）房玄龄等《晋书·王祥传》

译文：

王祥生性非常孝顺。早年丧母，继母朱氏对他不好，屡次在他父亲面前诋毁他，他父亲也因此不喜欢他。经常让他打扫牛圈，王祥更加恭敬谨慎。父母生了病，他衣不解带地照顾，并且一定亲自尝试汤药。继母喜欢吃新鲜的鱼，当时天气寒冷，河面结冰，王祥脱下衣服准备破冰捕鱼，冰忽然自己溶化，两条鲤鱼跃出水面，他就把鱼拿回家了。又一次，继母想吃烤黄雀，又有几十只黄雀飞进他的帐幕中，于是他把黄雀献给了继母。乡亲们很惊叹，认为这是孝心感动上天所致。有一棵丹柰树结了果实，继母叫他看守，每当刮风下雨时，王祥就抱着树流泪。他可谓是仁孝至极了。（张维校译）

30. 外坦荡而内淳至

籍嫂尝归宁，籍相见与别。或讥之，籍曰："礼岂为我设邪！"邻家少妇有美色，当垆沽酒。籍尝诣饮，醉，便卧其侧。籍既不自嫌，其夫察之，亦不疑也。兵家女有才色，未嫁而死。籍不识其父兄，径往哭之，尽哀而还。其外坦荡而内淳至，皆此类也。

——（唐）房玄龄等《晋书·阮籍传》

译文：

阮籍的嫂子曾回娘家探亲，阮籍前去与她话别。有人讥讽阮籍违背礼教，阮籍说："礼教难道是为我制定的吗！"邻居家的少妇长得颇为漂亮，在酒铺卖酒。阮籍曾去她那里喝酒，喝醉了，就在她旁边躺下。阮籍也不避嫌，她丈夫看到了，也没有怀疑。有一军户家里有一才貌双全的女儿，未出

嫁就死了。阮籍不认识她的父亲和兄长，径自前往哭丧，极尽悲哀才返回。他外表坦荡而内心纯洁，都是如此。（张维校译）

31. 周处改过

周处年少时，凶强侠气，为乡里所患，又义兴水中有蛟，山中有邅（zhān）迹虎，并皆暴犯百姓，义兴人谓为“三横（hèng）”，而处尤剧。或说处杀虎斩蛟，实冀三横唯余其一。处即刺杀虎，又入水击蛟，蛟或浮或没，行数十里，处与之俱，经三日三夜，乡里皆谓已死，更相庆，竟杀蛟而出。闻里人相庆，始知为人情所患，有自改意。乃入吴寻二陆，平原不在，正见清河，具以情告，并云欲自修改而年已蹉跎，终无所成。清河曰：“古人贵朝闻夕死，况君前途尚可，且人患志之不立，亦何忧令名不彰邪？”处遂改励，终为忠臣孝子。

——（南朝宋）刘义庆《世说新语·自新》

译文：

周处年轻时，强凶霸道，任性惹事，被乡里人们认为是个祸害。另外，义兴郡水中有条蛟龙，山上有只邅迹虎，都暴戾地侵害百姓，义兴人称为“三害”，而周处的危害最为严重。有人劝说周处去杀虎斩蛟，实际上是希望三害除掉两害而只剩下一害。周处就立即刺杀了老虎，又下水去击杀蛟龙。蛟龙时浮时沉，游了几十里，周处始终和蛟龙缠在一起。经过三天三夜，乡里的人以为他已经死了，就互相庆贺。不料周处竟杀掉了蛟龙，从水里出来了。他听到乡里人们互相庆贺，才知道自己为人们所厌恶，就有了悔改的心思。于是他到吴郡去寻访陆机、陆云兄弟，陆机不在，只见到陆云。周处把事情的经过通通告诉了陆云，并且说自己想修正悔改而岁月蹉跎，年纪大了，恐怕最终没有什么成就。陆云说：“古人以‘朝闻夕死’为贵，何况您还前途远大着呢。再说，人只怕不能立志，何必担忧美名得不到显扬呢？”周处就努力改过自新，砥砺志节，后来终于成了忠臣孝子。(《世说新语译注》，张㧑之译注，上海古籍出版社2007年版，299页)

32. 闻鸡起舞

逖性豁荡，不修仪检。年十四五犹未知书，诸兄每忧之。然轻财好侠，慷慨有节尚，每至田舍，辄称兄意散谷帛以赒（zhōu）贫乏，乡党宗族以是重之。后乃博览书记，该涉古今，往来京师，见者谓逖有赞世才具。侨居阳平。年二十四，阳平辟察孝廉，司隶再辟举秀才，皆不行。与司空刘琨俱为司州主簿，情好绸缪，共被同寝。中夜闻荒鸡鸣，蹴琨觉曰：“此非恶声也。”因起舞。

——（唐）房玄龄等《晋书·祖逖传》

译文：

祖逖生性豁达坦荡不受约束，不修仪表。十四五岁时还未好好读书，几位兄长常常为他担忧。祖逖不贪图财物而看重侠义，慷慨有气节，每到农民家中，就称是遵循其兄长之意，散发谷物布帛来救济贫困，乡亲和宗族亲戚都因此而敬重他。后来他博览群书，涉猎古今，他几次进出京师，见过他的人都说他有辅佐帝王治理国政之才。寄居在阳平。二十四岁时，阳平推荐他为孝廉，司隶再推举他为秀才，他都没有答应。与司空刘琨一同担任司州主簿，二人志趣相投，盖一条被睡一张床。半夜三更听到公鸡啼叫，祖逖把刘琨踢醒说：“这不是恶声。”于是二人一起起床舞剑。(张维校译)

33. 凿壁偷光

匡衡字稚圭，勤学而无烛。邻舍有烛而不逮，衡乃穿壁引其光，以书映光而读之。邑人大姓文不识，家富多书，衡乃与其佣作，而不求偿。主人怪，问衡，衡曰：“愿得主人书遍读之。”主人感叹，资给以书，遂成大学。

——（东晋）葛洪《西京杂记》[①]卷二

注释：

①《西京杂记》：东晋葛洪撰。“西京”指西汉的都城长安，书中所载故事起于萧何营造未央宫事，迄于西汉后期的汉成帝、哀帝时代。葛洪（约281—341）：东晋道教理论家、医学家、炼丹术家。字稚川，号抱朴子，丹阳句容（今属江苏）人。

译文：

西汉丞相匡衡，字稚圭，少年时好学，却因为家贫买不起蜡烛，晚上读不了书。邻居家虽点了蜡烛，可烛光射不过来。于是他就在墙壁上挖了一个洞，将烛光引过来，借着微弱的光线苦读。当地有一位出身名门望族的文不识，家资巨富，藏书众多，匡衡就到他家去做工，而不要报酬。主人觉得惊奇，询问缘故，他说：“希望能有机会遍读您的藏书。”主人在感叹他的好学之余，就用书作为报酬给他。若干年后，匡衡终于成为一位知识渊博的学者。（赵前、刘鹏校译）

34. 孙康映雪读书

孙康家贫，常映雪读书，清淡，交游不杂。

——（唐）徐坚《初学记》[①]卷二引《宋齐语》

注释：

①《初学记》：唐徐坚等奉敕撰，三十卷。此书为便于玄宗诸子赋诗作文时寻检事类，以其为初学者所用，故名。汇辑群经诸子、历代诗赋及唐初诸家作品。徐坚（659？—729）：唐代学者、诗文家。字元固，原籍湖州长城（今浙江长兴），后迁冯翊（今陕西大荔）。

译文：

晋代人孙康，家境贫寒，因买不起灯烛，冬天的晚上，他便常常站在户外，就着白雪反射的月光读书。孙康清淡寡欲，不随便与人交往。（赵前、刘

鹏校译）

35．车胤囊萤照读

胤恭勤不倦，博学多通。家贫不常得油，夏月则练囊盛数十萤火以照书，以夜继日焉。

——（唐）房玄龄等《晋书·车胤传》

译文：

车胤恭谨勤勉，不知疲倦，学识渊博，通晓多方面的才能。家境贫寒时常无油点灯，夏天就用白色绢袋装几十只萤火虫用以照明读书，夜以继日地学习。（张维校译）

36．不为五斗米折腰

亲老家贫，起为州祭酒，不堪吏职，少日，自解归。州召主簿，不就。躬耕自资，遂抱羸疾。复为镇军、建威参军，谓亲朋曰："聊欲弦歌，以为三径之资，可乎？"执事者闻之，以为彭泽令。公田悉令吏种秫稻，妻子固请种粳，乃使二顷五十亩种秫，五十亩种粳。郡遣督邮至，县吏白应束带见之，潜叹曰："我不能为五斗米折腰向乡里小人。"即日解印绶去职。

——（南朝梁）沈约《宋书·陶潜传》

译文：

陶潜（又名陶渊明）的父母年迈，家境贫穷，被起用为江州祭酒，但不愿意忍受官职的束缚，不久，便自行辞官回家。州府又征召他为主簿，他没有接受。他亲自耕作自给自足，以致因劳累而体弱多病。又担任镇军参军、建威参军，他对亲友说："我想暂时出任一段时间的县令，挣些薪俸作为将来归隐田园的费用，你们说行么？”地方上的长官得知了，就任命他为彭泽县令。他命令将县里的公田全部种植秫稻，他妻子坚决请求种植粳稻，他才让二顷五十亩种秫稻，五十亩种粳稻。郡里派督邮来到彭泽县检查工作，县吏告知陶潜应当穿戴官服去见督邮，陶潜叹息地说：“我不能为了五斗米的薪俸而失去尊严去向乡里小人卑躬屈膝。”当天就交还印绶辞去官职。（张维校译）

37. 千万买邻

初，宋季雅罢南康郡，市宅居僧珍宅侧。僧珍问宅价，曰：“一千一百万。”怪其贵，季雅曰：“一百万买宅，千万买邻。”

——（唐）李延寿《南史·吕僧珍》

译文：

当初，宋季雅从南康郡卸任归家，买了一所宅子住到吕僧珍宅子的旁边。僧珍问他宅子的价钱，他说：“一千一百万。”吕僧珍为价钱如此之贵感到很奇怪，宋季雅说：“一百万买宅子，一千万买邻居。”（郑晓雯校译）

38. 昼读夜诵

沈约字休文，吴兴武康人也。祖林子，宋征虏将军。父璞，淮南太守。璞元嘉末被诛，约幼，潜窜，会赦免。既而流寓孤贫，笃志好学，昼夜不倦。母恐其以劳生疾，常遣减油灭火。而昼之所读，夜辄诵之，遂博通群籍，能属（zhǔ）文。

——（唐）李延寿《南史·沈约传》

译文：

沈约，字休文，吴兴武康人。祖父沈林子，是南朝宋的征虏将军。父亲沈璞，曾任淮南太守。沈璞于元嘉末年被诛杀，沈约当时年纪还小，为避灾祸，偷偷逃走，后来遇到皇帝大赦天下才得以免罪。此后沈约一直流落他乡，孤苦贫困；但他志向坚定，勤奋好学，日夜读书不知疲倦。母亲怕他如此辛苦会得病，就常常让他减油熄灯。然而沈约白天读的内容，到了晚上就加以背诵，最终博览群书，写得一手好文章。（郑晓雯校译）

39. 宁为玉碎，不为瓦全

天保时，诸元帝室亲近者多被诛戮。疏宗如景安之徒议欲请姓高氏，景皓云："岂得弃本宗，逐他姓，大丈夫宁可玉碎，不能瓦全。"景安遂以此言白显祖，乃收景皓诛之，家属徙彭城。

——（唐）李百药《北齐书·元景安传》[①]

注释：

①《北齐书》：原名《齐书》，宋时加"北"字，以与萧子显的《南齐书》区别。唐李百药撰。五十卷，纪传体北齐史，无表志。成书于贞观十年（636）。本书北宋以后散佚很多，后人取《北史》等书补足。李百药（565—648）：唐初史学家。字重规，安平（今属河北）人。

译文：

北齐文宣帝天保年间，与东魏皇室关系密切的宗室大多都被杀害，东魏宗室的远房宗族，像元景安等人商议打算请求改姓高氏，元景皓说："怎么能够抛弃本宗，而改为他姓，大丈夫宁可玉碎，不能瓦全。"元景安向显祖（文宣帝高洋）报告了这些话，于是捉住元景皓杀了，他的家人流放到了彭城。（张维校译）

40. 皇甫绩克躬励己

绩三岁而孤，为外祖韦孝宽所鞠养。尝与诸外兄博弈，孝宽以其惰业，督以严训，愍绩孤幼，特舍之。绩叹曰："我无庭训，养于外氏，不能克躬励己，何以成立？"深自感激，命左右自杖三十。孝宽闻而对之流涕。于是精心好学，略涉经史。

——（唐）魏徵等《隋书·皇甫绩传》

译文：

皇甫绩三岁成为孤儿，由外祖父韦孝宽抚养。他曾与表兄们下棋，韦孝宽认为他荒废学业，严厉地训斥了他，怜悯皇甫绩是年幼的孤儿，特地没有处罚他。皇甫绩感慨地说："我没有父亲的教诲，收养于外祖父家，不能严于律己和激励自己，怎么能有所成就呢？"十分感激外祖父的宽容，命令左右随侍杖打自己三十下。韦孝宽听说此事后心疼得流下了眼泪。从此皇甫绩用心学习，阅读了大量经史典籍。（张维校译）

41. 李密挂角读书

闻包恺在缑（gōu）山，往从之。以蒲鞯（jiān）乘牛，挂《汉书》一帙角上，行且读。越国公杨素适见于道，按辔蹑其后，曰："何书生勤如此？"密识素，下拜。问所读，曰："《项羽传》。"因与语，奇之。归谓子玄感曰："吾观密识度，非若等辈。"玄感遂倾心结纳。

——（北宋）欧阳修等《新唐书·李密传》

译文：

李密听说学者包恺住在缑山，就前去拜访跟他学习。李密骑着牛，身下垫个草垫子，把《汉书》挂在一只牛角上，边走边读。越国公杨素碰巧在路上遇到他，就扣住马缰悄悄跟在后面，对他说："这是哪位书生这么勤奋？"李密认识杨素，从牛背上下来向杨素下拜。杨素问他读的什么书，李密说："是《项羽传》。"杨素与他交谈了几句，惊奇于他的才学。回到家，

对儿子杨玄感说："我观察李密的学识气度，不同于你们这般人。"杨玄感于是诚心实意地与李密结交为友。（郑晓雯校译）

42. 铁杵磨针

磨针溪，在象耳山下。世传李太白读书山中，未成弃去，过小溪，逢老媪（ǎo）方磨铁杵，问之，曰："欲作针。"太白感其意，还卒业。妪（yǔ）自言姓武，今溪旁有武氏岩。

——（南宋）祝穆《方舆胜览》[①]卷五十三

注释：

①《方舆胜览》：南宋祝穆编撰。七十卷，南宋地理总志。祝穆（？—1255）：南宋地理学家。少名丙，字伯和，又字和甫，建宁崇安（今福建武夷山）人。

译文：

磨针溪，在四川眉州的象耳山下。传说李白在山中读书，曾经半途而废，准备离开。路上经过小溪，他看到一位老婆婆在费力地磨一根铁杵，李白问她在做什么，她说："想要磨成一支针。"李白顿时醒悟，回去认真读书，终于学有所成。老婆婆自称姓武，现在溪旁还有一处武氏岩。（赵前、刘鹏校译）

43. 郑虔红叶学书

虔善图山水，好书，常苦无纸，于是慈恩寺贮柿叶数屋，遂往日取叶肄书，岁久殆遍。尝自写其诗并画以献，帝大署其尾曰"郑虔三绝"。迁著作郎。

——（北宋）欧阳修等《新唐书·郑虔传》

译文：

郑虔擅长绘画山水，喜欢书法，却常常苦于没有纸。当时，慈恩寺内储存有几屋子的柿树干叶，于是郑虔就每天到寺里去取些树叶回来练习书法，时间久了，寺里的树叶都被他用完了。郑虔曾画了一幅画并作题画诗一首献给皇上，皇上在卷尾御笔亲题“郑虔三绝”。之后，郑虔升任著作郎。（郑晓雯校译）

44．杜佑虽贵，犹夜分读书

佑资嗜学，虽贵犹夜分读书。先是，刘秩摭（zhí）百家，侔周六官法，为《政典》三十五篇，房琯称才过刘向。佑以为未尽，因广其阙，参益新礼为二百篇，自号《通典》，奏之，优诏嘉美，儒者服其书约而详。

——（北宋）欧阳修等《新唐书·杜佑传》

译文：

杜佑生性好学，即使地位显贵仍然读书到深夜。先前，有刘秩摘取百家言论，仿照周代的六官法，编纂成《政典》三十五篇。房琯称赞刘秩的才学超过了刘向。杜佑认为《政典》还不完善，于是开始增补其中的缺漏之处，增加新礼二百篇，自取书名为《通典》，上奏给皇上，皇上颁布褒美嘉奖的诏书，对他大加赞赏，鸿儒学者们也都佩服此书简约翔实。（郑晓雯校译）

45．踏雪践约

蕃部有牛家族奴讹者，素屈（倔）强，未尝出谒郡守，闻世衡至，遽郊迎。世衡与约，明日当至其帐，往劳部落。是夕大雪，深三尺。左右曰：“地险不可往。”世衡曰：“吾方结诸羌以信，不可失期。”遂缘险而进。奴讹方卧帐中，谓世衡必不能至，世衡蹴而起，奴讹大惊曰："前此未尝有官至吾部者，公乃不疑我耶！"率其族罗拜听命。

——（元）脱脱等《宋史·种世衡传》

译文：

（宋仁宗时，边将种世衡奉命前往环州招抚蕃部，）其中有个牛家族首领叫奴讹，性格倔强，从不曾出门拜谒过郡守，听闻种世衡来到，即到郊外相迎。种世衡与之约定，第二天前往其帐，慰劳部落。当晚下起了大雪，雪积三尺。种世衡身边的人都说："那地方太险恶，不可前往。"种世衡说："我刚刚才以信义结交各羌部落，不能够失约。"随即沿着险路前去。奴讹正在帐中躺下，认为种世衡一定不会来了，种世衡却踏进帐中，奴讹大惊而起，说："此前从未有官员到我的部落来，可见您对我确实没有疑心！"遂率领他的部族列队参拜，听从命令。（朱宇凡校译）

46. 程门立雪

杨时字中立，南剑将乐人。幼颖异，能属文，稍长，潜心经史。熙宁九年，中进士第。时河南程颢与弟颐讲孔、孟绝学于熙、丰之际，河、洛之士翕然师之。时调官不赴，以师礼见颢于颍昌，相得甚欢。其归也，颢目送之曰："吾道南矣。"四年而颢死，时闻之，设位哭寝门，而以书赴（讣）告同学者。至是，又见程颐于洛，时盖年四十矣。一日见颐，颐偶瞑坐，时与游酢侍立不去，颐既觉，则门外雪深一尺矣。

——（元）脱脱等《宋史·杨时传》

译文：

杨时字中立，南剑将乐人。小时候就聪颖过人，能撰写文章，稍大之后，潜心研读经史之学。熙宁九年，杨时中进士。河南的程颢和弟弟程颐在熙宁、元丰年间讲授孔、孟的学术精要，河洛之间的学人们纷纷前往拜他们为师。杨时当时被调官而未赴任，以师礼在颍昌拜见了程颢，相处非常愉快。待杨时归去，程颢目送他离开时说："我的学说传至南方了。"过了四年，程颢去世，杨时得知后，在卧室设了灵位哭祭，并写信发讣告给同学。后来，他又在洛阳拜见了程颐，当时已经年至四十了。一天，杨时前去见程颐，程颐正闭目静坐，便与游酢侍立在门外，没有离去，待到程颐发觉之时，门外的雪已经下到一尺厚了。（朱宇凡校译）

47. 肘不离案与双趺之迹

胡澹庵见杨龟山，龟山举两肘示之曰："吾此肘不离案三十年，然后于道有进。"

张无垢谪横浦，寓城西宝界寺。其寝室有短窗，每日昧爽，辄执书立窗下，就明而读，如是者十四年。洎（jì）北归，窗下石上，双趺（fū）之迹隐然，至今犹存。

前辈为学，勤苦如此。然龟山盖少年事，无垢乃晚年，尤难也。

——（南宋）罗大经《鹤林玉露》[1]卷五

注释：

①《鹤林玉露》：南宋罗大经撰。笔记。共十八卷，分甲、乙、丙三编，另有十六卷本，为后人所重编。杂记读书所得，多引南宋道学家之语，也评论诗文。罗大经（约1196—约1252）：南宋笔记作家。字景纶，庐陵（今江西吉安）人。宋理宗宝庆二年（1226）进士。曾为容州（今广西容县）法曹掾。

译文：

南宋名臣胡铨（号澹庵），有一次去拜见学者杨时（晚年隐居龟山，学者称龟山先生），杨时举起自己的两肘对他说："我这两条胳膊三十年没有离开过读书的几案，然后在道德学问方面才有所进步。"

南宋大臣张九成（号无垢居士），被贬谪横浦，住在城西的宝界寺。在他的卧室里有一个狭小的窗户，早晨天蒙蒙亮，他就捧书站在窗下，就着微弱的光线读书，这样坚持了十四年。到北归的时候，窗下的石头地面，竟磨出了两个隐约可见的脚印，直到现在还保存着。

前辈们读书做学问，就是这样的勤奋艰苦。然而，杨时先生当时还是青少年；而张九成先生这么做时已是晚年，尤其难能可贵。（赵前、刘鹏校译）

48. 岳飞力学苦练

岳飞字鹏举，相州汤阴人。世力农。父和，能节食以济饥者。有耕侵其地，割而与之；贳（shì）其财者不责偿。飞生时，有大禽若鹄，飞鸣室上，因以为名。未弥月，河决内黄，水暴至，母姚抱飞坐瓮中，冲涛及岸得免，人异之。

少负气节，沈（沉）厚寡言，家贫力学，尤好《左氏春秋》、孙吴兵法。生有神力，未冠，挽弓三百斤，弩八石。学射于周同，尽其术，能左右射。同死，朔望设祭于其冢。父义之，曰："汝为时用，其徇（殉）国死义乎。"

——（元）脱脱等《宋史·岳飞传》

译文：

岳飞字鹏举，相州汤阴人。世代从事农耕。其父亲岳和，常节食用以接济饥饿的人。别人的耕作侵占了他的田地，收割之后仍交还那人；别人借了他的钱财他也从不要求归还。岳飞出生时，有像天鹅般的大鸟飞上屋顶鸣叫，岳飞之名因此得来。未满月时，黄河在内黄县决口，洪水突然暴涨而至，岳飞的母亲姚氏抱着他坐在瓮中，瓮随着波涛的冲击到达岸边，因此幸免于难。众人对此非常惊异。

岳飞少年时便非常有气节抱负，沉稳敦厚，寡言少语，家庭贫寒而勤奋好学，尤其喜欢《左氏春秋》、孙吴兵法。天生力气超群，未满二十就能拉开三百斤的硬弓，八石的强弩。岳飞向周同学习射箭，学会了周同所有的本领，并能左右开弓。周同死后，岳飞在每月的初一和十五都前往其冢祭拜。岳飞的父亲认为他仁善正义，说：“你若为朝廷所用，当效死尽忠以全义节。”（朱宇凡校译）

49. 大凡为善，不可不勉

戊子，上亲祭孔子庙，北面再拜。退谓侍臣曰：“朕幼年游佚，不知志学，岁月逾迈，深以为悔。孔子虽无位，其道可尊，使万世景仰。大凡为善，不可不勉。”自是颇读《尚书》、《论语》及《五代》、《辽史》诸书，或以夜继焉。

——（元）脱脱等《金史·熙宗纪》

译文：

金熙宗皇统元年（1141）二月，皇上亲自到孔庙拜祭孔子，面北隆重两拜。从庙里退出来，皇上对侍臣说：“朕年轻的时候悠闲安逸，不知道立志学习，随着时间的流逝，现在十分后悔。孔子虽然没有官位，但他的思想令人尊敬，为后世万代所景仰。但凡做善事，不可不加以鼓励。”此后，熙宗很重视读《尚书》、《论语》以及《五代》、《辽史》等书，有时甚至夜以继日地读书。（郑晓雯校译）

50. 唐括多保真歌释忿争

后虽喜宾客，而自不饮酒。景祖与客饮，后专听之。翌日，枚数其人所为，无一不中其綮（qìng）肯。有醉而喧呶（náo）者，辄自歌以释其忿争。军中有被笞罚者，每以酒食慰谕之。景祖行部，辄与偕行，政事狱讼皆与决焉。

景祖没后，世祖兄弟凡用兵，皆禀于后而后行，胜负皆有惩劝。农月，亲课耕耘刈获，远则乘马，近则策杖，勤于事者勉之，晏出早休者训励之。

后往邑屯村，世祖、肃宗皆从。会桓赧（nǎn）、散达偕来，是时已有隙，被酒，语相侵不能平，遂举刃相向。后起，两执其手，谓桓赧、散达曰："汝等皆吾夫时旧人，奈何一旦遽忘吾夫之恩，与小儿子辈忿争乎？"因自作歌，桓赧、散达怒乃解。

——（元）脱脱等《金史·景祖昭肃皇后传》

译文：

景祖昭肃皇后唐括多保真虽然喜欢宴请宾客，但她自己从不饮酒。景祖与宾客对饮，皇后专心听他们说话。第二天，皇后能把客人的所作所为一一列举出来，无一不点中他的要害。若有人喝醉了吵闹，皇后就亲自唱歌以缓解怨怒争执。军中若有受笞刑的人，皇后都会赏赐美酒美食给他们安慰和劝导。景祖巡察政事，皇后则与之同行，无论政事还是诉讼案件都与皇帝一同做决定。

景祖皇帝去世后，世祖兄弟但凡需要用兵，都会先禀告母亲昭肃皇后然后才行动，无论胜负各有赏罚。农事繁忙的时候，皇后亲自督查耕种和收割的情况，路途远的就乘马车前往，路途近的就拄着手杖步行前去，奖励勤于农事的人，教导劝勉懒惰晚起早归的人。

皇后到邑屯村，世祖、肃宗随行。正好碰上桓赧和散达一同前来，两人当时已有嫌隙，喝醉酒后，恶语相向怒气难平，最后竟拔刀相对。皇后起身，抓住两人的手，对桓赧和散达说："你们二位都是我丈夫的故人，怎么一时就忘了我丈夫的恩情，与小字辈的人争执呢？"于是亲自唱起了歌，桓赧、散达的怒气这才慢慢消解。（郑晓雯校译）

51．许衡嗜学如饥渴

许衡字仲平，怀之河内人也。世为农。父通，避地河南，以泰和九年九月生衡于新郑县。幼有异质，七岁入学，授章句，问其师曰："读书何为?"师曰："取科第耳!"曰："如斯而已乎?"师大奇之。每授书，又能问其旨义。久之，师谓其父母曰："儿颖悟不凡，他日必有大过人者，吾非其师也。"遂辞去，父母强之不能止。如是者凡更三师。稍长，嗜学如饥渴，然遭世乱，且贫无书。尝从日者家见《书》疏义，因请寓宿，手抄归。既逃难徂徕山，始得《易》王辅嗣说。时兵乱中，衡夜思昼诵，身体而力践之，言动必揆（kuí）诸义而后发。

——（明）宋濂等《元史·许衡传》

译文：

许衡，字仲平，是怀州河内人。他家世代务农。许衡的父亲许通，避战乱到河南，金章宗泰和九年（1209）九月在新郑县生下了许衡。许衡从小就有特殊的素质，七岁上学，老师教他儒家经典的注疏，他问老师说："为什么要读书呢?"老师说："是为了参加科举考试，榜上有名啊。"许衡问："如此而已吗?"老师感到非常惊奇。每当老师教他读书时，许衡还能向老师提问书的主旨大意。时间久了，老师对他的父母说："您儿子聪明，不同凡响，将来一定会有远远超过常人的地方，我是不能做他的老师了。"于是老师辞职而去，许衡的父母努力挽留也没有留住。像这样共换了三次老师。许衡稍长大一些后，热爱学习，如饥似渴，然而他正遭逢战乱，加上贫穷没有书读。他曾在一位算命先生的家中看见《尚书》的注释，便请求借宿在他家，抄写了那本书回来。后来许衡逃难到徂徕山后才得到王弼注释的《易经》。当时正值战乱，许衡夜间思考，白天背诵，身体力行，言行必用义的标准加以衡量后才开始实施。（吴春丽校译）

52. 孔思晦以俭约自将

至大中，举茂才，为范阳儒学教谕。延祐初，调宁阳学。先是，两县校官率以廪薄不能守职，而思晦以俭约自将，教养有法，比代去，学者皆不忍舍之。

——（明）宋濂等《元史·孔思晦传》

译文：

元武宗至大年间，孔思晦被举为茂才，任范阳儒学教谕。元仁宗延祐初年，调任宁阳学官。这以前，两县的学官都以官俸太少而不能守职，而孔思晦用勤俭节约来约束自己，教养有法，等到离任时，学生们都对他依依不舍。（吴春丽校译）

53. 吴澄燃火复诵习

吴澄，字幼清，抚州崇仁人……三岁，颖悟日发，教之古诗，随口成诵。五岁，日受千余言，夜读书至旦。母忧其过勤，节膏火，不多与，澄候母寝，燃火复诵习。九岁，从群子弟试乡校，每中前列。

——（明）宋濂等《元史·吴澄传》

译文：

吴澄，字幼清，抚州崇仁人……三岁，日益颖悟，教他读古诗，随口就能背出来。五岁时，每天学一千多字的内容，夜里读书直到天亮。母亲担心他过于勤奋，节制灯油，不多给他，吴澄等母亲睡后，又点灯诵习。九岁，随学生们参加乡学考试，常名列前茅。（吴春丽校译）

54. 簿录其为，激励为学

汝白举进士，以书督责之曰："汝得一第，吾不为喜，而以为忧，此后必骎（qīn）放肆。可录逐日言行寄我。"汝白叹曰："吾终身在侧，岂不我知？而忧我放哉！"试问一老家人，曰："比旧渐不同矣。"乃警惧，置一簿，录其所为，试自简点，其过不可胜书，乃大惧。激厉（励）为学，卒为善士。

——（明末清初）陈宏绪《寒夜录》[①]

注释：

①《寒夜录》：明末清初陈宏绪撰。笔记集，上、下两卷。作于崇祯十五年（1642）之前。陈宏绪（1597—1665）：明末清初学者。字士业，号石庄，新建（今江西南昌西）人。

译文：

明代高汝白科考中了进士，他的叔父写家书督促他："你进士及第，我并不以此为喜，却以此为忧，想必你此后定会渐渐放纵。你以后可以把每日的言行记录下来寄给我审阅。"高汝白叹息道："我自小在叔父身侧成长为学，难道还不了解我的品行？竟然担心我会放纵自己。"他以此问一个老仆，老仆答道："你的行为确实与旧日渐渐不同。"汝白听到此言，方警觉害怕起来，于是在案头设一记录簿，记录下他每日的所作所为，试着检点对照，发现自己的过错多得记不过来，才起畏惧之心。从此更加激励精进，终于成为一个才学兼备之士。（刘冰雪校译）

55. 见殣解衣，贷粟留客

罗伦，字彝正，吉安永丰人。五岁尝随母入园，果落，众竞取，伦独赐而后受。家贫樵牧，挟书诵不辍。及为诸生，志圣贤学，尝曰："举业非能坏人，人自坏之耳。"知府张瑄悯其贫，周之粟，谢不受。居父母丧，逾大祥，始食盐酪。

……

伦为人刚正，严于律己。义所在，毅然必为，于富贵名利泊如也。里居倡行乡约，相率无敢犯。衣食粗恶，或遗之衣，见道殣（jìn），解以覆之。晨留客饮，妻子贷粟邻家，及午方炊，不为意。以金牛山人迹不至，筑室著书其中，四方从学者甚众。十四年卒，年四十八。嘉靖初，从御史唐龙请，追赠左春坊谕德，谥文毅。学者称“一峰先生”。

——（清）张廷玉等《明史·罗伦传》

译文：

罗伦，字彝正，吉安永丰人。五岁时曾随母亲进果园，树上有果实落下，众人都争先恐后去抢食，唯独罗伦要等主人送给他时才肯接受。因为家里贫穷他要出去砍柴放牧，便随身带着书诵读，从不间断。进入学校以后，立志钻研圣贤之学，他曾说：“科举考试并不能摧残人，只是人自我摧残罢了。”知府张瑄可怜他太穷，周济给他粮食，被他辞谢。为父母服丧，在两周年大祥祭礼后，才开始吃盐酪。

……

罗伦为人刚强正直，严于律己。只要符合道义的事，他就毅然决然地去做，对于富贵名利表现出淡泊的样子。居住在乡里，倡导实行乡里公约，大家相互遵守，没有人敢违犯。他穿的吃的都很粗糙，有人送给他衣服，他看见路上饿死的人时，就脱下衣服给死人覆盖上。一天，早晨留下客人宴饮，他妻子到邻家借粮食，到中午才做饭，他并不以为难堪。因为金牛山是人们不去的僻静地方，他就在那里盖房，住在里面著书立说，从四方来这里跟他学习的人很多。成化十四年去世，享年四十八岁。嘉靖初年，根据御史唐龙的请求，追赠罗伦为左春坊谕德，谥号“文毅”。求学的人们称呼他“一峰先生”。（吴春丽校译）

56.“铁崖”读书

杨维桢，字廉夫，山阴人……少时，日记书数千言。父宏，筑楼铁崖山中，绕楼植梅百株，聚书数万卷，去其梯，俾诵读楼上者五年，因自号“铁崖”。

——（清）张廷玉等《明史·杨维桢传》

译文：

杨维桢，字廉夫，山阴人……小时候，一天读书能记几千字。他父亲杨宏，在铁崖山中造了一座楼，绕楼种了上百株梅树，楼内集中了几万卷图书，撤去梯子，让他在楼上读了五年书，因此自号“铁崖”。（吴春丽校译）

57. 七录斋

张溥，字天如，太仓人……溥幼嗜学。所读书必手钞，钞已朗诵一过，即焚之。又钞，如是者六七始已。右手握管处，指掌成茧。冬日手皲（jūn），日沃汤数次。后名读书之斋曰“七录”，以此也。

——（清）张廷玉等《明史·张溥传》

译文：

张溥，字天如，太仓人……张溥自幼好学。他一定要将所读的书，手抄下来，抄好后朗诵一遍，然后烧掉再抄，反复六七遍才算完。他右手握毛笔的地方都磨出了老茧。冬天，他的手冻裂了，每天都得放在热水里浸泡好几次。后来，他把自己的书房命名为“七录”，就是因为此事。（吴春丽校译）

58. 海瑞刚正

海瑞，字汝贤，琼山人。举乡试。入都，即伏阙上《平黎策》，欲开道置县，以靖乡土。识者壮之。署南平教谕。御史诣学宫，属吏咸伏谒，瑞独长揖，曰：“台谒当以属礼，此堂，师长教士地，不当屈。”迁淳安知县。布袍脱粟，令老仆艺蔬自给。总督胡宗宪尝语人曰：“昨闻海令为母寿，市肉二斤矣。”宗宪子过淳安，怒驿吏，倒悬之。瑞曰：“曩（nǎng）胡公按部，令所过毋供张。今其行装盛，必非胡公子。”发橐金数千，纳之库，驰告宗宪，宗宪无以罪。都御史鄢懋卿行部过，供具甚薄，抗言邑小不足容车马。懋卿恚（huì）甚。然素闻瑞名，为敛威去，而属（嘱）巡盐御史袁淳论瑞及慈溪知县霍与瑕。

——（清）张廷玉等《明史·海瑞传》

译文：

海瑞，字汝贤，琼山人。乡试中举。进入京城，立即拜伏在宫阙前，进献《平黎策》，希望设置道和县，使家乡得到安宁。有识之士都称赞他的志气。随后任南平县学教谕。御史前往学宫，县学的小官都跪在地上拜谒，只有海瑞拱手行礼，说：“到衙门拜见您应该按下属来行礼，这是学堂，师长教导士子的处所，不应下跪。”被提拔为淳安知县后，他还穿布袍吃粗粮，让老仆人种菜以自给。总督胡宗宪曾经对人说：“昨天听说海知县给母亲祝寿，这才买了二斤肉。”胡宗宪的儿子路过淳安，对驿站的小官发脾气，把他倒挂起来。海瑞说：“从前胡大人约束下属，命令所经过的地方供给不要铺张浪费。现在这个人携带的行装多而华丽，一定不是胡大人的儿子。”于是没收他行囊中的数千金，缴入了库房，快马报告胡宗宪，胡宗宪没法责备他。都御史鄢懋卿率领部属路过，供应很微薄，海瑞直言说淳安县城小没有条件容纳车马。鄢懋卿十分愤恨。然而一向听说海瑞的名声，也只能收敛了威风离开了；但却让巡盐御史袁淳弹劾海瑞和慈溪知县霍与瑕。（吴春丽校译）

59. 腹有诗书气自华

戴名世，字田有，桐城人。生而才辨隽逸，课徒自给。以制举业发名廪生，考得贡，补正蓝旗教习。授知县，弃去。自是往来燕、赵、齐、鲁、河、洛、吴、越之间，卖文为活。喜读《太史公书》，考求前代奇节玮行，时时著文以自抒湮郁，气逸发不可控御。诸公贵人畏其口，尤忌嫉之。

尝遇方苞京师，言曰："吾非役役求有得于时也，吾胸中有书数百卷，其出也，自忖将有异于人人。然非屏居深山，足衣食，使身无所累，未能诱而出之也。"因太息别去。

——赵尔巽等《清史稿·戴名世传》

译文：

戴名世，字田有，桐城人。才华隽秀、纵横飘逸，以授徒课业为生。他先学习科举文章，做了廪生，后考取贡生，任正蓝旗教习。授予知县之位，推辞不就。此后便在河北、河南、山东、江浙之间行游往来，卖文为生。他素来喜读《史记》，考求前代贤人志士的高尚气节和杰出行为，常常作文抒发怀才不遇的情感，抑郁之气不可遏制。当世的公卿贵胄畏惧他犀利的言辞，皆忌惮于他。他曾在京城与学者方苞相遇，说道："我并不是汲汲营营地谋求一时的名利，我胸怀诗书数百卷，待著述成后，自认必定异于常人。然而若不是潜心隐居、衣食无忧、身无所累，就不能写将出来。"说完叹息着辞别而去。（刘冰雪校译）

60. 吴汉槎一目数行

吴汉槎最耽书，一目数行，然短于视。每鼻端有墨，则是日读书必数寸矣。同学以此验其勤惰。

——（清）王晫《今世说·文学》[①]

注释：

①《今世说》：清王晫撰，八卷。仿《世说新语》体例，记录顺治、康熙两朝士大夫的言行逸事。是清初"世说"体轶事小说的代表作。王晫（1636—?）：清初笔记小说作家。初名棐，字丹麓，号木庵，又号松溪子，钱塘（今浙江杭州）人。

译文：

清代吴兆骞（字汉槎）以读书为乐，沉迷于此，且能一目数行，只是视力欠佳，需要近看才行。但凡他的鼻尖上沾有墨迹，便是此日读书已经数

寸厚了。一同求学的人便以此来验看他每日勤奋还是懈惰。（刘冰雪校译）

61. 林鹿庵好客

林鹿庵好客，虽处忧劳况瘁（cuì）中，遇良友至，则大喜。尝谓人曰："友者，俭岁之粱肉，寒年之纤纩也。"

——（清）王晫《今世说·言语》

译文：

清代林璐（号鹿庵）乐朋好客，即使在忧劳憔悴之际，遇良友来访，亦形容欢欣。他曾对人说："朋友，乃是灾荒年月的美味佳肴，数九寒冬时的细织棉衣。"（刘冰雪校译）

哲理规律

1. 南橘北枳

晏子将至楚，楚闻之，谓左右曰："晏婴，齐之习辞者也，今方来，吾欲辱之，何以也？"左右对曰："为其来也，臣请缚一人，过王而行，王曰：'何为者也？'对曰：'齐人也。'王曰：'何坐？'曰：'坐盗。'"

晏子至，楚王赐晏子酒，酒酣，吏二缚一人诣王，王曰："缚者曷为者也？"对曰："齐人也，坐盗。"王视晏子曰："齐人固善盗乎？"晏子避席对曰："婴闻之，橘生淮南则为橘，生于淮北则为枳，叶徒相似，其实味不同。所以然者何？水土异也。今民生长于齐不盗，入楚则盗，得无楚之水土使民善盗耶？"王笑曰："圣人非所与熙（嬉）也，寡人反取病焉。"

——《晏子春秋·内篇·杂下》

译文：

晏子将要到楚国去，楚王听到这个消息，对左右的人说："晏婴是齐国善于辞令的人，现在他将要来了，我想羞辱他，用什么办法呢？"身边的人回答说："当晏子来到的时候，请让我们捆绑一个人，从大王面前走过，大王就说：'这人是干什么的？'我们回答说：'是齐国人。'大王说：'犯了什么罪？'我们说：'犯了偷盗罪。'"

晏子到达楚国，楚王为晏子设宴赐酒，酒喝得正畅快的时候，两个官吏捆绑着一个人来到楚王面前，楚王说："捆绑着的人是干什么的？"官吏说："是齐国人，犯了偷盗罪。"楚王看着晏子说："齐国人生来就善于偷盗吗？"晏子离开坐席回答说："我听说，橘树生长在淮河以南就是橘树，生长在淮河以北就成了枳树，只是叶子相似，它们的果实味道不同。为什么会这样呢？是因为水土不同啊。现在人生长在齐国不偷盗，到了楚国就偷盗，莫不是楚国的水土使得百姓善于偷盗吧？"楚王笑着说："圣人是不能与他开玩

笑的，我反而自讨没趣了。”（《晏子春秋译注》，卢守助撰，上海古籍出版社2006年版，207—208页）

2. 贵不见我亦从事者

巫马子谓子墨子曰：“子之为义也，人不见而耶（助），鬼而不见而富（福），而子为之，有狂疾。”子墨子曰：“今使子有二臣于此，其一人者见子从事，不见子则不从事；其一人者见子亦从事，不见子亦从事，子谁贵于此二人？”巫马子曰：“我贵其见我亦从事，不见我亦从事者。”子墨子曰：“然则是子亦贵有狂疾也。”

——《墨子·耕柱》[①]

注释：

①《墨子》：墨家学派的著作总汇。《汉书·艺文志》著录《墨子》七十一篇，现存五十三篇。墨子（约前468—前376）：春秋战国之际思想家、政治家，墨家的创始人。名翟。曾学习儒术，因不满其烦琐的“礼”，另立新说，聚徒讲学，成为儒家的主要反对派。墨子学说对当时思想界影响很大，与儒家并称“显学”。

译文：

巫马子对墨子说：“你做义事，没见到有人帮助你，没见到鬼神降福给你，但是你还在做，你有神经病了！”墨子说：“现在假使你这里有两个家臣，其中一个见到你就做事，不见你就不做事；另外一个，见到你做事，不见你也做事，你认为哪一个可贵？”巫马子说：“我认为见我做事，而不见我也做事的那一个可贵。”墨子说：“那么你也认为有神经病的人可贵了。”（《墨子今注今译》，谭家健、孙中原注译，商务印书馆2009年版，376页）

3. 天下莫为义，子独自苦而为义

子墨子自鲁即齐，遇故人。谓子墨子曰：“今天下莫为义，子独自苦而为义，子不若已。”子墨子曰：“今有人于此，有子十人，一人耕而九人处，则耕者不可以不益急矣。何故？则食者众而耕者寡也。今天下莫为义，则子如（宜）劝我者也，何故止我？”

——《墨子·贵义》

译文：

墨子从鲁国到齐国，探望老朋友。朋友对墨子说：“现在天下没有谁做义事，只有你自己辛苦做义事，你不如停止了吧。”墨子说：“现在这里有一个人，他有十个儿子，其中只有一个耕种，九个闲着，那么耕种那一个就不能不更加努力干。为什么呢？因为吃饭的人多而耕种的人少。现在天下没有谁做义事，那么你就应该勉励我，为什么阻止我呢？”（《墨子今注今译》，谭家健、孙中原注译，商务印书馆2009年版，384页）

4. 鲁君嬖人之诔

鲁君之嬖（bì）人死，鲁君为之诔，鲁人因说（悦）而用之。子墨子闻之曰：“诔者，道死人之志也。今因说用之，是犹以来首从服也。”

——《墨子·鲁问》

译文：

鲁国国君的爱妾死了，想为她写一篇诔文。有个鲁国人因为所写的诔文受到鲁君的赞赏而受到重用。墨子听说了此事，说：“诔文是用来称颂死者的，现在只因为讨国君高兴就重用此人，这就好比用野猫充当驾车的辕马一样。”（郑晓雯校译）

5. 功利于人谓之巧

公输子削竹木以为鹊，成而飞之，三日不下。公输子自以为至巧。子墨子谓公输子曰："子之为鹊也，不如匠之为车辖，须臾刘三寸之木，而任五十石之重。故所为，功利于人谓之巧，不利于人谓之拙。"

——《墨子·鲁问》

译文：

公输般削木制作一只鹊，做成了，让它飞起来，三天不降下来。公输般自认为是最妙的了。墨子对公输般说："你制造鹊，不如木匠制造车辖。一会儿就砍成三寸大小的木块，能承受得住五十石的重量。所以制作器物，其功效对人有利才能称为巧，对人没有利叫做笨拙。"（《墨子今注今译》，谭家健、孙中原注译，商务印书馆2009年版，414页）

6. 缘木求鱼

曰："王之所大欲可得闻与？"

王笑而不言。

曰："为肥甘不足于口与？轻煖不足于体与？抑为采色不足视于目与？声音不足听于耳与？便嬖不足使令于前与？王之诸臣皆足以供之，而王岂为是哉？"

曰："否。吾不为是也。"

曰："然则王之所大欲可知已。欲辟土地，朝秦楚，莅中国而抚四夷也。以若所为求若所欲，犹缘木而求鱼也。"

王曰："若是其甚与？"

曰："殆有甚焉。缘木求鱼，虽不得鱼，无后灾。以若所为求若所欲，尽心力而为之，后必有灾。"

曰："可得闻与？"

曰："邹人与楚人战，则王以为孰胜？"

曰："楚人胜。"

曰："然则小固不可以敌大，寡固不可以敌众，弱固不可以敌强。海内之地方千里者九，齐集有其一。以一服八，何以异于邹敌楚哉？盖亦反其本矣。

"今王发政施仁，使天下仕者皆欲立于王之朝，耕者皆欲耕于王之野，商贾皆欲藏于王之市，行旅皆欲出于王之涂（途），天下之欲疾其君者皆欲赴诉于王。其若是，孰能御之？"

——《孟子·梁惠王上》[1]

注释：

①《孟子》：儒家经典之一。战国时孟子及其弟子万章等著。一说是孟子弟子、再传弟子的记录。《汉书·艺文志》著录十一篇，现存七篇。书中记载了孟子及其弟子的政治、教育、哲学、伦理等思想观点和政治活动。孟子（约前372—前289）：战国时思想家、政治家、教育家。名轲，字子舆，邹（今山东邹城东南）人。

译文：

孟子说："王的最大欲望是什么呢？可以讲给我听听吗？"

齐宣王笑了笑，却不说话。

孟子便说："是为了肥美的食物不够吃呢？是为了轻暖的衣服不够穿呢？是为了艳丽的彩色不够看呢？是为了美妙的音乐不够听呢？还是为了伺候的人不够您使唤呢？这些，您手下的人员都能够尽量供给，难道您真是为了它们吗？"

齐宣王说："不，我不是为了这些。"

孟子说："那么，您的最大的欲望便可以知道了。您是想要扩张国土，使秦楚等国都来朝贡，自己作天下的盟主，同时安抚四周围的落后外族。不过，以您这样的做法想满足您这样的欲望，好像爬到树上去捉鱼一样。"

齐宣王说："竟然有这样严重吗？"

孟子说："恐怕比这更严重呢。爬上树去捉鱼，虽然捉不到，却没有祸害。以您这样的做法想满足您这样的欲望，如果费尽心力去干，不但达不到目的，而且一定会有祸害在后头。"

齐宣王说："这是什么道理呢？可以讲给我听听吗？"

孟子说："假定邹国和楚国打仗，您以为哪一国会打胜呢？"

齐宣王说："楚国会胜。"

孟子说："从这里便可以看出：小国不可以跟大国为敌，人口稀少的国家不可以跟人口众多的国家为敌，弱国不可以跟强国为敌。（现在地方千里的国家有九个，齐国是其中之一。）以九分之一的力量跟其余的九分之八为敌，这和邹国跟楚国为敌有什么分别呢？为什么不从根本着手呢？

"现在王如果能改革政治，施行仁德，便会使天下的士大夫都想到齐国来做官，庄稼汉都想到齐国来种地，行商坐贾都想到齐国来做生意，来往的旅客也都想取道齐国，各国痛恨本国君主的人们也都想到您这里来控诉。果然做到这样，又有谁能抵挡得住呢？"（《孟子译注》，杨伯峻译注，中华书局2010年版，19—21页）

7. 揠苗助长

宋人有闵（悯）其苗之不长而揠（yà）之者，芒（茫）芒然归，谓其人曰："今日病矣！予助苗长矣！"其子趋而往视之，苗则槁矣。天下之不助苗长者寡矣。以为无益而舍之者，不耘苗者也；助之长者，揠苗者也——非徒无益，而又害之。

——《孟子·公孙丑上》

译文：

宋国有一个担心禾苗不长而去把它拔高些的人，十分疲倦地回去，对家里人说："今天累坏了！我帮助禾苗生长了！"他儿子赶快跑去一看，禾苗都枯槁了。其实天下不帮助禾苗生长的人是很少的。以为培养工作没有益处而放弃不干的，就是种庄稼不锄草的懒汉；违背规律地去帮助它生长的就是拔苗的人。这种助长行为，不但没有益处，反而会伤害它。（《孟子译注》，杨伯峻译注，中华书局2010年版，60—61页）

8. 近朱者赤，近墨者黑

孟子谓戴不胜曰："子欲子之王之善与？我明告子。有楚大夫于此，欲其子之齐语也，则使齐人傅诸？使楚人傅诸？"曰："使齐人傅之。"曰："一齐人傅之，众楚人咻（xiū）之，虽日挞而求其齐也，不可得矣；引而置之庄岳之间数年，虽日挞而求其楚，亦不可得矣。子谓薛居州，善士也，使之居于王所。在于王所者，长幼卑尊皆薛居州也，王谁与为不善？在王所者，长幼卑尊皆非薛居州也，王谁与为善？一薛居州，独如宋王何？"

——《孟子·滕文公下》

译文：

孟子对戴不胜说："你希望你的君王学好吗？我明白告诉你。这里有位楚国的官员，希望他的儿子会说齐国话，那么，找齐国人来教呢，还是找楚国人来教呢？"答道："找齐国人来教。"孟子说："一个齐国人教他，却有许多楚国人在打扰，纵使每天鞭打他，逼他说齐国话，也是做不到的；假若带领他在临淄庄街岳里的闹市，住上几年，纵使每天鞭打他逼他说楚国话，也是做不到的。你说薛居州是个好人，要他住在王宫中。如果在王宫中的年龄大的小的、地位低的高的，都是好人，那王同谁干出坏事来呢？如果在王宫中，年龄大的小的、地位低的高的，都不是好人，那王又同谁干出好事来呢？一个薛居州能把宋王怎么样呢？"（《孟子译注》，杨伯峻译注，中华书局2010年版，138页）

9. 先迕后合

宋人有好行仁义者，三世不懈。家无故黑牛生白犊，以问孔子。孔子曰："此吉祥也，以荐上帝。"居一年，其父无故而盲。其牛又复生白犊。其父又复令其子问孔子。其子曰："前问之而失明，又何问乎？"父曰："圣人之言先迕（wǔ）后合。其事未究，姑复问之。"其子又复问孔子。孔子曰："吉祥也。"复教以祭。其子归致命。其父曰："行孔子之言也。"居一年，其子又无故而盲。其后楚攻宋，围其城。民易子而食之，析骸而炊之；丁壮者皆乘城而战，死者太（大）半。此人以父子有疾皆免。及围解而疾俱复。

——《列子·说符》

译文：

宋国有个喜爱施行仁义的人，三代相续毫不懈怠。他家的黑牛平白无故地生下一头白色的小牛，他便拿这件事来请教孔子。孔子说："这是吉祥的事呀，用它来祭献天帝吧。"过了一年，他家父亲无缘无故瞎了双眼。那黑牛又生了一头白色的小牛，父亲又要他儿子去请教孔子。他儿子说："前次问了孔子，你就瞎了眼睛，还要问什么呢？"父亲说："圣人的预言同事实先是相背然后才吻合。这件事还没有完结，姑且再去请教他吧。"他儿子便又去问孔子。孔子说："吉祥啊！"又教他们用小牛来祭献天帝。儿子回家转达孔子的意思。父亲说："按孔子的话去办。"过了一年，他儿子的眼睛也无缘无故地瞎了。后来楚国攻打宋国，包围了京城。宋国百姓饿得交换子女来充饥，劈开骨头生火做饭。成年男子都登上城墙作战，死亡的人超过一半。这家人因为父子有眼疾而得以幸免。待到京城解围，他俩的眼疾就复愈了。（《列子译注》，严北溟、严捷撰，上海古籍出版社2006年版，231—232页）

10. 九方皋相马

秦穆公谓伯乐曰："子之年长矣，子姓有可使求马者乎？"伯乐对曰："良马可形容筋骨相也。天下之马者，若灭若没，若亡若失，若此者绝尘弭躐（辙）。臣之子皆下才也。可告以良马，不可告以天下之马也。臣有所与共担缨

（mò）薪菜（采）者，有九方皋（gāo），此其于马非臣之下也。请见之。”

穆公见之，使行求马。三月而反（返）报曰：“已得之矣，在沙丘。”穆公曰：“何马也？”对曰：“牝（pìn）而黄。”使人往取之，牡而骊。穆公不说（悦），召伯乐而谓之曰：“败矣，子所使求马者！色物、牝牡尚弗能知，又何马之能知也？”伯乐喟然太息曰：“一至于此乎！是乃其所以千万臣而无数者也。若皋之所观，天机也，得其精而忘其粗，在其内而忘其外；见其所见，不见其所不见；视其所视，而遗其所不视。若皋之相者，乃有贵乎马者也。”

马至，果天下之马也。

——《列子·说符》

译文：

秦穆公对伯乐说：“您的年纪老啦，您的子孙中有没有可以派去访求良马的人呢？”伯乐回答：“良马可以凭形体外貌和筋骨来鉴别，但天下稀有的骏马，其神气却在若有若无、似明似灭之间。像这样的马，奔驰起来足不沾尘土，车不留轮迹，极为迅速。我的子孙都是下等人才，可以教他们识别良马，但无法教他们识别天下稀有的骏马。有一个同我一起挑担子拾柴草的朋友，名叫九方皋，他相马的本领不在我之下。请让我引他来见您。”

穆公召见了九方皋，派他外出找马。过了三个月他回来报告说：“已经得到一匹好马啦，在沙丘那边。”穆公问：“是什么样的马？”他回答：“是一匹黄色的母马。”穆公派人去沙丘取马，却是一匹黑色的公马。穆公很不高兴，把伯乐召来，对他说：“坏事啦！你介绍的那位找马人，连马的黄黑、雌雄都分辨不清，又怎能鉴别马的好坏呢？”伯乐大声叹了一口气，说：“竟到了这种地步了啊！这正是他比我高明不止千万倍的地方呵！像九方皋所看到的是马的内在神机，观察到它内在的精粹而忽略它的表面现象，洞察它的实质而忘记它的外表；只看他所应看的东西，不看他所不必看的东西；只注意他所应注意的内容，而忽略他所不必注意的形式。像九方皋这样的相马，有比鉴别马还要宝贵得多的意义。”

后来马送到了，果然是一匹天下少有的骏马。（《列子译注》，严北溟、严捷撰，上海古籍出版社2006年版，232—233页）

11. 小儿辩日

孔子东游，见两小儿辩斗。问其故。一儿曰：“我以日始出时去人近，而日中时远也。”一儿以日初出远，而日中时近也。

一儿曰：“日初出大如车盖，及日中，则如盘盂，此不为远者小而近者大乎？”一儿曰：“日初出沧沧凉凉，及其日中如探汤，此不为近者热而远者凉乎？”

孔子不能决也。两小儿笑曰：“孰为（谓）汝多知乎？”

——《列子·汤问》

译文：

孔子在东方游历，看见路旁有两个小孩在争辩。孔子问他们争论的原因。一个小孩说：“我认为太阳刚出来的时候离人最近，到了中午离人最远。”另一个小孩认为太阳早上离人最远，中午离人最近。

前一个小孩说：“太阳刚出升的时候有车盖那样大，到了中午，却只有盘子那样大，这不是近大远小的缘故吗？”后一个小孩说：“太阳刚升起时，天气还凉飕飕的，中午就热得像在汤锅里，这不是近热远凉的道理吗？”

孔子无法判断谁是谁非。两个小孩笑着说：“谁说你是一个见多识广的人呀？”（《列子译注》，严北溟、严捷撰，上海古籍出版社2006年版，145—146页）

12. 杞人忧天

杞国有人忧天地崩坠，身亡（无）所寄，废寝食者。又有忧彼之所忧者，因往晓之，曰：“天，积气耳，亡处亡气。若屈伸呼吸，终日在天中行止，奈何忧崩坠乎？”其人曰：“天果积气，日月星宿，不当坠邪？”晓之者曰：“日月星宿，亦积气中之有光耀者，只使坠，亦不能有所中伤。”其人曰：“奈地坏何？”晓者曰：“地积块耳，充塞四虚，亡处亡块。若躇步跐（cǐ）蹈，终日在地上行止，奈何忧其坏？”其人舍（释）然大喜。晓之者亦舍然大喜。

——《列子·天瑞》

译文：

杞国有一个人担忧天会崩塌、地会陷落，自己便无处安身，因而茶饭不进，睡眠不安。另外有个人又替他的担忧而担忧，就前去开导他，说：“天，不过是积聚的气体，没有一处没有积气，你一屈一伸，一呼一吸，整天在天空里活动，为什么还怕它会崩塌呢？”杞国人说：“天果然是积气，但日月星辰不会掉下来吗？”开导他的人说：“日月星辰不过是积气当中会发光的，即使掉下来，也不会有什么伤害。”杞国人又问：“那么地陷下去怎么办呢？”开导他的人说：“地，不过是堆积起来的土块罢了，它充满四处，没有一处没有土块。你踱步踩踏，整天在地上活动，为什么要怕它会陷落呢？”杞国人听罢，疑团顿消，非常高兴；而开导他的人也十分欢喜。（《列子译注》，严北溟、严捷撰，上海古籍出版社2006年版，24—25页）

13. 宋人资章甫

宋人资章甫而适诸越，越人断发文（纹）身，无所用之。

——《庄子·逍遥游》①

注释：

①《庄子》：亦称《南华经》。道家经典之一。庄子及其后学所著。《汉书·艺文志》著录《庄子》五十二篇，现仅存郭象注本保留下来的三十三

篇。庄子（约前369—前286）：战国时哲学家。名周，宋国蒙（今河南商丘东北）人。

译文：

宋国人到越国贩卖帽子，越人剪短头发，身刺花纹，用不着它。（《庄子今注今译》，陈鼓应注译，中华书局2009年版，31页）

14．不龟手之药

宋人有善为不龟（jūn，皲）手之药者，世世以洴澼（píng pì）絖（kuàng，纩）为事。客闻之，请买其方以百金。聚族而谋曰："我世世为洴澼絖，不过数金；今一朝而鬻（yù）技百金，请与之。"客得之，以说吴王。越有难，吴王使之将，冬与越人水战，大败越人，裂地而封之。能不龟手，一也；或以封，或不免于洴澼絖，则所用之异也。

——《庄子·逍遥游》

译文：

有个宋国人善于制造使手不龟裂手的药物，他家世世代代都以漂洗丝絮为业。有一个客人听说这种药品，愿意出百金收买他的药方。于是聚合全家来商量说："我家世世代代漂洗丝絮，只得到很少的钱，现在一旦卖出这个药方就可以获得百金，就卖了吧！"这个客人得到药方，便去游说吴王。这时越国犯难，吴王就派他将兵，冬天和越人水战，大败越人，于是割地封赏他。同样一个不龟裂手的药方，有人因此得到封赏，有人却只是用来漂洗丝絮，这就是使用方法的不同。（《庄子今注今译》，陈鼓应注译，中华书局2009年版，34页）

15．庖丁解牛

庖丁为文惠君解牛，手之所触，肩之所倚，足之所履，膝之所踦（qǐ），砉（xū）然嚮（xiǎng，响）然，奏刀騞（huō）然，莫不中音；合于《桑林》之舞，乃中《经首》之会。

文惠君曰："嘻，善哉！技盖至此乎？"

庖丁释刀对曰："臣之所好者道也，进乎技矣。始臣之解牛之时，所见无非全牛者。三年之后，未尝见全牛也。方今之时，臣以神遇而不以目视，官知止而神欲行。依乎天理，批大郤（隙）导大窾因其固然，枝经肯綮之未尝微碍，而况大軱（gū）乎！良庖岁更刀，割也；族庖月更刀，折也。今臣之刀十九年矣，所解数千牛矣，而刀刃若新发于硎。彼节者有间，而刀刃者无厚；以无厚入有间，恢恢乎其于游刃必有余地矣。是以十九年而刀刃若新发于硎。虽然，每至于族，吾见其难为，怵然为戒，视为止，行为迟。动刀甚微，謋（huò）然已解，牛不知其死也，如土委地。提刀而立，为之四顾，为之踌躇满志，善刀而藏之。"

文惠君曰："善哉！吾闻庖丁之言，得养生焉。"

——《庄子·养生主》

译文：

庖丁替文惠君宰牛，手所触及的，肩所倚着的，足所踩到的，膝所抵住的，划然响声，进刀割解发出哗啦响声，没有不合于音节；合于《桑林》乐章的舞步，合于《经首》乐章的韵律。

文惠君说："啊！好极了！技术怎能到达这般的地步？"

庖丁放下屠刀回答说："我所爱好的是道，已经超过技术了。我开始宰牛的时候，所见不过是浑沦一牛。三年以后，就未尝看见浑沦的整只牛了。到了现在，我只用心神来领会而不用眼睛去观看，器官的作用停止而只是心神在运用。顺着牛身上自然的纹理，劈开筋肉的间隙，导向骨节的空隙，顺着牛的自然结构去用刀，即连经络相连的地方都没有一点妨碍，何况那大骨头呢！好的厨子一年换一把刀，他们是用刀去割筋肉；普通的厨子一个月换一把刀，他们是用刀去砍骨头。现在我这把刀已经用过十九年了，所解的牛有几千头了，可是刀口还是像在磨刀石上新磨的一样锋利。因为牛骨节是有间隙的，而刀刃是没有厚度的；以没有厚度的刀刃切入有间隙的骨节，当然是游刃恢恢而宽大有余了。所以这把刀用了十九年还是像新磨的一样。虽然这样，可是每遇到筋骨盘结的地方，我知道不容易下手，小心谨慎，眼神专注，手脚放缓，刀子微微一动，牛就哗啦解体了，如同泥土溃散落地一般，牛还不知道自己已经死了呢！这时我提刀站立，张望四方，感到心满意足，把刀子揩干净收藏起来。”

文惠君说：“好啊！我听了厨夫这一番话，得着养生的道理了。”（《庄子今注今译》，陈鼓应注译，中华书局2009年版，110—111页）

16. 浑沌之死

南海之帝为儵（shū，倏），北海之帝为忽，中央之帝为浑沌。儵与忽时相与遇于浑沌之地，浑沌待之甚善。儵与忽谋报浑沌之德，曰：“人皆有七窍以视听食息，此独无有，尝试凿之。”日凿一窍，七日而浑沌死。

——《庄子·应帝王》

译文：

南海的帝王名叫儵，北海的帝王名叫忽，中央的帝王名叫浑沌。儵和忽常常到浑沌的境地里相会，浑沌待他们很好。儵和忽商量报答浑沌的美意，说：“人都有七窍，用来看、听、饮食、呼吸，唯独他没有，我们试着替他凿开。”一天凿一窍，到了第七天，浑沌就死了。（《庄子今注今译》，陈鼓应注译，中华书局2009年版，250页）

17. 丑女效颦

故西施病心而矉（颦）其里，其里之丑人见之而美之，归亦捧心而矉其里。其里之富人见之，坚闭门而不出；贫人见之，挈（qiè）妻子而去走。彼知矉美，而不知矉之所以美。

——《庄子·天运》

译文：

西施心疼，在村子里皱着眉头，邻里的丑女看到觉得很美，回去也在村里捧着心皱着眉。村里的富人看见，紧闭着门不出来；穷人看见，带了妻子走开。她知道皱眉头的美，却不知道皱眉头为什么美。（《庄子今注今译》，陈鼓应注译，中华书局2009年版，407页）

18. 望洋兴叹

秋水时至，百川灌河，泾流之大，两涘（sì）渚崖之间不辩（辨）牛马。于是焉河伯欣然自喜，以天下之美为尽在己。顺流而东行，至于北海，东面而视，不见水端，于是焉河伯始旋其面目，望洋向若而叹曰："野语有之曰'闻道百以为莫己若'者，我之谓也。且夫我尝闻少仲尼之闻而轻伯夷之义者，始吾弗信；今我睹子之难穷也，吾非至于子之门，则殆矣，吾长见笑于大方之家。"

——《庄子·秋水》

译文：

秋天霖雨绵绵，河水及时上涨，所有的小川都灌注到黄河里去，水流的宽阔，两岸及河中水洲之间，连牛马都分辨不清。于是河神扬扬自得，以为天下的盛美都集在他一身。他顺着水流往东行走，到了北海，他向东面瞭望，看不见水的边际。于是河神才改变自得的脸色，望着海洋对海神而感叹说："俗语说，'听了许多道理，总以为谁都不如自己'，这就是说我了。而且我曾经听说有人小看孔子的见闻和轻视伯夷的义行，起初我不相信；现在我看见你这样博大而难以穷尽，我要是不到你这里来，可就糟了，我一定会永远被懂得大道的人所讥笑了。”（《庄子今注今译》，陈鼓应注译，中华书局2009年版，446页）

19. 坎井之蛙

子独不闻夫埳（kǎn，坎）井之蛙乎？谓东海之鳖曰：“吾乐与！出跳梁乎井干之上，入休乎缺甃（zhòu）之崖；赴水则接腋持颐，蹶泥则没足灭跗（fū）；还（环）视虷（hán）蟹与科斗（蝌蚪），莫吾能若也。且夫擅一壑之水，而跨跱（zhì）埳井之乐，此亦至矣，夫子奚不时来入观乎！”东海之鳖左足未入，而右膝已絷矣。于是逡巡而却，告之海曰：“夫千里之远，不足以举其大；千仞之高，不足以极其深。禹之时十年九潦（涝），而水弗为加益；汤之时八年七旱，而崖不为加损。夫不为顷久推移，不以多少进退者，此亦东海之大乐也！”于是埳井之蛙闻之，适适然惊，规规然自失也。

——《庄子·秋水》

译文：

你没有听说过浅井里的虾蟆的故事吗？它对东海的大鳖说：“我快乐极了！我出来在井栏杆上跳跃着，回去在破砖边上休息着；游到水里就浮起我的两腋托着我的两腮，跳到泥里就盖没我的脚背；回头看看井里的赤虫、螃蟹、蝌蚪，却不能像我这样快乐。而且我独占一坑水，盘踞一口浅井，这也是最大的快乐了。先生，你何不随时进来看看呢！”东海的鳖，左脚还没有伸进去，右脚就已经被绊住了，于是乃回转退却，把大海的情形告诉它说：“千里路的遥远，不足以形容它的大；八千尺的高度，不足以量尽它的深。禹的时代十年就有九年水灾，可是海水并不增加；汤的时代八年有七年旱灾，而海岸并不浅露。不因为时间的长短而有所改变，不因为雨水的多少而有所增减，这也是东海的大快乐。”浅井中的虾蟆听了，惊慌失措，茫然自失。（《庄子今注今译》，陈鼓应注译，中华书局2009年版，472—473页）

20. 邯郸学步

且子独不闻夫寿陵余子之学行于邯郸与？未得国能，又失其故行矣，直匍匐而归耳。

——《庄子·秋水》

译文：

你没有听说过寿陵的少年到邯郸去学走路的故事吗？他不但没有学会赵国人的走法，而且把自己原来的步法也忘了，结果只好爬着回去。（《庄子今注今译》，陈鼓应注译，中华书局2009年版，473页）

21. 子非鱼，安知鱼之乐

庄子与惠子游于濠梁之上。庄子曰：“鯈（tiáo）鱼出游从容，是鱼之乐也。”惠子曰：“子非鱼，安知鱼之乐？”庄子曰：“子非我，安知我不知鱼之乐？”惠子曰：“我非子，固不知子矣；子固非鱼也，子之不知鱼之乐，全矣。”庄子曰：“请循其本。子曰‘汝安知鱼乐’云者，既已知吾知之而问我。我知之濠上也。”

——《庄子·秋水》

译文：

庄子与惠子在濠水的桥上游玩。庄子说：“白鱼悠悠哉哉地游出来，这是鱼的快乐啊！”惠子问：“你不是鱼，怎么知道鱼是快乐的？”庄子回说：“你不是我，怎么知道我不晓得鱼的快乐？”惠子辩说：“我不是你，固然不知道你；你也不是鱼，那么你不知道鱼的快乐，是很明显的了。”庄子回说："请把话题从头说起吧！你说'你怎么知道鱼是快乐的'这句话，就是你已经知道了我知道鱼的快乐才来问我，现在我告诉，我是在濠水的桥上知道的啊！"（《庄子今注今译》，陈鼓应注译，中华书局2009年版，477—478页）

22. 鲁侯养鸟

昔者海鸟止于鲁郊，鲁侯御而觞（shāng）之于庙，奏《九韶》以为乐，具太牢以为膳。鸟乃眩视忧悲，不敢食一脔（luán），不敢饮一杯，三天而死。此以己养养鸟也，非以鸟养养鸟也。

——《庄子·至乐》

译文：

从前有只海鸟飞落在鲁国的郊外，鲁侯把它迎进太庙，送酒给它饮，奏《九韶》的音乐取乐它，宰牛羊喂它。海鸟目眩心悲，不敢吃一块肉，不敢饮一杯酒，三日就死了。这是用养人的方法去养鸟，不是用养鸟的方法去养鸟。（《庄子今注今译》，陈鼓应注译，中华书局2009年版，492页）

23. 螳螂捕蝉

庄周游于雕陵之樊，睹一异鹊自南方来者，翼广七尺，目大运寸，感周之颡（sǎng）而集于栗林。庄周曰："此何鸟哉！翼殷不逝，目大不睹。"蹇裳躩（jué）步，执弹而留之。睹一蝉，方得美荫而忘其身；螳螂执翳（yì）而搏之，见得而忘其形；异鹊从而利之，见利而忘其真。庄周怵然曰："噫！物固相累，二类相召也！"捐弹而反（返）走，虞人逐而谇（suì）之。

——《庄子·山木》

译文：

庄周到雕陵的栗园里游玩，看见一只怪异的鹊从南面飞来，翅膀有七尺宽，眼睛直径有一寸长，碰到庄周的额角而飞停在栗树林中。庄周说："这是什么鸟呀！翅膀大却不能远飞，眼睛大却目光迟钝？"于是提起衣裳快步走过去，把着弹弓窥伺它的动静。这时看见一只蝉，正得美叶荫蔽而忘了自身；有只螳螂以树叶作掩护而搏住它，螳螂见有所得而忘自己的形体；异鹊乘机攫取螳螂，只顾贪利而忘记了性命。庄周看了警惕着说："唉！物类是互相累害，这是由于两者互相召引贪图所致！"于是扔下弹弓回头就走，管园的人追赶着责骂他。（《庄子今注今译》，陈鼓应注译，中华书局2009年版，563页）

24．屠龙之术

朱泙漫学屠龙于支离益，单（殚）千金之家，三年技成而无所用其巧。

——《庄子·列御寇》

译文：

朱泙漫向支离益学屠龙，耗尽千金的家产，三年学成技术却没有机会表现他的技巧。（《庄子今注今译》，陈鼓应注译，中华书局2009年版，891页）

25．扁鹊见蔡桓公

扁鹊见蔡桓公，立有间。扁鹊曰："君有疾在腠（còu）理，不治将恐深。"桓侯曰："寡人无。"扁鹊出。桓侯曰："医之好治不病以为功。"居十日，扁鹊复见曰："君之病在肌肤，不治将益深。"桓侯不应。扁鹊出。桓侯又不悦。居十日，扁鹊复见曰："君之病在肠胃，不治将益深。"桓侯又不应。扁鹊出。桓侯又不悦。居十日，扁鹊望桓侯而还

（旋）走。桓侯故使人问之，扁鹊曰："病在腠理，汤熨之所及也；在肌肤，针石之所及也；在肠胃，火齐（剂）之所及也；在骨髓，司命之所属，无奈何也。今在骨髓，臣是以无请也。"居五日，桓公体痛，使人索扁鹊，已逃秦矣。桓侯遂死。

——《韩非子·喻老》

译文：

扁鹊去拜见蔡桓侯，站了一会儿。扁鹊对蔡桓侯说："君主您有病在表皮里，不治就会加深。"蔡桓侯说："我没有病。"扁鹊出去了。蔡桓侯说："医生喜欢给没有病的人治病来作为自己的功劳。"过了十天，扁鹊又来拜见说："您的病在肌肤里，不治恐怕会深入体内。"蔡桓侯不答应。扁鹊出去。蔡桓侯又不高兴。过了十天，扁鹊又来拜见说："您的病到了肠胃。不治还将会加深。"蔡桓侯又不答应。扁鹊出去了。蔡桓侯又不高兴。过了十天，扁鹊望见蔡桓侯扭头就跑，蔡桓侯派人来问扁鹊原因。扁鹊说："疾病在表皮里，可以用汤药熏洗；在肌肤里，可用针石治疗到；在肠胃，可以用清热去火的汤药治疗到；在骨髓间，那是属于掌管生命的神的领地，医生是无可奈何了。现在桓侯的病已到了骨髓，我因此就不再请求（为桓侯治病）了。"过了五天，蔡桓侯身体疼痛得厉害，派人去找扁鹊，扁鹊已逃到秦国去了。蔡桓侯最后病死了。（《韩非子》，高华平等译注，中华书局2010年版，230—231页）

26．老马识途

管仲、隰（xí）朋从于桓公而伐孤竹，春往冬反（返），迷惑失道。管仲曰："老马之智可用也。"乃放老马而随之，遂得道。行山中无水，隰朋曰："蚁冬居山之阳，夏居山之阴。蚁壤一寸而仞有水。"乃掘地，遂得水。以管仲之圣而隰朋之智，至其所不知，不难师于老马与蚁。今人不知以其愚心而师圣人之智，不亦过乎？

——《韩非子·说林上》

译文：

管仲、隰朋跟随齐桓公前去攻打孤竹国，春天去冬天回，迷失了道路。管仲说："老马的智慧可以利用。"便放开老马在前面走自己跟随在后面，结果找到了路。走到山里时没有了饮水，隰朋说："蚂蚁冬天住在山的南面，夏天住在山的北面。蚂蚁洞口的土堆高一寸而地下八尺就有水。"便沿蚂蚁洞掘地，终于找到了水。凭着管仲的聪明和隰朋的才智，遇到他们所不知道的问题，不以把老马和蚂蚁当成老师为难。现在的人不懂得用他们愚笨的心去学习圣人的智慧，不也是错误吗？（《韩非子》，高华平等译注，中华书局2010年版，253页）

27. 远水不救近火

鲁穆公使众公子或宦于晋，或宦于荆。犁鉏（jǔ）曰："假人于越而救溺子，越人虽善游，子必不生矣。失火而取水于海，海水虽多，火必不灭矣，远水不救近火也。今晋与荆虽强，而齐近，鲁患其不救乎！"

——《韩非子·说林上》

译文：

鲁穆公派自己的儿子们有的到晋国去做官，有的到楚国去做官。犁鉏说："从越国借人来救溺水的孩子，越人虽然很会游水，但溺水的孩子一定不会得救。失了火而后从海里取水来救火，海水虽然很多，火一定不会被泼灭，因为远水救不了近火。现在晋国和楚国虽然强大，但齐国这个敌国是鲁国的近邻，鲁国的患难恐怕救不了吧！"（《韩非子》，高华平等译注，中华书局2010年版，256页）

28. 三人成虎

庞恭与太子质于邯郸，谓魏王曰：“今一人言市有虎，王信之乎？”曰：“不信。”“二人言市有虎，王信之乎？”曰：“不信。”“三人言市有虎，王信之乎？”王曰：“寡人信之。”庞恭曰：“夫市之无虎也明矣，然而三人言而成虎。今邯郸之去魏也远于市，议臣者过于三人，愿王察之。”庞恭从邯郸反（返），竟不得见。

——《韩非子·内储说上》

译文：

庞恭与魏国的太子一块到赵国的邯郸去做人质，庞恭对魏王说：“如果一个人对您说市场上有老虎，大王您相信吗？”魏王说：“不信。”“两个人说市场上有老虎，大王您相信吗？”魏王说：“不信。”“三个人说市场上有老虎，大王相信吗？”魏王说：“我相信这件事。”庞恭说：“市场上没有老虎是很清楚的，但是三个人都说就变成了有老虎了。现在邯郸离魏国比市场要远得多，议论我的人也超过了三个，希望大王仔细考察他们的话。”庞恭从邯郸回国，最终也没有见到魏王。（《韩非子》，高华平等译注，中华书局2010年版，327页）

29. 滥竽充数

齐宣王使人吹竽，必三百人。南郭处士请为王吹竽，宣王说（悦）之，廪食以数百人。宣王死，湣王立，好一一听之，处士逃。

一曰：韩昭侯曰：“吹竽者众，吾无以知其善者。”田严对曰：“一一而听之。”

——《韩非子·内储说上》

译文：

齐宣王让人吹竽，一定要三百人合奏。有位南郭先生请求为齐宣王吹奏竽，齐宣王很高兴地答应了，享受着够几百个人吃的官仓供应粮的俸禄。齐宣王死后，齐湣王继位，喜欢听一个个地独奏，南郭先生便逃走了。

另一种说法：韩昭侯说："吹竽的人多，我无法知道谁吹得好。"田严回答说："一个一个地听他们吹就知道了。"（《韩非子》，高华平等译注，中华书局2010年版，346页）

30. 画鬼最易

客有为齐王画者，齐王问曰："画孰最难者？"曰："犬马难。""孰易者？"曰："鬼魅最易。"夫犬马，人所知也，旦暮罄于前，不可类之，故难。鬼魅，无形者，不罄于前，故易之也。

——《韩非子·外储说左上》

译文：

有位给齐王画画的客人，齐王问他说："画什么最难？"客人说："画狗和马最难。""画什么最容易？"客人说："画鬼魅最容易。"狗和马是人们都知道的东西，一天到晚都呈现在人们的面前，不可能画得很相像，所以难画。鬼魅是无形之物，从没有显现在人的面前，所以容易画。（《韩非子》，高华平等译注，中华书局2010年版，403页）

31. 郑人买履

郑人有且置履者，先自度其足而置之其坐（座），至之市而忘操之。已得履，乃曰："吾忘持度。"反（返）归取之。及反，市罢，遂不得履。人曰："何不试之以足？"曰："宁信度，无自信也。"

——《韩非子·外储说左上》

译文：

郑国有个人要去买鞋，先量好了自己的脚码放在座位上，到了集市忘了带上尺码。已经拿到鞋子了，才想起来说："我忘了带尺码了。"返回去取尺码。等到他返回，集市已经收市，结果他没买到鞋。有人问他："为什么不用你的脚试试？"这个人说："我宁肯相信量下的尺码，不相信自己的脚。"（《韩非子》，高华平等译注，中华书局2010年版，416—417页）

32．自相矛盾

楚人有鬻（yù）盾与矛者，誉之曰："吾盾之坚，物莫能陷也。"又誉其矛曰："吾矛之利，于物无不陷也。"或曰："以子之矛陷子之盾，何如？"其人弗能应也。夫不可陷之盾与无不陷之矛，不可同世而立。

——《韩非子·难一》

译文：

楚国有一个卖盾与矛的人，夸耀自己的盾说："我卖的盾非常坚固，什么样的东西都刺不穿它。"又夸耀自己的矛说："我卖的矛特别锋利，无论什么样的东西都能被它刺穿。"有人问这个楚国人："用你的矛刺你的盾，会怎么样呢？"这个楚国人没有办法回答。不能被刺穿的盾与什么东西都能刺穿的矛，不可能同时存在。（《韩非子》，高华平等译注，中华书局2010年版，532页）

33．守株待兔

宋人有耕田者，田中有株，兔走触株，折颈而死，因释其耒（lěi）而守株，冀复得兔。兔不可复得，而身为宋国笑。今欲以先王之政，治当世之民，皆守株之类也。

——《韩非子·五蠹》

译文：

宋国有个农民，他的田地里有一个树桩，有一天一只兔子奔跑时撞到树桩上，碰断脖子死了，这个农民因此就放下农具而守候在树桩旁，希望再次得到死兔。兔子当然不可能再得到了，而他自己却受到宋国人嘲笑。现在还想用先王的政策来治理当代的民众，也就像守株待兔一样可笑。（《韩非子》，高华平等译注，中华书局 2010 年版，699 页）

34. 荆人遗弓

荆人有遗弓者，而不肯索，曰："荆人遗之，荆人得之，又何索焉？"孔子闻之曰："去其'荆'而可矣。"老聃闻之曰："去其'人'而可矣。"故老聃则至公矣。

——《吕氏春秋·贵公》[①]

注释：

①《吕氏春秋》：亦称《吕览》。战国末秦相吕不韦集合门客共同编撰，杂家代表著作。全书二十六卷，内容以儒、道思想为主，兼及名、法、墨、农及阴阳家言。吕不韦（？—前 235）：战国末秦国大臣。卫国濮阳（今河南濮阳西南）人。

译文：

有个荆人丢了弓，却不肯去寻找，他说："荆人丢了它，反正还被荆人得到，又何必寻找呢？"孔子听到这件事说："他的话中去掉那个'荆'字就合适了。"老聃听到以后说："再去掉那个'人'字就合适了。"像老聃这样的人，算是达到公的最高境界了。（《吕氏春秋译注》，张双棣等注译，北京大学出版社 2011 年版，21 页）

35. 亡斧疑邻

人有亡𫓧（fǔ，斧）者，意其邻之子。视其行步，窃𫓧也；颜色，窃𫓧也；言语，窃𫓧也；动作态度，无为而不窃𫓧也。抇（hú）其谷而得其𫓧，他日复见其邻之子，动作态度，无似窃𫓧者。其邻之子非变也，己则变矣。变也者无他，有所尤也。

——《吕氏春秋·去尤》

译文：

有一个丢了斧子的人，猜疑是邻居的儿子偷的。看他走路的样子，像偷斧子的；看他的脸色，像偷斧子的；听他说话，像偷斧子的；看他的举止神态，没有一样不像偷斧子的。这个人挖坑的时候，找到了自己的斧子。过了几天，又看见邻居的儿子，举止神态，没有一样像偷了斧子的。邻居的儿子没有改变，他自己却改变了。他改变的原因没有别的，是因为原来的想法有所局限。（《吕氏春秋译注》，张双棣等注译，北京大学出版社2011年版，306—307页）

36. 唇竭齿寒

昔者晋献公使荀息假道于虞以伐虢（guó）。荀息曰：“请以垂棘之璧与屈产之乘，以赂虞公，而求假道焉，必可得也。”献公曰：“夫垂棘之璧，吾先君之宝也；屈产之乘，寡人之骏也。若受吾币而不吾假道，将奈何？”荀息曰：“不然。彼若不吾假道，必不吾受也；若受我而假我道，是犹取之内府而藏之外府也，犹取之内皁（槽）而著之外皁也。君奚患焉？”献公许之。乃使荀息以屈产之乘为庭实，而加以垂棘之璧，以假道于虞而伐虢。虞公滥于宝与马而欲许之，宫之奇谏曰：“不可许也。虞之与虢也，若车之有辅也，车依辅，辅亦依车。虞虢之势是也。先人有言曰：‘唇竭而齿寒。’夫虢之不亡也，恃虞；虞之不亡也，亦恃虢也。若假之道，则虢朝亡而虞夕从之矣。奈何其假之道也？”虞公弗听，而假之道。荀息伐虢，克之。还反（返）伐虞，又克之。荀息操璧牵马而报。献公喜曰：“璧则犹是也，马齿亦薄长矣。”

——《吕氏春秋·权勋》

译文：

从前，晋献公派荀息向虞国借路以便攻打虢国，荀息说：“请您把垂棘出产的玉璧和屈邑出产的四匹马送给虞公，向他要求借路，一定可以得到允许。”献公说：“那垂棘出产的玉璧，是我们先君的宝贝啊；屈邑出产的四匹马，是我的骏马啊。如果虞国接受了我们的礼物而不借给我们路，那将怎么办呢？”荀息说：“不会这样，他如果不借我们路，一定不会接受我们的礼物；如果接受了我们的礼物借给我们路，这就如同我们把玉璧从宫中的府库拿出来放到宫外的府库里去，把骏马从宫中的马槽里牵出来拴到宫外的马槽里去。您对此又忧虑什么呢？”献公答应了，派荀息把屈邑出产的四匹骏马，再加上垂棘出产的玉璧作为礼物献给虞公，来向虞国借路攻打虢国。虞公贪图宝玉和骏马，想答应荀息。宫之奇劝谏说：“不可以答应，虞国对于虢国，就像牙床骨和颊骨一样，互相依存。虞国和虢国的形势就是这样。古人有话说：‘嘴唇没有了，牙齿就会感到寒冷。’虢国不被灭亡，靠着有虞国；虞国不被灭亡，也靠着有虢国啊！如果借路给晋国，那么虢国早晨灭亡，虞国晚上也就会跟着灭亡了。怎么可以借路给晋国呢？”虞公不听，借路给了晋国。荀息攻打虢国，战胜了虢国。返回的时候攻打虞国，又战胜了虞国。荀息拿着玉璧牵着骏马回来禀报。献公高兴地说：“玉璧还是老样子，只是马的年齿稍长了一点。”（《吕氏春秋译注》，张双棣等注译，北京大学出版社2011年版，387页）

37. 循表夜涉

荆人欲袭宋，使人先表澭（yōng）水。澭水暴益（溢），荆人弗知，循表而夜涉，溺死者千有余人，军惊而坏都舍。向其先表之时可导也，今水已变而益多矣，荆人尚犹循表而导之，此其所以败也。今世之主法先王之法也，有似于此。其时已与先王之法亏（诡）矣，而曰此先王之法也，而法之，以此为治，岂不悲哉？

——《吕氏春秋·察今》

译文：

楚国人想攻打宋国，派人先在澭水中设置渡河的标志。澭水突然上涨，楚国人不知道，按照标志夜里渡河，淹死的有一千多人，军队惊乱的状况就像城市里的房屋倒坍一样。当初他们事先设置标志的时候，是可以顺着标志渡河的，现在河水已经发生变化上涨了，楚国人还按照标志渡河，这就是他们所以失败的原因。现在的君主要效法古代帝王的法度，与这种情况相似。他所处的时代已经与古代帝王的法度不适应了，却还说，这是古代帝王的法度，应该效法它。用这种办法治理国家，难道不是很可悲吗？（《吕氏春秋译注》，张双棣等注译，北京大学出版社 2011 年版，418 页）

38. 刻舟求剑

楚人有涉江者，其剑自舟中坠于水，遽契其舟，曰："是吾剑之所从坠。"舟止，从其所契者入水求之。舟已行矣，而剑不行，求剑若此，不亦惑乎？以故法为其国，与此同。时已徙矣，而法不徙，以此为治，岂不难哉？

——《吕氏春秋·察今》

译文：

楚国人有个渡江的，他的剑从船上掉到水里，他急忙在船边刻上记号，说："这里是我的剑掉下去的地方。"等船停了，就从他刻记号的地方下水去找剑。船已经移动了，可是剑却没有移动，像这样寻找剑，不是太糊涂了吗？用旧法来治理自己的国家，与这个人相同。时代已经改变了，可是法度却不随着改变，想用这种办法治理好国家，难道不是很难吗？（《吕氏春秋译注》，张双棣等注译，北京大学出版社 2011 年版，419 页）

39. 引婴投江

有过于江上者，见人方引婴儿而欲投之江中，婴儿啼。人问其故，曰："此其父善游。"其父虽善游，其子岂遽善游哉？以此任物，亦必悖矣。荆国之为政，有似于此。

——《吕氏春秋·察今》

译文：

有个从江边经过的人，看见一个人正拉着小孩想把他扔到江中，小孩哭起来。人们问这人为什么，他说："这个小孩的父亲善于游泳。"父亲虽然善于游泳，儿子难道就善于游泳吗？用这种方法来处理事物，也一定是荒谬的了。楚国处理政事的情况，与此相似。（《吕氏春秋译注》，张双棣等注译，北京大学出版社 2011 年版，419 页）

40. 掩耳盗钟

范氏之亡也，百姓有得钟者。欲负而走，则钟大不可负。以椎（chuí）毁之，钟况然有音。恐人闻之而夺己也，遽掩其耳。恶（wù）人闻之可也，恶己自闻之，悖矣。

——《吕氏春秋·自知》

译文：

晋国贵族范氏出亡的时候，有个百姓得到了他的一口钟。这个人想背着钟快点跑开，可是钟太大，没法背，于是就想把钟打碎弄走。拿木槌一敲，钟轰然作响。他怕别人听见钟声来同自己争夺，就急忙把耳朵捂了起来。不愿别人听到钟声是可以的，不愿自己听到就是糊涂了。（《吕氏春秋译注》，张双棣等注译，北京大学出版社2011年版，729页）

41. 百步射叶

楚有养由基者，善射；去柳叶者百步而射之，百发百中。左右皆曰善。有一人过曰："善射，可教射也矣。"养由基曰："人皆善，子乃曰可教射，子何不代我射之也。"客曰："我不能教子支左屈右。夫射柳叶者，百发百中，而不已善息，杀焉气力倦，弓拨矢钩，一发不中，前功尽矣。"

——《战国策·西周策》

译文：

从前楚国有个叫养由基的人，善于射箭，远离柳树叶一百步而对射，百发百中。左右的人都叫好。有一个人从旁边走过说："你很会射箭，可以教你学射了。"养由基说："别人都说我射得好，你却说才可以教射，你何不代我射它一下？"这人说："我不能教你左臂支、右臂屈的那种射法。射柳叶，即使百发百中，却不善于歇息，射过一会儿之后力气倦怠，便会弄得弓拉不正箭路弯曲，将要一箭也射不中，那就前功尽弃了！"（《战国策全译》，王守谦等译注，贵州人民出版社1992年版，42页）

42. 曾参杀人

昔者曾子处费，费人有与曾子同名族者而杀人，人告曾子母曰："曾参杀人！"曾子之母曰："吾子不杀人。"织自若。有顷焉，人又曰："曾参杀人。"其母尚织自若也。顷之，一人又告之曰："曾参杀人！"其母惧，投杼（zhù）逾墙而走。夫以曾参之贤，与母之信也，而三人疑之，则慈母不能信也。

——《战国策·秦策二》

译文：

从前曾子住在费这个地方，费人有一个和曾子同姓名的，杀死了人，有人去告诉曾子的母亲说："曾参杀了人了。"曾子的母亲说："我的儿子不会杀人的。"仍旧自如地织着布。过了一会儿，又有人来说："曾子杀了人了。"他的母亲还是只管织布。停了一会儿，又一个人来告诉说："曾子杀了人了。"他的母亲害怕起来，丢下织布梭子，爬墙逃跑了。像曾子那样贤德，他母亲那样相信他，只需三个人说他杀了人，他母亲也便疑惑了，就是慈母也不能相信儿子了。（《战国策全译》，王守谦等译注，贵州人民出版社 1992 年版，109 页）

43. 画蛇添足

楚有祠者，赐其舍人卮（zhī）酒。舍人相谓曰："数人饮之不足，一人饮之有余。请画地为蛇，先成者饮酒。"一人蛇先成，引酒且饮之，乃左手持卮，右手画蛇，曰："吾能为之足。"未成，一人之蛇成，夺其卮曰："蛇固无足，子安能为之足？"遂饮其酒。为蛇足者，终亡其酒。

——《战国策·齐策二》

译文：

楚国有个举行祭礼的人，礼毕，他赏给亲近左右的人一壶酒。这些人商量说："几个人喝，不够；一个人喝，有余。请大家在地上画条蛇，谁先画好谁就喝。”有个人最先画好，拿过酒壶正待喝，随即左手执壶，右手作画，口中说道：“我还有空给蛇添上脚。”脚未画成，另外有个人已把蛇画好了，就把他的酒壶夺过来，说：“蛇根本没有脚，你怎能给它画上脚呢？”就把酒喝了。为蛇添脚的那个人，终于没有喝到酒。(《战国策故事选译》，刘德林选译，上海古籍出版社1982年版，53页)

44. 亡羊补牢

庄辛谓楚襄王曰：“君王左州侯，右夏侯，辇从鄢陵君与寿陵君，专淫逸侈靡，不顾国政，郢都必危矣。”襄王曰：“先生老悖乎？将以为楚国袄（妖）祥乎？”庄辛曰：“臣诚见其必然者也，非敢以为国袄祥也。君王卒幸四子者不衰，楚国必亡矣。臣请辟（避）于赵，淹留以观之。”庄辛去之赵，留五月，秦果举鄢、郢、巫、上蔡、陈之地，襄王流掩于城阳。于是使人发驺（zōu），征庄辛于赵。庄辛曰：“诺。”庄辛至，襄王曰：“寡人不能用先生之言，今事至于此，为之奈何？”

庄辛对曰：“臣闻鄙语曰：‘见兔而顾犬，未为晚也；亡羊而补牢，未为迟也。’臣闻昔汤、武以百里昌，桀、纣以天下亡。今楚国虽小，绝长续短，犹以数千里，岂特百里哉？”

——《战国策·楚策四》

译文：

庄辛对楚襄王说：“君王左边有州侯，右边有夏侯，车后跟随着鄢陵君和寿陵君，一味地过着淫乱、放荡、奢侈、靡乱的生活，不过问国家大事，郢都一定危险了。”楚襄王说：“先生老糊涂了吗？还是把我看成是楚国的不祥之兆？”庄辛说：“臣下确实看到您这种行为的必然结果，不敢把您看成是楚国的不祥之兆。如果大王始终宠幸这四个人不变，楚国一定要灭亡了。臣下请求到赵国躲避，居留在那里观看事情的变化。”庄辛离开楚国到了赵国，在赵国住了五个月，秦国果然攻取了楚国的鄢、郢、巫、上蔡、陈等地，襄王流亡躲藏在城阳。这时候襄王才让人派出骑士到赵国召回庄辛。庄辛说：“好。”庄辛回到楚国，襄王说：“我不能听先生的话，如今事情到了这种地步，对这事怎么办呢？”

庄辛回答说：“臣下听俗话说过：‘看到兔子再回头唤狗，还不算晚；羊跑了再修补羊圈，还不算迟。’臣下听说，从前，商汤、周武王凭借方圆百里的地方昌盛起来，夏桀、商纣王拥有天下却灭亡了。如今楚国虽然小了，截长补短，方圆还有几千里，难道只是百里吗？”（《战国策全译》，王守谦等译注，贵州人民出版社1992年版，452—453页）

45. 南辕北辙

魏王欲攻邯郸，季梁闻之，中道而反（返），衣焦不申，头尘不去，往见王曰：“今者臣来，见人于大（太）行，方北面而持其驾，告臣曰：‘我欲之楚。’臣曰：‘君之楚，将奚为北面？’曰：‘吾马良。’臣曰：‘马虽良，此非楚之路也。’曰：‘吾用多。’臣曰：‘用虽多，此非楚之路也。’曰：‘吾御者善。’此数者愈善，而离楚愈远耳。今王动欲成霸王，举欲信于天下；恃王国之大，兵之精锐，而攻邯郸以广地尊名，王之动愈数，而离王愈远耳。犹至楚而北行也。”

——《战国策·魏策四》

译文：

魏王要出兵攻打邯郸，魏臣季梁听到这个消息，马上从半路上赶回来，衣服打皱，也来不及整一整；风尘满面，也来不及洗一洗，就赶去见魏王说：“我今天回来的时候，在太行山路上碰见一个人，正朝北驾着车，对我说：‘我要到楚国去。’我问道：‘你要到楚国去，怎么往北走？’那人说：‘我的马好！’我说：‘不管你马多好，但这不是通往楚国去的路。’那人说：‘我的盘费足！’我说：‘不管你盘费多足，这不是通往楚国去的路。那人说：‘我的车夫是个好把式！’谁都清楚，这些条件越好。离开楚国就越远了。现在大王经常想建立王霸之业，取信于天下。可是大王却仗着国土广大、兵士精锐，去攻打邯郸，用来扩展疆域，提高威望。这样，大王的行动越频繁，距离建立王霸之业的目标就越远，这跟到楚国去，却偏要驱车向北走，有什么两样呀！”（《战国策故事选译》，刘德林选译，上海古籍出版社 1982 年版，141—142 页）

46. 鹬蚌相争，渔翁得利

蚌方出曝，而鹬来啄其肉，蚌合而拑（钳）其喙（huì）。鹬曰：“今日不雨，明日不雨，即有死蚌。”蚌亦谓鹬曰：“今日不出，明日不出，即有死鹬。”两者不肯相舍，渔者得而并擒之。

——《战国策·燕策二》

译文：

一只河蚌正在晒太阳，鹬来啄它肉吃，河蚌马上闭拢，夹住鹬的嘴。鹬说：“今天不下雨，明天不下雨，就有死蚌啦！”河蚌也回答道：“今天不放你，明天不放你，就有死鹬啦！”彼此相持，互不甘休。渔夫走来，正好把它们双双捉住。（《战国策故事选译》，刘德林选译，上海古籍出版社 1982 年版，160 页）

47. 塞翁失马，焉知非福

近塞上之人有善术者，马无故亡而入胡，人皆吊之。其父曰：“此何遽不为福乎？”居数月，其马将胡骏马而归。

人皆贺之。其父曰："此何遽不能为祸乎？"家富良马，其子好骑，堕而折其髀（bì），人皆吊之。其父曰："此何遽不为福乎？"居一年，胡人大入塞，丁壮者引弦而战，近塞之人死者十九，此独以跛之故，父子相保。故福之为祸，祸之为福，化不可极，深不可测也。

——（西汉）刘安《淮南子·人间》

译文：

靠近边塞有一位精通道术的人，他的马无缘无故失散跑进胡地，人们都来慰问他。做父亲的说："怎么知道这就不会变成福事呢？"过了几个月，他的马带着胡人的骏马回来了。人们又都来祝贺他。这位父亲说："怎么知道这就不会变成祸事呢？"家里多骏马，他儿子爱好骑马，结果摔下来断了大腿骨，人们都来慰问他。这位父亲说："怎么知道这就不会变成福事呢？"过了一年，胡人大举入侵边塞，青壮年男子都拿起弓箭参战，靠近边塞的人死了十分之九，唯独这户人因为跛脚的缘故，父子都保全。所以福变为祸，祸变为福，转化没有终止，深奥不可测度。（《淮南子校注译》，陈一平著，广东人民出版社 1994 年版，933—934 页）

48. 田忌赛马

忌数与齐诸公子驰逐重射。孙子见其马足不甚相远，马有上、中、下辈。于是孙子谓田忌曰："君弟重射，臣能令君胜。"田忌信然之，与王及诸公子逐射千金。及临质，孙子曰："今以君之下驷与彼上驷，取君上驷与彼中驷，取君中驷与彼下驷。"既驰三辈毕，而田忌一不胜而再胜，卒得王千金。

——（西汉）司马迁《史记·孙子吴起列传》

译文：

田忌多次和齐国的公子们下重注赛马。孙膑看到各家马的脚力相差不多，又分为上、中、下三等。于是孙膑对田忌说：“您尽管下重注，我能让您获胜。”田忌相信孙膑的话，便跟齐王和公子们下了千金的赌注赛马。到比赛即将开始时，孙膑对田忌说：“现在用您的下等马对他们的上等马，用您的上等马对他们的中等马，用您的中等马对他们的下等马。”三场比赛结束，田忌两胜一负，赢取了齐王千金。（刘鹏校译）

49. 庄周贷粟

庄周贫者，往贷粟于魏文侯。文侯曰：“待吾邑粟之来而献之。”周曰：“乃今者周之来见，道旁牛蹄中有鲋鱼焉，大息谓周曰：‘我尚可活也。’周曰：‘须我为汝南见楚王，决江、淮以溉汝。’鲋鱼曰：‘今吾命在盆瓮之中耳；乃为我见楚王，决江、淮以溉我，汝即求我枯鱼之肆矣。’今周以贫故来贷粟，而曰：‘须我邑粟来也而赐臣。’即来，亦求臣佣肆矣。”文侯于是乃发粟百钟，送之庄周之室。

——（西汉）刘向《说苑·善说》

译文：

庄周贫穷的时候，去向魏文侯借小米。文侯说：“等我国老百姓缴来小米，我就派人送给你。”庄周说：“今天我来的时候，看见路旁边牛脚塘中有条鲫鱼，它叹着气告诉我说：‘给我点水，我还可以活。’我回答说：‘等我为你到南方会见楚王，挖开长江、淮水来滋养你。’鲫鱼说：‘现在我的命只要一盆水就可以活，等你替我请见楚王，挖开长江、淮水来滋养我，那你就到卖干鱼的市场上找我了。’现在我因为贫穷的缘故来借小米，你却说，等你国中百姓缴纳的小米送来才能赏赐我，等到你的小米送来，也要到佣工市场上去找我了。”魏文侯就拿出几百钟小米，派人送到庄周的家里。（《白话说苑》，钱宗武译，岳麓书社1994年版，166—167页）

50. 叶公好龙

叶公子高好龙，钩以写龙，凿以写龙，屋室雕文以写龙，于是夫龙闻而下之，窥头于牖，拖尾于堂。叶公见之，弃而还走，失其魂魄，五色无主。是叶公非好龙也，好夫似龙而非龙者也。

——（西汉）刘向《新序·杂事五》

译文：

叶公子高喜欢龙，用圆规来摹画龙，用凿子来雕刻龙，房子里雕刻绘画的都是龙，因而龙听说后就从天而降，把头伸进窗子，尾巴拖在厅堂，叶公看见这个样子，丢开它回头就跑，吓掉了魂，惊慌失措，六神无主。这样看来，叶公喜欢的不是龙，他喜欢的是像龙而又不是龙的东西。（《新序全译》，李华年译注，贵州人民出版社 1994 年版，186 页）

51. 因地制宜

阖闾曰：“安君治民，其术奈何？”子胥曰：“凡欲安君治民，兴霸成王，从近制远者，必先立城郭，设守备，实仓廪，治兵库。斯则其术也。”阖闾曰：“善。夫筑城郭，立仓库，因地制宜，岂有天气之数以威邻国者乎？”子胥曰：“有。”阖闾曰：“寡人委计于子。”

——（东汉）赵晔《吴越春秋·阖闾内传》①

注释：

①《吴越春秋》：东汉赵晔撰。原为十二卷，今存十卷。是一部以记述春秋时期吴、越两国史事为主的史学著作。赵晔：生卒年不详。东汉学者。字长君，会稽山阴（今浙江绍兴）人。

译文：

吴王阖闾问："要使国君安心，百姓乐业，有什么方法呢？"伍子胥说："想要使国君安心，百姓乐业，建立王霸之业，即使邻国服从，又让远邦听命，那就一定得筑起城郭，设置防御，充实粮仓，制造武器。这些都是强国之法。"阖闾说："好！那筑起城郭，设立仓库，根据各地的具体情况而制定适宜的办法，是否还有利用天气等自然因素来威慑邻国的呢？"伍子胥说："有。"阖闾说："那我就把这些大事都委托给您了。"（赵前、刘鹏校译）

52. 夜郎自大

至滇，滇王当羌乃留为求道。四岁余，皆闭昆明，莫能通。滇王与汉使言："汉孰与我大？"及夜郎侯亦然，各自以一州王，不知汉广大。

——（东汉）班固《汉书·西南夷传》

译文：

汉朝使节到达西南滇国，滇王当羌挽留汉使并为其寻找通路。经过四年多，发现周围皆为昆明国所阻塞，无路可通。有一次，滇王曾不无炫耀地向汉使探询："汉朝与我们滇国相比哪个更大？"后来，汉使辗转到了夜郎国，夜郎侯竟也如此发问。这些西南的王侯都各据一州，故步自封，哪里知道汉朝疆域的广大。（刘冰雪校译）

53. 画虎不成反类狗

龙伯高敦厚周慎，口无择言，谦约节俭，廉公有威，吾爱之重之，愿汝曹效之。杜季良豪侠好义，忧人之忧，乐人之乐，清浊无所失。父丧致客，数郡毕至。吾爱之重之，不愿汝曹效也。效伯高不得，犹为谨敕之士，所谓刻鹄不成尚类鹜者也。效季良不得，陷为天下轻薄子，所谓画虎不成反类狗者也。

——（东汉）马援《诫兄子严敦书》[1]

注释：

①《诫兄子严敦书》：东汉马援在交阯时写给他侄子马严、马敦的信。信中针对二人的“喜讥议”、“通轻侠客”等问题，告诫他们应该谦虚谨慎，不要“议论人长短”，不要成为“轻薄子”。马援（前14—公元49）：东汉初年军事家。字文渊，扶风茂陵（今陕西兴平东北）人。

译文：

龙伯高为人朴实厚道，办事周密谨慎，口无恶言，谦逊而又节俭，廉洁奉公而又有威严。我喜爱他，尊重他，希望你们学习他。杜季良为人豪放任侠，很重义气，忧愁别人所忧愁的，喜欢别人所喜欢的，人不论贵贱贤愚，他都善于相处而不失礼数，父亲出丧时邀请宾客，几郡的人都赶来了。我喜爱他，尊重他，却不希望你们学习他。学龙伯高不成，还可以做一个谨慎严肃的人，也就是所谓“刻鹄不成尚类鹜”；学杜季良不成，就会堕落成世上的轻薄子弟，那正是所谓“画虎不成反类狗”了。（《名家精译古文观止》，中华书局编辑部编，中华书局2007年版，255—256页）

54．王戎识李

王戎七岁，尝与诸小儿游。看道边李树多子折枝，诸儿竞走取之，唯戎不动。人问之，答曰：“树在道边而多子，此必苦李。”取之信然。

——（南朝宋）刘义庆《世说新语·雅量》

译文：

王戎七岁的时候，曾经和许多小孩一起游玩。他们看到路边李树上果实累累，压得树枝都弯下了，许多孩子争先恐后地奔过去摘李子，只有王戎一动也不动。有人问他为什么不去摘，他回答说：“李树在路边而竟然有这么多李子，这一定是苦李子。”找来一尝，果然如此。（《世说新语译注》，张㧑之译注，上海古籍出版社 2007 年版，158 页）

55. 失之东隅，收之桑榆

玺书劳异曰：“赤眉破平，士吏劳苦，始虽垂翅回谿，终能奋翼黾（miǎn，渑）池，可谓失之东隅，收之桑榆。方论功赏，以答大勋。”

——（南朝宋）范晔《后汉书·冯异传》

译文：

汉光武帝下诏书慰劳冯异说：“平定赤眉，将士劳苦，最初虽失利于回谿，但终能重振于渑池，算得上失之东隅，收之桑榆。如今论功行赏，以答谢功勋。”（刘冰雪校译）

56. 望梅止渴

魏武行役，失汲道，军皆渴，乃令曰：“前有大梅林，饶子，甘酸，可以解渴。”士卒闻之，口皆出水。乘此得及前源。

——（南朝宋）刘义庆《世说新语·假谲》

译文：

魏武帝曹操在行军途中，找不到水源所在，士兵们都很渴。于是他传令说：“前面有一片大梅林，梅子很多，又甜又酸，可以解渴。”士兵一听，嘴里都涌出口水。乘此机会，得以抵达前面有水的地方。（《世说新语译注》，张㧑之译注，上海古籍出版社 2007 年版，409 页）

57. 支公好鹤

支公好鹤，住剡（shàn）东岇山。有人遗（wèi）其双鹤，少时，翅长欲飞。支意惜之，乃铩（shā）其翮（hé）。鹤轩翥（zhù）不复能飞，乃反顾翅垂头，视之如有懊丧意。林曰：“既有凌霄之姿，何肯为人作耳目近玩？”养令翮成，置使飞去。

——（南朝宋）刘义庆《世说新语·言语》

译文：

支道林喜爱鹤，他住在剡县东边的岇山。有人赠送给他一双鹤，不多久，鹤的翅膀长成了，想飞走。支道林心里舍不得放鹤离开，就弄断了鹤翅的硬羽。鹤振动翅膀，但是飞不起来，就回过头看看翅膀，又低下头来，看上去好像有懊伤的意思。支道林说：“既然具有直上云霄的姿质，怎么肯甘充人们耳目之娱的宠物呢？”于是调养双鹤，使鹤的羽翼长好，就放开它们，任其飞翔而去。（《世说新语译注》，张㧑之译注，上海古籍出版社 2007 年版，57 页）

58. 对症下药

府吏兒（ní）寻、李延共止，俱头痛身热，所苦正同。佗曰：“寻当下之，延当发汗。”或难其异，佗曰：“寻外实，延内实，故治之宜殊。”即各与药，明旦并起。

——（西晋）陈寿《三国志·魏书·方技传》

译文：

府吏兒寻、李延一起患病来求治，都是头痛，身体发热，受到的痛苦一样。华佗说：“兒寻应该下泻，李延应当发汗。”有的人提出疑问，为什么他们的治法不同？华佗说：“兒寻身体外实，而李延身体内实，所以治疗的方法不一样。”就分别给了药物。第二天早上两个人都能起床了。（《二十五史精选精译》，吴树平主编，中华书局 1995 年版，1167 页）

59. 越凫楚乙

昔有鸿飞天首，积远难亮，越人以为凫，楚人以为乙，人自楚、越，鸿常一耳。

——（唐）李延寿《南史·顾欢传》

译文：

从前有一只大雁在天上飞，越飞越远很难看清楚。越国人以为是野鸭，楚国人以为是燕子。人有来自楚国、越国的区别，而大雁始终是大雁罢了。（郑晓雯校译）

60. 世有伯乐，然后有千里马

世有伯乐，然后有千里马。千里马常有，而伯乐不常有，故虽有名马，只辱于奴隶人之手，骈死于槽枥之间，不以千里称也。

马之千里者，一食或尽粟一石，食（饲）马者不知其能千里而食。是马也，虽有千里之能，食不饱，力不足，才美不外见（现），且欲与常马等不可得，安求其能千里也！

策之不以其道，食不能尽其材，鸣之而不能通其意，执策而临之曰："天下无马！"呜呼！其真无马邪？其真不知马也！

——（唐）韩愈《杂说》[①]

注释：

①《杂说》：唐韩愈著。由四篇短文组成，本文选自其四，专论择才选能。韩愈（768—824）：唐文学家、哲学家。字退之，河南河阳（今河南孟

州南）人。自谓郡望昌黎，世称韩昌黎。

译文：

世上有了伯乐，然后才有千里马被发现。千里马经常有，可是伯乐却不常见，所以虽然有名马降世，也只是在奴仆厮役手中遭受欺辱，最后一批批死在马厩之中，并不作为千里马著称于世啊！

马中的千里马，一顿食可能要吃掉一石粟米，喂马的人不知道它力能日行千里而像对普通马那样来喂养它。于是，这匹千里马，虽有日行千里的能力，却因食料不够，力气不足，内在的优良素质不能表现出来，即使想做到与普通的马一样也不能够，又怎能希求它能日行千里呢！

驾驭千里马，却不能依顺它的本性来喂养它，不能满足它的需要使它充分发挥才质，它嘶鸣时，又不能了解它的意向，却拿着马鞭对着它说："天下没有良马。"唉，难道是真的没有良马吗？是人们原来就不能识别良马啊！（《名家精译古文观止》，中华书局编辑部编，中华书局2007年版，315—316页）

61．孤则易折，众则难摧

冬，十月，吐谷浑威王阿柴卒。阿柴有子二十人。疾病，召诸子弟谓之曰："先公车骑，以大业之故，舍其子拾虔而授孤；孤敢私于纬代而忘先君之志乎！我死，汝曹当奉慕璝（guī）为主。"纬代者，阿柴之长子；慕璝者，阿柴之母弟、叔父乌纥提之子也。

阿柴又命诸子各献一箭，取一箭授其弟慕利延使折之。慕利延折之。又取十九箭使折之，慕利延不能折。阿柴乃谕之曰："汝曹知之乎？孤则易折，众则难摧。汝曹当戮力一心，然后可以保国宁家。"言终而卒。

——（北宋）司马光《资治通鉴·宋纪二》

译文：

宋文帝元嘉元年（424）冬季，十月，吐谷浑可汗慕容阿柴去世。慕容阿柴共有二十个儿子。病重时，慕容阿柴把他的子弟们召集到病榻前，对他们说："先公车骑将军因维持汗国大业的缘故，不教他的儿子慕容拾虔继承汗位，而把大任交给了我；我怎么敢用私心把汗位传给自己的儿子慕容纬代，而忘记先帝的伟大志向呢！我死后，你们要拥戴慕容慕璝为汗。"慕容纬代是慕容阿柴的长子；慕容慕璝是慕容阿柴同母异父的弟弟、叔父慕容乌纥提的儿子。

慕容阿柴又命令所有的儿子，每人各拿出一箭，在其中抽出一支，叫他的弟弟慕容慕利延折断，慕容慕利延就把它折断。阿柴又把剩下的十九支箭合在一起，叫慕容慕利延折断，慕容慕利延无法折断。慕容阿柴于是告诫大家说："你们知道吗？一支箭容易折断，一把箭则难以摧折。你们应该同心合力，然后才可以保国保家。"说完就去世了。（文白对照《资治通鉴》，［北宋］司马光编撰，沈志华、张宏儒主编，中华书局2009年版，4941页）

62. 扣盘扪烛

生而眇（miǎo）者不识日，问之有目者，或告之曰："日之状如铜盘。"扣盘而得其声。他日闻钟，以为日也。或告之曰："日之光如烛。"扪烛而得其形。他日揣籥（yuè），以为日也。日之与钟、籥亦远矣，而眇者不知其异，以其未尝见，而求之人也。

道之难见也甚于日，而人之未达也，无以异于眇。达者告之，虽有巧譬善导，亦无以过于盘与烛也。自盘而之钟，自烛而之籥，转而相之，岂有既乎？故世之言道者，或即其所见而名之，或莫之见而意之，皆求道之过也。

然则道卒不可求欤？苏子曰："道可致而不可求。何谓致？孙武曰：'善战者致人，不致于人。'子夏曰：'百工居肆以成其事，君子学以致其道。'莫之求而自至，斯以为致也欤！"

——（北宋）苏轼《日喻说》[1]

注释：

①《日喻说》：北宋苏轼撰，作于宋神宗元丰元年（1078），阐明作者对认识事物规律的见解。苏轼（1037—1101）：北宋文学家、书画家。字子瞻，又字和仲，号东坡居士，眉州眉山（今属四川）人。与父苏洵、弟苏辙合称“三苏”。为“唐宋八大家”之一。

译文：

生来失明的人没见过太阳，就向明眼人请教。有人告诉他说：“太阳的形状像铜盘。”瞎子敲击铜盘听到了声音。有一天，瞎子听到钟声响，认为那就是太阳。又有人告诉他说：“太阳的光亮像蜡烛。”瞎子摸了摸蜡烛，知道了形状。有一天，瞎子摸到了管乐器籥，又以为那是太阳了。其实，太阳与钟、籥差得远呢，而瞎子却不知道这三者的区别。这是由于瞎子从未见过太阳而只是听人说的缘故。

“道”比起太阳来要难见得多了，而普通人尚未明白它，也与瞎子不知道太阳没什么两样。了解道的人要告诉别人什么是道，即使用巧妙的比喻很好地引导，也并不比铜盘与蜡烛的比喻更形象。从铜盘到钟，从蜡烛到籥，一个比喻接着一个比喻地演化，这还有尽头吗？所以世上讲道的人，有的是就其看到的来解释道，有的是就没有见过道而主观猜想它，这两者都是由于过分地追求道了。

那么道是永远不可求得的吗？我说：“道是可以自然而然地得到而不可以强求的。什么叫自然而然地得到？孙武说：‘善于用兵的人能使敌人自投罗网，而不陷入敌人的圈套。’子夏说：‘各行各业的手工艺人在作坊里完成他们的工作，君子是在学习体会中而得到道。’顺其自然，不必强求，我想这就是求‘道’的境界吧！”（吴春丽校译）

63．农非知画，乃识真牛

马正惠公珍其所藏戴嵩《斗牛图》，暇日展曝于厅前。有输租氓见而窃笑，公疑之，问其故。对曰：“农非知画，乃识真牛。方其斗时，夹尾于髀间，虽壮夫膂力不能出之。此图皆举其尾，似不类矣。”公为之叹服。

——（南宋）曾敏行《独醒杂志》[1]卷一

注释：

①《独醒杂志》：十卷，南宋曾敏行撰。宋代逸事典故类笔记。曾敏行（1118—1175）：南宋笔记作家。字达臣，自号浮云居士，又号独醒道人，吉水（今属江西）人。

译文：

北宋马知节（谥号正惠）珍藏有一幅唐代著名画家戴嵩的《斗牛图》。有一天，他闲着没事，拿出来在厅前展开晒太阳。一位来交租的农夫，看见此画后，偷偷发笑。马知节很奇怪，便问他笑什么。农夫说：“庄稼人不懂画，可是熟悉真牛。牛打架抵角的时候，都是把尾巴紧紧夹在后腿间，即使力气再大的壮汉也拉不出来。可这幅画上的牛都翘着尾巴，不像是斗架的牛。”马知节听了，觉得有道理，连连点头称许。（吴春丽校译）

64. 梧丘农夫

梧丘之野人，种稻以为食，岁储旧而待新。新未尝，不敢竭其旧。旦日之亩视其禾，皆颖而且栗，喜而归曰：“新可期矣！”则皆发其旧，与其人饱之。旧且尽而新未熟，不胜其觖（jué）望，与其子及妻更往而迭视。蹊其亩而禾愈青。是非禾之返青也，望之者切也。

——（明）刘基《郁离子·石羊先生》[1]

注释：

①《郁离子》：明刘基撰。共二卷，十八篇，一百九十五条，内容大多为针砭时政的寓言或杂文。刘基（1311—1375），明初政治家、文学家。字

伯温，青田（今浙江文成）人。

译文：

梧丘有个农夫，以种稻为生，每年，他们将旧粮储备起来，等新粮收获。如果新粮还没吃到，就绝不会轻易吃光旧粮。这天白天到田里去看，发现禾苗已经开始抽穗就快要结出谷粒了，于是大喜过望，跑回家说："新粮指日可待啦！"于是，他把存储的旧粮全都拿出来，让大家尽情饱餐。旧粮很快吃完了，可新粮还没有完全成熟，感到十分失望。农夫和妻子、儿子轮流跑到田里去看，田埂都快被踩坏了，可是禾苗却仿佛越来越青了。其实，不是稻谷返青了，而是他盼望的心情太急切了。（郑晓雯校译）

65. 庄子之齐

庄子之齐，见饿人而哀之，饿者从而求食。庄子曰："吾已不食七日矣！"饿者吁（xū）曰："吾见过我者多矣，莫我哀也，哀我者惟夫子。向使夫子不下食，其能哀我乎？"

——（明）刘基《郁离子·石羊先生》

译文：

庄子到了齐国，看见一个饥饿的人，觉得他很可怜。这个人跟着庄子并向他讨饭吃。庄子说："我也有七天没吃过饭了！"这个饥饿的人叹息道："我看见从我身边走过去好多人，却没有人怜悯，可怜我的人唯有夫子您一个。然而，要不是您没有吃饭，您还会可怜我吗？"（郑晓雯校译）

66. 无畏致祸

蒙人衣狻猊（suān ní）之皮以适圹（kuàng），虎见之而走，谓虎为畏己也，返而矜，有大志。明日，服狐裘而往，复与虎遇，虎立而睨之，怒其不走也，叱之，为虎所食。

——（明）刘基《郁离子·祥不妄集》

译文：

蒙邑有个人，披着狻猊的皮到荒郊野地，遇到一只老虎，老虎看见他被吓跑了。这个人还以为老虎害怕的是他自己，回来后，不禁自豪起来，有点不知天高地厚了。第二天，他又披着狐狸皮去，又碰到了虎。老虎站起来，斜着眼睛看他，这个人看见老虎竟然没有被吓走，就大声呵斥，结果被老虎吃了。（郑晓雯校译）

67. 郑人学盖

郑之鄙人学为盖，三年艺成而大旱，盖无所用。乃弃而为桔槔（gāo），又三年，艺成而大雨，桔槔无所用，则又还为盖焉。未几而盗起，民尽改戎服，鲜有用盖者。欲学为兵，则老矣。

——（明）刘基《郁离子·鄙人学盖》

译文：

郑国的乡间有一个人，用三年时间学成了制作雨具的手艺，然而遇到大旱，雨具派不上用场。于是，他放弃制作雨具，开始学习制作提水的工具。又过了三年，手艺好不容易学成，却遇到大涝，提水的工具又派不上用场了。他又开始重新制作雨具。没过多久，兵盗战乱四起，人们都开始改穿军服，很少再使用雨具。这个人又想去学习制造兵器，可是已经老了。（郑晓雯校译）

68. 辽东鹤与扬州鹤

辽东鹤与扬州鹤相遇，扬州鹤曰："凄乎凄乎，子之化身也。盖三百年后而复还辽东，所见城郭人民皆非矣！而我腰缠十万而到扬州，岂非当时则荣哉？”

辽东鹤笑曰：“子以为扬之热有胜于辽之寂耶？辽之寂也，公孙氏安焉，慕容氏昌焉，当日繁华居然帝京也。扬之热莫如隋，问迷楼故址、萤院风流，犹有存焉者乎？今且梵宇楼台、残荷数叶矣！琼花能再发耶？锦缆能再牵耶？玉钩斜内芳魂能再世耶？抚今追昔，盖不知涕之何从矣！又安知后之视今，不犹今之视昔耶？且夫冷热之数，如环相循：火之热也，水能灭之；日之热也，月常继之。而子顾谓区区腰缠之十万，而能长有之，且假其余光以自耀也，是何异晏平仲之仆夫，以得御宰相为荣也！”

扬州鹤甚惭，无以应。

——（明末清初）吴庄《吴鳏放言》[①]

注释：

①《吴鳏放言》：一卷，明末清初吴庄撰。古代小说。吴庄（1624—1688）：字非庵，自号六一老人，江苏嘉定（今属上海）人。一生以教学、行医为业。

译文：

辽东鹤与扬州鹤相遇，扬州鹤说：“你的化身好生凄凉悲哀呀。在三百年后，你重返辽东，那时你所看到的城郭人民都不是原来的样子啦。而我腰缠十万贯钱财回到扬州，怎能不立刻享受到荣华富贵呢?”

辽东鹤听了笑着说：“你认为扬州繁华热闹就胜过辽东的冷寂荒僻吗？辽东之地，正因其冷寂荒僻，远离世事纷扰，公孙氏才在那里安居，慕容氏才在那里发迹，当时的繁华，堪与帝京媲美。扬州最繁华的时候在隋朝，请问当年炀帝所建的迷楼、萤院，还有留存至今的吗？如今只剩下寺院的楼台、残荷败叶而已。琼花能够再开吗？锦缆能够再牵龙船吗？玉钩斜里的宫女能死而复生吗？抚今追昔，却不知为什么泪流不止！你又怎能知道后人看今人，不会像今人看古人呢？况且，清冷孤寂抑或富贵繁华，本就如圆环一样循环往复：火虽灼热，水能扑灭它；太阳虽炽热，月亮却常常相继。你认为腰缠十万贯，就能长久地拥有一切，而借此来自我炫耀，这同晏子的马夫，以给宰相驾车为荣又有什么不同呢！”

扬州鹤听了感到很惭愧，无话可说。（郑晓雯校译）

69. 松喻

松之性直上。虽数尺，自亭亭也。有人移之盆盎，置之华屋之内，屈其枝，缚其节，灌之溉之，蓬蓬如偃盖焉。非不取悦于人。然以视夫岫（xiù）岭之间，干青云，凌碧霄，矫矫郁郁于严霜积雪者，相去如何耶？

——（清）王晫《杂著十种·寓言》[①]

注释：

①《杂著十种》：又名《丹麓杂著十种》，清王晫撰。十卷，第五卷为寓言，假禽虫以示劝诫。

译文：

松树的本性是直上挺立的。纵使它只有数尺，也仍旧不曲不斜。有人将它移栽到花盆里，放进华美的屋子，弄弯它的枝干，绑住它的松节，给它浇水施肥，它的树冠长得郁郁葱葱，如同展开的伞一样，也能让人赏心悦目。但看看那些生长在崇山峻岭中的松树，它们枝干挺拔，上青天、入碧霄，纵使严霜积雪压身也依然不屈不挠，茂盛葱郁、傲然挺立，这与那华屋中盆栽的松树怎能相提并论呢？（郑晓雯校译）

70. 正心诚意，格物致知

外祖张雪峰先生，性高洁，书室中几砚精严，图史整肃，恒镝（jué）其户，必亲至乃开。院中花木翳（yì）如，莓苔绿缛，僮婢非奉使令，亦不敢轻蹈一步。舅氏健亭公，年十一二时，乘外祖他出，私往院中树下纳凉。闻室内似有人行，疑外祖已先归，屏息从窗隙窥之，见竹椅上坐一女子，靓妆如画，椅对面一大方镜，高可五尺，镜中之影，乃是一狐。惧弗敢动，窃窥所为。女子忽自见其影，急起绕镜，四周呵之，镜昏如雾。良久归坐，镜上呵迹亦渐消，再视其影，则亦一好女子矣。恐为所见，蹑足而归。后私语先姚安公。姚安公尝为诸孙讲《大学·修身》章，举是事曰："明镜空空，故物无遁影。然一为妖气所翳，尚失真形。况私情偏倚，先有所障者乎？"又曰："非惟私情为障，即公心亦为障。正人君子，为小人乘其机而反激之，其固执决裂，有转致颠倒是非者。昔包孝肃之吏，阳为弄权之状，而应杖之囚，反不予杖。是亦妖气之翳镜也。故正心诚意，必先格物致知。"

——（清）纪昀《阅微草堂笔记》[①]卷二

注释：

①《阅微草堂笔记》：二十四卷，清纪昀撰。笔记小说集。纪昀（1724—1805）：清代学者、文学家。字晓岚、春帆，号石云、观弈道人，献县（今属河北）人。

译文：

外祖父张雪峰先生，品性高洁，书斋中桌椅文房无不精巧，书籍无不整齐肃穆。他总是将书斋的门紧锁住，一定要自己亲自打开。院子中，花草树木葳蕤繁盛，青苔铺地，书童奴婢若不经叫唤，从不敢轻易入内。

舅舅健亭公十二岁那年，有一次乘外祖父有事外出，偷偷地跑到院子里的大树下乘凉，忽然听见书斋内好像有人走动，他疑心是外祖父已经回来了，就屏住呼吸从窗缝往里看，只见屋内竹椅上坐着一个女子，打扮得很漂亮，就像画里的美女一样。竹椅对面是一面大镜子，高达五尺，这个女子从镜中看来，竟然是一只狐狸。舅舅很害怕，吓得不敢动，只是偷偷地看狐狸在干什么。忽然，女子在镜中看见自己的影子，急忙站起来绕着镜子呵气，顿时，镜子上蒙了一层雾气。过了好一会，狐狸才又回到竹椅上坐下，等到镜子上的呵气渐渐褪去，这时再看镜中之影，已是一个美丽的女子了。舅舅怕被狐狸发现，蹑手蹑脚地回来了。

后来，他将此事私下里告诉了姚安公。姚安公曾经给外祖父的几个孙子讲授《大学·修身》一章，拿此事当做例子说："明亮的镜面空空净净，因此什么东西都无法隐藏。然而一旦蒙上了妖气，就会失去妖物本来的真面目。镜子尚且如此，更何况人若因私心有所偏倚，在做出判断以前已经用私情蒙蔽了双眼。"又说："不仅私心会蒙蔽人的双眼，公心也一样。正人君子，若被小人乘机激怒，一时固执糊涂，也会有颠倒是非的情形发生。过去包青天手下的小吏，表面上装作弄权的样子，而本应受杖刑的囚犯，反而没有挨打，这也是妖气遮蔽了明镜。因此要心正意诚，必须与事物接触，明察秋毫，才能获得真知。"（郑晓雯校译）

71．当止不止者戒

有樵者山行遇虎，避入石穴中，虎亦随入。穴故嵌空而缭曲，辗转内避，渐不容虎。而虎必欲搏樵者，努力强入。樵者窘迫，见旁一小窦，尚足容身，遂蛇行而入。不意蜿蜒数步，忽睹天光，竟反出穴外。乃力运数石，窒虎退路，两穴并聚柴以焚之。虎被熏灼，吼震岩谷，不食顷，死矣。此事亦足为当止不止之戒也。

——（清）纪昀《阅微草堂笔记》卷十五

译文：

有个樵夫在山中遇到老虎，躲到山洞里，老虎也跟着进来了。山洞内狭窄曲折，樵夫沿着弯曲的岩石缝隙一直向山洞深处躲去。渐渐地，狭窄的山洞快容不下老虎庞大的身躯了，但是老虎一心想要捉住樵夫，就奋力挤进去。樵夫正在为难之际，发现旁边有一个小洞，只能容得下自己的身体，于是他就像蛇一样爬了进去。没想到刚爬了几步，忽然看到了天光，竟然爬出了山洞。于是樵夫用力搬来几块石头，堵住了老虎的退路，在两个洞口都堆上木柴焚烧，老虎被烟熏火燎，吼声震动山谷，不到一顿饭工夫就死了。这件事足以让那些应该停止却不停止的人引以为戒了。(郑晓雯校译)